DAS

PATENT-GESETZ

für das Deutsche Reich.

DAS
PATENT-GESETZ
für das Deutsche Reich.

Mit Erläuterungen

zum

Praktischen Gebrauch für Patentnehmer

Ingenieure, Gewerbtreibende, Fabrikanten,

mit

Angaben über Auslandspatente,

internationales Patentrecht, Verein der Patentanwälte etc.

Eingeleitet

durch eine

Geschichte des Deutschen Patentgesetzes

von

Dr. Hermann Grothe,

Ingenieur und Reichstagsabgeordneter etc.

BERLIN.

Verlag von I. Guttentag (D. Collin).

1877.

Vorwort.

Vor nunmehr 16 Jahren trat ich in die Reihe Derjenigen ein, welche sich die Erstrebung eines deutschen Patentgesetzes zur wichtigen Aufgabe gestellt hatten. Die Jahre haben manchen unserer treuen Mitstreiter ergrauen lassen und mancher von ihnen ist bereits ins Grab gesunken; aber der endliche Erfolg entschädigt und erfreut um so mehr, als er die Frucht einer seltenen Ausdauer, einer seltenen Einmüthigkeit und Zähigkeit der Anstrengungen deutscher Ingenieure ist. Ich schätze es als ein Glück, dass es mir vergönnt war, bis zum Zustandekommen des Patentgesetzes zu seiner Förderung beitragen zu können und in dem Bewusstsein, dass es der Mitwirkung und Liebe aller Patentfreunde bedürfe, um das Gesetz in die Industrie und das Gewerbe einzubürgern und zur segensreichen Wirksamkeit zu bringen, bin ich gern der Aufforderung des Herrn Verlegers zur Bearbeitung und Erklärung des Gesetzes gefolgt. Dabei konnte ich es mir nicht versagen, die Geschichte der Patentgesetzbestrebungen in den letzten 16 Jahren zusammenhängend, als eine Art Erinnerungsblatt für die Mitstreiter, der Erklärung des Gesetzes vorauszuschicken. -- Bei der Erläuterung des Gesetzes glaubte ich die Hinweisung auf solche Punkte und Bestimmungen im Gesetz nicht unterlassen zu dürfen, welche Bedenken erregen können hinsichtlich ihres praktischen Werthes, damit sich die Aufmerksamkeit der Interessenten darauf richte und feststelle, in wie weit und wie solche etwaigen Mängel beseitigt werden möchten. Die Zufügung der Verordnungen betreffend das Patentamt, die Besprechung der Resolutionen, die Bezugnahme auf das internationale Patentrecht, die Vorführung der Statuten des Patentanwaltsvereins u. s. w. werden für die Ingenieure und Interessenten ebenso viele Anregung bieten, als Fingerzeige und Information. Das Sach- und Namenregister ist mit grösster Sorgfalt bearbeitet worden und wird als ein wesentliches Hülfsmittel für Gebrauch des Buches sich erweisen.

Indem ich dies Werkchen zum practischen Gebrauch der Oeffentlichkeit übergebe, spreche ich den Wunsch aus, dass es freundliche Aufnahme finden möge, dass es den beabsichtigten Nutzen gewähre und mithelfe, das Patentgesetz zum Gemeingut der Nation zu machen.

Berlin, August 1877.

H. Grothe.

Inhalt.

Einleitung.

Geschichte des deutschen Patentgesetzes.

Mit dem Beschlusse des deutschen Reichstages vom 3. Mai 1877, betreffend die Annahme des deutschen Reichspatentgesetzes, ist endlich dem Wunsche der deutschen Industrie und im Besonderen des deutschen Ingenieurstandes nach Erfüllung des ein Patentgesetz verheissenden Verfassungsparagraphen Genüge geschehen, ist endlich ein harter Kampf beendet, der länger als 18 Jahre hin- und hergewogt hat, — ist endlich ein gewisses Hemmniss für die rationelle Entwicklung und Beförderung deutschen Gewerbfleisses beseitigt, ein Schutz gewährt zur Erreichung des entsprechenden Lohnes für Verdienste um die deutsche Industrie. Jede Erfindung und ihr oft so mühsamer Anbau, ihre Durchbildung und Anwendung erwirbt sich in geringerem oder höherem Grade ein Verdienst um die Industrie, und da gerade in der Möglichmachung der oftmals leicht und plötzlich entstandenen Idee der Hauptwerth der Erfindung liegt und diese meistens eine hervorragende Ausdauer und Aufwand von geistigen und materiellen Kräften voraussetzt und erfordert, — so wird in der That jener Schutz sehr selten der mühelosen Erfindung zu Theil, sondern fast immer der mühevollen. Wie es mit allen solchen Dingen zu gehen pflegt, so hat auch bei der Behandlung der Patentfrage der ideelle Begriff der Erfindung, des geistigen Eigenthums an derselben, den Hauptinhalt der ersten Disputationen Jahre hindurch abgegeben und den sachlichen Theil der Frage mehr als billig beiseite geschoben, während er in dem letzten Stadium der Verhandlungen gar nicht mehr in Frage gekommen ist, sondern einfach als ein Zankapfel ausser Betracht gelassen wurde. Ja, es ist dieser aufgebauschten Controverse über das geistige Eigenthum einer Erfindung nicht einmal die Ehre geworden, in dem nun fertigen Gesetz erwähnt zu werden. Auf diese Theorie aber stützte sich Jahre hindurch die erbittertste Polemik, — sie war stets der vorgerittene Schimmel der Antipatentmänner; aus der Nichtexistenz des geistigen Eigenthums wurde die Frage des Erfinderrechtes stets verneinend beantwortet! — Das heisst, die Debatte über die Existenz des geistigen Eigenthums wurde doch nur in Deutschland und ein wenig in Oesterreich getrieben, in anderen Ländern nicht, mindestens nicht in dem Masse. Fast alle Patentgesetze anderer Staaten definiren den Begriff Erfinder absehend vom Begriff des geistigen Eigenthums. Sagt doch schon das englische Patentgesetz von 1623, dass auf jedes Gewerbserzeugniss (any art of manufacture) Patentbriefe ertheilt werden könnten, wenn diese Producte etc. bis dahin nicht im Gebrauche waren. Der Patentbrief sicherte deren Herstellung dem ersten Erfinder auf 14 Jahre. Dieses Monopol, Privilegium oder wie man es nennen will, ward ertheilt zur Hebung der englischen Industrie, zur Einführung neuer Gewerbe, zur Erzielung eines gewissen Uebergewichts über andere Nationen, vor allem aber zur Herstellung einer selbstständigen, leistungsfähigen eigenen Industrie. Dieser Tenor des englischen Gesetzes ist auch von den Amerikanern vollständig begriffen und erfasst. Die Gesetzesvorlagen, die Bodys of Liberties, welche 1641 vom General Court in Massachusetts angenommen wurden, enthielten bereits die Bestimmung: dass Monopole im Staate nicht geduldet werden sollten, mit Ausnahme solcher, welche auf kurze Zeit für neue Erfindungen, die nützlich für das Land seien, ertheilt worden wären. Einer der ersten Patentinhaber, zufolge der Bestimmungen des New-England-Code, war Joseph Jenks zu Lynn. Derselbe war 1645 eingewandert und petitionirte 1646 um ein Patent für eine neue Methode zur Verwerthung der Wasserkraft in Mühlen etc. Die Antwort des Gerichtshofes ist so charakteristisch und in Auffassung über den Werth des Patentes so scharf, dass wir dieselbe hier wörtlich folgen lassen: „In answer to the peticon of Joseph Jenks, for liberty to make experience of his abilityes and Inventions for ye making of Engines for mills to goe whit water for ye more speedy dispatch of worke then formerly, and mills for ye making of Sithes and other Edged tooles, with a new Invented Sawe-Mill, that things may be afforded cheaper then formerly, and that for fowerteen yeeres without disturbance by any others setting up the like inventions, that so his study and cost may not be in vayne or lost; this peticon is granted so as power is still left to restrain ye exportation of such manufactures and to moderate ye prizes thereof it occasion so require.“

Das spätere Patentgesetz der Vereinigten Staaten behielt stets diesen Sinn bei; alle Aenderungen desselben vermieden es, das Wort „Erfindung“ im Gesetze zu definiren. Die Rechtsanschauung über die Erfindung tritt in den amerikanischen Rechtsgesetzbüchern und deren Commentaren so auf, dass die Erfindung regelmässig als auf Arbeit beruhend betrachtet wird, so dass das Patent nicht als Privilegium, sondern als Lohn, als Aequivalent, einer für die ganze Gesellschaft geleisteten geistigen Arbeit aufgefasst wird. Dieser Lohn besteht auch nur in einer beschränkten Erlaubniss, die Erfindung eine Zeit lang allein ausführen zu dürfen, wonach sie dem Nutzen des Publikums frei anheimfällt. Das Gesetz ging noch weiter, indem es in § 6 der Rules folgende Paragraphen aufnahm:

Die blosse Idee einer Verbesserung der Maschine ist nicht eine „Erfindung" oder „Entdeckung." Die Erfindung muss eine practische Form gewonnen haben, entweder durch die Construction der Maschine selbst oder eines Modells derselben, oder durch den Entwurf einer Zeichnung derselben, oder durch eine solche Beschreibung des bestimmten Charakters derselben, dass ein Mechaniker, oder Jeder, der in dem Gewerbe erfahren ist, welchem die Erfindung angehört, nach der Beschreibung die Verbesserung oder ein Modell derselben verfertigen kann, wenn verhütet werden soll, das ein späterer Erfinder ein Patent darauf bekomme.

Auf solche Weise löste Amerika sehr practisch die Eventualität, nachweisen zu lassen und zu müssen, was eine Erfindung sei, was eine neue Erfindung sei etc. — Frankreich betrachtet neue Erfindungen oder Entdeckungen wie folgt:

Erfindung neuer Industrieproducte.

Erfindung neuer Mittel und Wege oder einer neuen Anwendung bekannter Mittel, um ein industrielles Ergebniss zu erlangen.

Das belgische Gesetz sagt im Art. I.

Es wird ein temporäres Exclusivrecht ertheilt unter dem Namen Brevet d'invention auf Verbesserungen oder Einführung jeder Entdeckung oder jeder Verbesserung, welche wie ein Handels- und Industriegegenstand der Ausbeutung fähig ist.

Das österreichische Gesetz (1852) geht noch weiter in der Objectivität. Es sagt:

„Ein ausschliessendes Privilegium kann auf jede neue Entdeckung, Erfindung oder Verbesserung ertheilt werden, welche

a) ein neues Erzeugniss der Industrie oder

b) ein neues Erzeugungsmittel oder

c) eine neue Erzeugungsmethode

zum Gegenstande hat ...., wenn sie nicht zu den in den folgenden Paragraphen (2 bis 5) als nicht privilegirbar bezeichneten gehört."

„Man versteht aber unter Entdeckung jede Auffindung einer zwar schon in früheren Zeiten ausgeübten, aber wieder ganz verloren gegangenen oder überhaupt einer im Inlande unbekannten industriellen Verfahrungsweise."

„Unter Erfindung wird jede Darstellung eines neuen Gegenstandes mit neuen Mitteln oder eines neuen Gegenstandes mit schon bekannten Mitteln oder eines schon bekannten Gegenstandes mit andern als den bisher für denselben angewandten Mitteln verstanden."

„Als eine Verbesserung oder Veränderung wird jede Hinzufügung einer Vorrichtung, Einrichtung oder Verfahrungsweise zu einem bereits bekannten oder privilegirten Gegenstande angesehen, durch welche in dem Zwecke des Gegenstandes oder in der Art seiner Erzeugung ein günstigerer Erfolg oder eine grössere Oekonomie erzielt werden soll."

Diese Fassung entfernt sich soweit wie keine andere von der idealen Theorie des geistigen Eigenthums. —

Es ist nun äusserst interessant zu beobachten, dass von Seiten der Patentverfechter in Deutschland in richtiger Erkenntniss der absoluten Unfruchtbarkeit dieser theoretischen und sophistischen Disputation auf dieselbe wenig und auch nur um zu hart aufgetragene Absurditäten in den Deductionen der Antipatentler zurückzuweisen, eingegangen wurde. In den Gesetzentwürfen, Petitionen etc. der eigentlich leitenden und hauptbetheiligten Personen und Vereine findet man daher eine sehr magere Ausbeute über den Begriff „geistiges Eigenthum, Erfindung" etc., um so reichere Fülle bieten die Schriften der Antipatentmänner. Die Gesetzentwürfe des deutschen Ingenieur-Vereines hielten stets an dem Grundsatze fest:

„Weglassen muss man die Definition des Begriffs Entdeckung, Erfindung und Verbesserung. Eine solche Definition gehört nicht in das Gesetz, sondern etwa in ein Compendium. Man ist in Deutschland mit Definitionen wenig sparsam, obgleich bereits die Römer uns gelehrt haben, dass „in jure omnis definitio periculosa est." In der That gelingt es nur selten, eine Definition völlig genau aufzustellen; die Folgen einer ungenauen Definition sind aber praktische Unzuträglichkeiten und Monstrositäten. Man pflegt, um diese zu vermeiden, den Worten Gewalt anzuthun, um den richtigen Weg wieder freizumachen. In der Theorie hält man in Deutschland mit Recht daran fest, dass eine vom Gesetze aufgestellte Definition befolgt werden muss. Dann ist es aber um so nöthiger, sparsam damit zu sein und die gesetzlichen Bestimmungen, soweit irgend möglich, auf das eigentlich Dispositive zu beschränken, dagegen Alles auszuscheiden, was der wissenschaftlichen Entwicklung angehört. Dahin gehört nun in der That die nähere Ausführung der Begriffe Entdeckung, Erfindung, Verbesserung."

Betrachtet man die Vorgänge in der Patentangelegenheit seit 17 Jahren, so wird man finden, wie gesagt, dass die Controverse über das geistige Eigenthum die schnellere Erledigung derselben zurückgehalten hat. Es war solche Controverse bei uns Deutschen allerdings gar nicht zu vermeiden und sie wäre sicherlich auch geführt worden, selbst wenn constatirt gewesen, dass die deutsche Industrie ohne Patentgesetz in einem Jahre verloren wäre. —

In Deutschland wurde seither der Mangel genügender Patentgesetze und der eines einheitlichen Patentgesetzes tief empfunden. Es fehlte niemals an Klagen darüber Das Gesetz, welches 1815 für Preussen erlassen wurde, enthielt freilich viele Momente eines guten Patentgesetzes, dasselbe wurde aber durch die Bestimmungen der Uebereinkunft der zum Zoll- und Handels-Vereine verbundenen Regierungen wegen Ertheilung von Erfindungspatenten und Privilegien vom 21. Sept. 1842 aufgehoben und hatte auch wohl keine Gesetzkraft, da dasselbe vom König leider nicht vollzogen war. Das Publicandum enthält folgende Bestimmungen:

1) Publikandum des Ministeriums für Handel und Gewerbe v. 14. Oktbr. 1815, betreffend die Grundsätze wegen Patent-Ertheilung auf Erfindungen und Verbesserungen.

Da es nöthig ist, das Publikum über die Bedingungen näher zu unterrichten, unter welchen künftig Patente, als auf einen bestimmten Zeitraum beschränkte Berechtigungen, zu ausschliesslicher Benutzung einer neuen selbst erfundenen, beträchtlich verbesserten, oder vom Auslande zuerst eingeführten und zur Anwendung gebrachten Sache, zur Ermunterung und Belohnung des Kunstfleisses, in dem gesammten Umfange der Königlichen Staaten ertheilt werden sollen, so bringe ich hierdurch mit Allerhöchster Königlichen in der Kabinetsordre vom 27. September d. J. ausgesprochenen Ermächtigung Folgendes über diesen Gegenstand zur allgemeinen Kenntniss:

„Jede Sache kann der Gegenstand einer Patentirung werden, sofern sie nur neu erfunden — oder im Falle der blossen Einführung ausländischer Erfindungen, wirklich durch den Impetranten im Lande zuerst bekannt gemacht und zur Anwendung gebracht werden soll.“

§. 3. Wer ein Patent erhalten will, muss das desfallsige Gesuch bei dem Minister für Handel, Gewerbe und öffentliche Arbeiten anbringen, diesem Gesuche eine genaue Beschreibung und Darstellung der zu patentirenden Sache durch Modelle, Zeichnungen oder Schrift und, soweit es möglich ist, durch diese drei Mittel zugleich, beifügen, auch sich erklären, ob er das Patent für die ganze Monarchie oder für einen bestimmten Theil derselben und für welchen Zeitraum zu haben wünscht.

Der Minister veranlasst eine Prüfung der angezeigten Erfindung oder Verbesserung, durch Sachverständige[1]), entscheidet über das Gesuch sowohl in Absicht der Patentirung im Allgemeinen, als über den Umfang und die Dauer des Patents, fertigt das Patent aus, lässt die eingereichten Modelle, Zeichnungen und Beschreibungen sorgfältig aufbewahren und verfügt die öffentliche Verkündung der Ertheilung des Patents[2]).

---

[1]) Dies sachverständige Organ ist regelmässig die königl. technische Deputation für Gewerbe.

[2]) An Gebühren sind nur die gewöhnlichen Ausfertigungs-Stempelgebühren von 15 Sgr. zu entrichten. Die öffentliche Verkündung der Patent-Ertheilung erfolgt durch den Staats-Anzeiger und durch die Regierungs-Amtsblätter. (Min.-Verfüg. vom 17. Dez. 1831. — v. Kamptz's Annal. Band XV. S. 807. — Vom 4. Oktbr. 1849. Min.-Bl. d. i. Verwalt. 1849. S. 227.)

§. 4. Die kürzeste Zeit der Dauer eines Patents wird auf sechs Monate, die längste auf fünfzehn Jahre bestimmt.

§. 5. Der Patentirte muss von dem ihm verliehenen Rechte in der von dem Minister zu bestimmenden Frist Gebrauch zu machen anfangen und dass er dies gethan, durch ein amtliches Attest nachweisen, widrigenfalls sein Recht für erloschen erachtet wird.

Durch die Uebereinkunft 1842 trat an die Stelle der im Eingang enthaltenen Erklärung die unglückselige Definition der patentfähigen Erfindungen wie folgt:

I. Es sollen Patente überall nur für solche Gegenstände ertheilt werden, welche wirklich neu und eigenthümlich sind.

Die Ertheilung eines Patents darf mithin nicht stattfinden für Gegenstände, welche vor dem Tage der Ertheilung des Patents innerhalb des Vereinsgebiets, schon ausgeführt, gangbar, oder auf irgend eine Weise bekannt waren; insbesondere bleibt dieselbe ausgeschlossen bei allen Gegenständen, die bereits in öffentlichen Werken des In- oder Auslandes, sie mögen in der Deutschen oder in einer fremden Sprache geschrieben sein, dergestalt durch Beschreibung oder Zeichnung dargestellt sind, dass danach deren Ausführung durch jeden Sachverständigen erfolgen kann.

Die Beurtheilung der Neuheit und Eigenthümlickkeit des zu patentirenden Gegenstandes bleibt dem Ermessen einer jeden Regierung überlassen.

Für eine Sache, welche als eine Erfindung eines vereinsländischen Unterthans anerkannt und zu Gunsten des letzteren bereits in einem Vereinsstaate patentirt worden ist, soll, ausser jenem Erfinder selbst oder dessen Rechtsnachfolger, Niemandem ein Patent in einem anderen Vereinsstaate ertheilt werden.

II. Unter den im Artikel I. ausgedrückten Voraussetzungen kann auf die Verbesserung eines schon bekannten oder eines bereits patentirten Gegenstandes ein Patent gleichfalls ertheilt werden, sofern die angebrachte Aenderung etwas Neues und Eigenthümliches ausmacht; es wird jedoch durch ein solches Patent in dem Fall, wenn die Verbesserung einen bereits patentirten Gegenstand betrifft, das für diesen letzteren ertheilte Patent nicht beeinträchtigt, vielmehr muss das Recht zu Mitbenutzung des ursprünglich patentirten Gegenstandes besonders erworben werden.

III. Die Ertheilung eines Patents darf fortan niemals ein Recht begründen:

a) die Einfuhr solcher Gegenstände, welche mit dem patentirten übereinstimmen, oder

b) den Verkauf und Absatz derselben zu verbieten, oder zu beschränken. Ebensowenig darf dadurch dem Patent-Inhaber ein Recht beigelegt werden,

c) den Ge- oder Verbrauch von dergleichen Gegenständen, wenn solche nicht von ihm bezogen oder mit seiner Zustimmung anderweitig angeschafft sind, zu untersagen, mit alleiniger Ausnahme des Falles, wenn von Maschinen und Werkzeugen für die Fabrikation und den Gewerbebetrieb, nicht aber von allgemeinen, zum Ge- und Verbrauche des grösseren Publikums bestimmten Handelsartikeln die Rede ist.

Die Bestimmungen des „Neuen" und „Eigenthümlichen" u. s. w., waren es, welche dieses Gesetz zu einem so absolut unfruchtbaren machten, sie lähmten auch die wohlwollendsten Gesinnungen der Patentrichter. Dieselben gingen auch in die speciellen Landesgesetze fast aller deutschen Staaten über, nur Württemberg gestaltete sein Patentgesetz freier und angemessener. Hamburg und beide Mecklenburg ertheilten gar keine Patente.

Als sich der Verein deutscher Ingenieure gebildet hatte, tauschten die Mitglieder desselben ihre Klagen und Unzufriedenheit über den Zustand des preussischen und deutschen Patentwesens aus, und es ward der Beschluss gefasst, für eine bessere Gestaltung desselben zu wirken. Diese Bewegung traf mit der Freihandelsbewegung Ende der 50ger Jahre zusammen, und es war dies ein merkwürdiges Zusammentreffen, weil die Ingenieure die Patentfrage als eine eminent wirthschaftliche Frage auffassten und bezeichneten, die Freihändler aber die Beseitigung der Patente auch als wirthschaftliche Aufgabe betrachteten. Indessen hüteten sich die Ingenieure sehr wohl, sich hiermit in einen ausgesprochen wirthschaftlichen Kampf einzulassen, sondern ihre Gründe bezogen sich auf eine Anzahl Nebenumstände und auf practische Vorgänge. Sie suchten die Unhaltbarkeit des Bestehens vieler Patentgesetze in den deutschen Staaten nachzuweisen, deren Anwendung den Patentschutz ganz und gar illusorisch mache und sogar den Verkehr belästige. Klostermann[1]) führte dies später aus wie folgt:

„Hierzu kommt, dass die in dem grössten deutschen Staate bestehenden Patenteinrichtungen geradezu unhaltbar geworden sind. In Preussen urtheilt eine wenig zahlreiche Commission von Sachverständigen in erster und letzter Instanz über die Ertheilung, die Gültigkeit und die Wiederaufhebung der Patente, ohne dass durch ein geordnetes Verfahren dem Erfinder oder dem concurrirenden Gewerbtreibenden die Möglichkeit gegeben wäre, ihre Rechte und Interessen geltend zu machen. Die Behörde, welche im geheimen Untersuchungsverfahren lediglich auf Grund ihrer selbst gewonnenen Kenntniss über die Gegenstände der Erfindungen entscheidet, ist des wirksamsten Hülfsmittels zur Erforschung der Wahrheit beraubt, nämlich der Wachsamkeit der Betheiligten, welche durch ihre Kenntniss und durch ihr Interesse am meisten befähigt sind, das zur Entscheidung dienliche Material herbeizuschaffen. Welche Behörde vermöchte bei dem heutigen Stande der Technik den Anspruch zu erheben, dass sie das Material zur Beurtheilung der Neuheit einer Erfindung als ein für alle Fälle bereites Mittel der Entscheidung vollständig beherrschte. Fehler und Irrthümer sind allerdings auch bei einem contradictorischen Verfahren und bei dem bestgeordneten Instanzenzuge unvermeidlich. Sie werden aber in diesem Falle mit Recht den Fehlern der Parteien und der Unvoll-

---

[1]) Dr. R. Klostermann, die Patentgesetzgebung aller Länder. Berlin 1876. pag. 12.

kommenheit der menschlichen Dinge aufgebürdet, nicht der Behörde, welche auf Grund der Verhandlungen entscheidet und nicht den Anspruch erhebt, selbst alle von Anfang her gemachten Erfindungen zu kennen. Wenn die preussische Patentverwaltung mit einem so unvollkommenen Verfahren bisher dennoch schwerere Irrthümer vermieden hat, so konnte dies nur dadurch geschehen, dass die Ertheilung von Erfindungspatenten aufs Aeusserste beschränkt wurde. Allein es sind weniger die unvermeidlichen Fehler als das Verfahren selbst mit seinen fast despotischen Formen, welche das Selbstgefühl des betheiligten Publicums verletzen und dem preussischen Systeme eine Menge zum Theil ungerechter Vorwürfe eingetragen haben und noch eintragen werden, bis man davon abgeht, die entscheidende Behörde dem schutzsuchenden Erfinder gewissermassen als einzigen Gegner gegenüber zu stellen."

Die lebhaftere Initiative des deutschen Ingenieurvereins für die Erstrebung eines deutschen Patentgesetzes wurde veranlasst durch die bedenklich auftretende Agitation gegen die Patente seitens der Manchestermänner. Auf der Hauptversammlung der deutschen Ingenieure zu Bingen stellte der thüringische Bezirksverein folgenden Antrag:

Die Hauptversammlung wolle erklären, dass es für die Industrie von Bedeutung und materiell wichtig sei, wenn für ganz Deutschland gemeinschaftlich ein zweckmässiges Patentgesetz möglichst bald in Kraft treten würde.

Dieser Antrag wurde in Berathung gezogen und beschlossen, den Vorstand zu ermächtigen, eine Commission niederzusetzen, welche, durch andere Kräfte auch von ausserhalb des Vereins unterstützt, diese Angelegenheit durchsprechen und der Hauptversammlung zu Eisenach 1862 eine angemessene Vorlage machen sollte.

Der Vorstand überzeugte sich aber bald, dass die Wahl einer Commission in der damals vorgeschlagenen Weise zu einem guten Erfolge nicht führen konnte. Sollte die Vorberathung an einem einzigen Orte stattfinden, so mussten die Vorschläge gegenüber den grossen Verschiedenheiten der Ansichten über diesen Punkt zu einseitig ausfallen, sollte andererseits die Commission aus Mitgliedern verschiedener Orte gebildet werden, und die Vorberathung durch brieflichen Meinungsaustausch geschehen, so hatte dies wiederum seine besonderen practischen Schwierigkeiten. Daher wurde denn ein Ausweg in der Weise eingeschlagen, dass die verschiedenen Bezirks- und Zweigvereine veranlasst wurden, je eine Specialcommission unter sich niederzusetzen, welche sich entweder durch ein Mitglied oder ein schriftliches Gutachten in einer zusammentretenden Generalcommission zu äussern hatten. Dies ist nun auch geschehen. Es sind dort von den einzelnen Bezirkscommissionen theils Vertreter erschienen, theils schriftliche Berichte eingegangen.

In dieser Generalcommission kam ein Entwurf zu Stande. Es war bei der Verschiedenheit der Ansichten, die sich geltend machten, jedoch nicht möglich gewesen, einen vollständig ausgearbeiteten Gesetzentwurf zu vereinbaren. Man musste sich darauf beschränken, die wesentlichsten Prinzipien aufzustellen, welche einem deutschen Patentgesetze als Grundlage unterzulegen sein würden.

Diese Prinzipien waren von den Herren Prof. Grashof, Baumeister Hoffmann, E. Becker, Dr. Grüneberg, Helmholtz, Schrader, Fr. Neumann entworfen und berathen. Die Versammlung genehmigte diese Prinzipien nicht als nicht spruchreif, weil Prof. Schubert von Dresden gegen jede Vorprüfung gesprochen hatte und sogar äusserte, dass sich der Ingenieurverein „compromittiren“ würde, wenn er auf irgend welche Vorprüfung eingehe, und hierin Unterstützung durch Grüson (Magdeburg) fand. Die Prinzipien wurden daher an eine Commission zurückgewiesen, welche später in Magdeburg tagte, dieselben zu folgenden Sätzen condensirte und sie der Hauptversammlung in Braunschweig vorlegte.

1. Ein einheitliches Patentgesetz und eine einheitliche Patentbehörde ist für ganz Deutschland zu erstreben.

2. Ein Patent soll dem Erfinder, event. seinem Rechtsnachfolger das Eigenthumsrecht an seiner Erfindung sichern.

3. Eine Vorprüfung über den Werth einer Erfindung findet nicht statt.

4. Eine Prüfung der Neuheit und Priorität einer Erfindung wird nur eingeleitet, wenn Einsprüche gegen die Patentirung derselben binnen einer bestimmten Präclusivfrist erhoben werden. Die Erfindung ist alsbald nach der Anmeldung unter provisorischem Schutze zu veröffentlichen. Die Entscheidung über eingegangene Reclamationen wird von einer Commission, bestehend aus Richtern und Sachverständigen, gefällt, von welcher die Betheiligten gehört werden müssen. Gegen Entscheidung dieser Commission steht den Parteien noch ein Recurs an eine, ebenfalls aus Richtern und Sachverständigen zusammengesetzte, Appellationsinstanz offen.

5. Ein Patent soll nicht ertheilt werden:

a) auf allgemeine Principien ohne Angaben und Beschreibung der Anwendung;

b) auf Gegenstände, resp. Anwendung von Gegenständen, deren Anwendung den Staats- oder Sittengesetzen zuwider ist.

6. Das Patent soll auf die Zeitdauer von 15 Jahren ertheilt werden.

7. Ein Zwang zur Ausführung eines patentirten Gegenstandes soll mit der Patentertheilung nicht verbunden werden.

8. und 9. Das Patent ist auf eine bestimmte Reihe von Jahren kostenfrei und wird nach dieser Frist in mit den Jahren steigendem Masse besteuert.

10. Das Erlöschen des Patentes tritt ein:

a) nach Ablauf der 15 jährigen Patentdauer;

b) wenn die Patentsteuer nicht in den bestimmten Fristen entrichtet wird.

11. Ausländer und Inländer haben dem allgemeinen Deutschen Patentgesetze gegenüber gleiche Rechte.

12. Der Staat hat das Recht der Expropriation eines Patentrechtes gegen Entschädigung.

13. Jeder Patentinhaber hat das Recht, den Gegenstand seines Patents überall in Deutschland auszuführen und anzuwenden, auch wo es bestehenden Zunftgesetzen zuwiderläuft.

Der Ingenieur Kayser motivirte und erläuterte diese Sätze nach allen Seiten hin und stellte den Antrag:

a) **Die Hauptversammlung des Vereines deutscher Ingenieure sieht davon ab einen selbstständigen Entwurf eines Patentgesetzes aufzustellen. Sie vereinbart vielmehr nur die nach ihrer Ansicht für ein gutes Patentgesetz unerlässlichen Fundamentalsätze.**

b) **Der Verein deutscher Ingenieure übersendet die so zu Stande gekommenen Fundamentalsätze dem deutschen Bundestage zu Frankfurt a. M zur Berücksichtigung bei Feststellung eines Patentgesetzes für Deutschland.**

Die Redner, welche an der hierauf folgenden Discussion sich betheiligten, empfahlen sämmtlich die vom Vorsitzenden vorgeschlagene En-bloc-Annahme der von der Commission vorgelegten Beschlüsse und hielten mehrfach ihre in wenigen unwesentlichen Punkten von den Commissionsvorschlägen abweichenden Ansichten nur zurück, um den betreffenden Beschlüssen des Vereines ein grösseres Gewicht zu verleihen.

Anschliessend an die kurze Diskussion, an der sich Philippson und Krug besonders betheiligten, wurde von Gaertner (Magdeburg) noch der folgenschwere Antrag gestellt:

„Die Hauptversammlung wolle beschliessen:

1. Den am 14. bis 17. September zu Dresden tagenden volkswirthschaftlichen Congress durch mindestens zwei Vertreter zu beschicken, welche bei der daselbst zur Verhandlung kommenden Patentfrage die von dem Vereine deutscher Ingenieure adoptirten Grundprincipien eines Patentgesetzes möglichst zur Geltung zu bringen haben.

2. Die über die Patentfrage Seitens des Vereines deutscher Ingenieure adoptirten Grundprincipien mit einem geeigneten Anschreiben unter Hervorhebung der Nothwendigkeit eines Patentgesetzes sämmtlichen deutschen Handelskammern und dem Ausschuss des deutschen Handelstages zugehen zu lassen.

3. Die die Patentfrage betreffenden Beschlüsse des Vereines durch die Presse zu verbreiten."

Hiermit war der Ingenieurverein in eine volle Action für die Patentbeibehaltung eingetreten. C. Kayser erwarb sich noch das Verdienst, durch eine treffliche Abhandlung über die Patentfrage [1]),

---

[1]) **Verhandl. in der Zeitschrift deutscher Ingenieure 1864. pag. 265.**

in Bezug auf Rechts- und Nützlichkeitsgründe erörtert, viele Punkte, welche gegen und für Patente in Betracht gekommen waren, zu beleuchten, ebenso hatte F. C. Philippson[1]) durch eine Broschüre zur Klärung der Frage beigetragen. Letzterer wies übrigens schon auf der Braunschweiger Versammlung darauf hin, dass die Prinzipienfrage in der Patentangelegenheit vor dem Forum der Freihändler in Dresden auf dem VI. volkswirthschaftlichen Congresse sicher keine Gnade finden werde, und es vielleicht vortheilhafter sei, die Vorlage der Prinzipien zu unterlassen und nur die Nützlichkeitsfrage hervorzuheben. Trotzdem nun die Prinzipien des deutschen Ingenieurvereins auf dem Congresse der Freihändler in Dresden eine eclatante Niederlage erlitten, indem diese Volkswirthe die Erfindung als eine Waare betrachteten, die Erfinder als Fabrikanten und die Patente als ein zu Gunsten der Erfinder aufgelegter Schutzzoll, — so können wir es doch nur als ein Glück betrachten, dass man dem Rathe des Herrn Philippson nicht gefolgt ist, sondern dass man in freimüthigster, aufrichtigster Weise die Erfindungen als Erfindungen, Patente als Patente vertheidigte. So ward wenigstens erreicht, dass die Gegner dem Erfinder, wenn auch schüchtern ein gewisses Anrecht an der Erfindung einräumten. Ausserdem verirrte sich der Berichterstatter über die Patentfrage auf dem Congress, Prince Smith, mit seinen Argumenten in bedenklichster Weise, indem er die Frage des Urheberrechtes an Erfindungen nicht zu entscheiden wagte Angesichts des Urheberrechts an Schriftwerken.

„Es dürfte mir eingewendet werden, dass das von mir aufgestellte Princip, nämlich der Unstatthaftigkeit eines Rechtsschutzes, ebenso auf das Verlagsrecht für Bücher, wie auf das Patentrecht seine Anwendung finden müsse. Ganz gewiss! Wenn wir veranlasst würden, die Frage des Verlagsrechts vor unser volkswirthschaftliches Forum zu ziehen, so hätten wir zu untersuchen, ob das Verbot des Nachdrucks erforderlich sei für die Erhaltung schriftstellerischer Thätigkeit und somit für den Fortschritt der Kenntnisse, ob es mithin gemeinnützig sei? Es ist möglich, dass wir bei gleichem Entscheidungsprincip uns gegen Verleihung eines Monopols für Erfindungen und für die Verleihung eines Monopols für Bücher entscheiden[2]).“

Ein Redner, der als Jurist sich an diese Frage wagte, kam dann zu den noch bedenklicheren Sätzen:

1. „Derjenige, welcher eine neue Erfindung macht, muss dem Erfinder selbst an geistiger Ausbildung viel näher stehen, als der Setzer dem Schriftsteller.“
2. „Im Falle eines Nachdrucks ist ein Irrthum über das Werk nicht mög-

[1]) Reform der Patentgesetzgebung.

[2]) Faucher, Vierteljahrsschrift für Volkswirthschaft. Jahrg. 1863. III. pag. 161.

lich, die Frage dagegen, ob bei der Nachahmung einer Erfindung eine Nachahmung oder eine Verbesserung vorliegt, kann sehr zweifelhaft sein."

3. „Die Herausgabe eines Werkes hindert nicht an weiterer Forschung, das Patentwesen hindert an derselben."

4. „Weil das Verlagsrecht es befördert, dass der Inhalt neuer Forschungen einem Jeden zugänglich wird, während das Patentwesen nur zur Verheimlichung beiträgt, besteht in juristischer Beziehung zwischen dem Verlagsrecht und dem Recht des Erfinders ein so durchgreifender Unterschied, dass beide unmöglich gleich gestellt werden können."

Die Unhaltbarkeit dieser Argumente hat später Dr. j. Rosenthal[1]) vorzüglich kritisirt und gekennzeichnet, wie der Redner gar keinen Begriff von dem Wesen und dem Charakter der Patente hätte und wie besonders der vierte Satz absolut hinfällig wäre, sobald das Patentgesetz nur die Veröffentlichung des Patentes beföhle. — Rosenthal weist auch nach, wie jene Deduction mit den juristischen Autoritäten Schaeffle, v. Cotta, Friedländer etc. in Widerspruch trete. Er fährt fort:

„Die Gründe nun, welche die dem Erfindungsschutz nicht geneigten hervorragenden Vertreter der Freihandelsschule, — wir erwähnen Prince-Smith, Faucher, Michaelis — gegen die Patente geltend machen, lassen sich in zwei grosse Gruppen scheiden; solche, die das dem Rechtsbewusstsein unserer modernen Kulturzustände entspringende moralische Recht und die Nothwendigkeit eines Rechtsschutzes negiren; — diese werden hier zu prüfen haben, — und solche, welche die Gemeinnützigkeit der Patente verneinen; diese letzteren hängen mit der Unzulänglichkeit der bestehenden Form des Rechtsschutzes zum grossen Theil zusammen, und führen, so weit dies der Fall ist, wie wir sehen werden, in ihrer Konsequenz dahin, einerseits eine Reform der Gesetzgebung, andererseits aber die Beibehaltung des Erfindungsschutzes auch im höheren Interesse des Staates absolut nothwendig erscheinen zu lassen.

Es wird namentlich gelehrt, dass die Wissenschaft die Quelle des Erfindungsgeistes sei, dass jeder Erfinder als Erbe der Jahrhunderte nur die Geistesarbeit früherer und mitlebender Forscher benutze, dass das neue auf der vorangegangenen geistigen Arbeit ruhende Produkt der Individualität entbehre und man doch weit davon entfernt sei, den wissenschaftlichen Forschern auf ihre Entdeckungen ein Patent zu ertheilen."

Der Congress und sein Votum, dass Patente ungerecht und schädlich seien, gab dem Ingenieur-Verein seine ganze Selbstständigkeit der Action zurück, und es ist dasselbe als ein gutes Ereigniss für das Patentgesetz zu betrachten. Der von W. Röhrich[2]) erstattete Bericht über den VI. Congress bot noch ferner Gelegenheit, die Ar-

---

[1]) Der Erfindungsschutz. pag. 16.

[2]) Herr Röhrich sagt z. B., dass in Frankreich von 1844—1853 15300 Patente ertheilt worden seien, und meint, das heisse weiter nichts, als dass 15300 mal die Freiheit der Production beschränkt sei.

gumente und falschen Annahmen, auf welche sich die Beweisführung stützte, in das rechte Licht zu setzen, was denn auch von Kayser und Born in bestem Maasse geschah. Ferner aber erliess der technische Verein für Eisenhüttenwesen eine ausgezeichnete Denkschrift, die sich über die Rechtsgrundsätze, die in Dresden eine Hauptrolle gespielt hatten, aussprach und sich auf die Arbeiten von Kleinschrodt, Wirth u. a. stützte. Der Ingenieur Born benutzte die Gelegenheit, um den Ingenieuren und Industriellen zuzurufen:

„Wenn die Industrie für ihr Patentwesen nicht selbst lebensfähige Zustände und Formen erschaffen kann, ist es als constatirt anzusehen, dass die damit repräsentirten Interessen nicht wichtig und nicht werthvoll genug sind, um uns noch länger zu beschäftigen, und es wäre dann vortheilhafter, Zeit, Kraft und Geld auf bessere Bestrebungen zu richten; aber, so lange dieser Versuch nicht gemacht, ist zu bestreiten, dass irgend Jemand sich in der Lage befinde, ein definitives Urtheil über die schwebende Frage fällen zu können; denn Niemand vermag den Verkehr so zu übersehen, um mit voller Ueberzeugung der Wahrheit sagen zu dürfen: Die Patente sind unnütz und überflüssig.“

Das Alles und die Nachricht, dass die preussische Regierung beim Bundesrathe die Abschaffung der Patente in Deutschland befürwortet habe, trug dazu bei, die Ausdauer und die Kraft des Ingenieur-Vereins anzuregen und zu stählen. Am 5—7. September 1864 tagte die Hauptversammlung des Ingenieur-Vereins in Heidelberg, beschäftigt mit den Fragen: „Einheitliches Maass- und Gewichtssystem“, „Reorganisation der polytechnischen Schulen“. Aber die Patentsache liess die Anwesenden nicht ruhen. Dr. Schröder aus Mannheim brachte den Antrag ein: „die Patentfrage nochmals auf die Tagesordnung zu setzen, um dem Dresdener Congresse ein Paroli zu bieten.“ Man hielt dies jedoch nicht für nöthig Angesichts der bereits geschehenen weiteren Schritte des Vereins, aber Schrader (Aschersleben), C. Kesseler (Greifswald) und C. Kayser (Breslau) befürworteten folgenden, darauf mit allen gegen 2 Stimmen angenommenen Antrag:

„Der Verein deutscher Ingenieure erklärt ausdrücklich, dass er trotz der entgegenstehenden Beschlüsse des volkswirthschaftlichen Congresses in Dresden auf seinen in der Hauptversammlung zu Braunschweig aufgestellten Principien durchaus beharre.“

Damit endete die sensationelle Congress-Entscheidung vollkommen wirkungslos auf die grosse, gewichtige Partei, welche ein Hauptwort in Patenten mitzureden hatte, — wirkungslos, was die Festhaltung der Ansichten seitens der Ingenieure anlangte, — wirkungsvoll insofern, als sie den umgekehrten Effect erzielte als beabsichtigt war. —

Der Bundesrath hatte bereits 1862 eine Fachmännercommission einberufen, um eine Verständigung über die Patentangelegenheit zwischen den verschiedenen Staaten herbeizuführen. Diese Commission bestand aus folgenden Mitgliedern: Für Oesterreich: Sectionsrath Dr. Höchsmann; für Bayern: Reg.-Assessor von Cetto; für d. K. Sachsen: Geh. Rath Dr. Weinling; für Hannover: Reg.-Rath Schow; für Würtemberg: Ob.-Reg.-Rath v. Bitzer; für Hessen-Darmstadt: Geh. Rath Eckhardt; für Kurhessen: Staatsrath v. Stierenberg.

Dieselbe verfasste zwei Entwürfe: A zur Vereinbarung über die bei Gewährung des Patentschutzes für Erfindungen zu beobachtenden allgemeinen Bestimmungen und B zur Vereinbarung über gegenseitige Geltung der Patente. Der Entwurf A enthielt 41 Paragraphen. Unter den Bestimmungen heben wir hervor den Vorschlag des Anmeldeverfahrens, der möglichen Geheimhaltung auf Wunsch des Patentirten, wachsende Taxe. Der Entwurf B bestimmte über „Vereinspatente". Diese Entwürfe konnten bei Preussen um so weniger auf günstige Aufnahme rechnen, als der Minister von Itzenplitz in einem Rundschreiben vom 5. Aug. 1863 indirect sich gegen Patente aussprach, indem er bei allen Handelskammern etc. anfragte:

Ob, mit Rücksicht auf den gegenwärtigen Standpunkt der Industrie, es der durch Ertheilung von Patenten bezweckten Anregung des Erfindungsgeistes jetzt noch bedürfe, da sowohl das preussische System der Patentgesetzgebung als diejenigen anderer Länder erhebliche Nachtheile mit sich führten; zumal da auch das britische Unterhaus in der Sitzung vom 27. Mai 1863 nach einer eingehenden Discussion sich veranlasst gefunden, ein Comité mit einer näheren Untersuchung des Patentwesens zu beauftragen?

Es konnte wohl nicht Wunder nehmen, dass diese Fragestellung und der Beschluss des Dresdener Congresses die Antworten der Handelskammern von vornherein feststellten, welche ja meistens von der Manchesterpartei influirt waren, — ja es sprach sogar ungemein für die Berechtigung der Patente, dass den 31 die Patente negirenden Kammern sich 16 gegenüberstellten, welche die Beibehaltung der Patente befürworteten, darunter auch das Aeltesten-Collegium der Kaufmannschaft in Berlin! —

Sehr bedauerlich dagegen musste die Haltung des Ober-Schlesischen Berg- und Hüttenmännischen Vereins auffallen. Dieser Verein erklärte, dass der Erfindungsgeist bei dem gegenwärtigen Standpunkte der Industrie einer Anregung durch Patente nicht mehr bedürfe, die Patentirung daher fallen zu lassen sei.

Trotz dieses für das Patent ungünstigen Ausfalls der Ministerrundfrage, wagte man anfangs nicht direct mit dem Antrage auf Beseitigung des Patentgesetzes vorzugehen, weil zur richtigen Stunde der Ingenieurverein mit seiner grossen Mitgliederzahl competentester Beurtheiler in den Kampf eintrat und ferner die Berliner Handelskammer sich für Patente ausgesprochen hatte, zudem der Bundesrath für ein Patentgesetz eingenommen war[1]).

Die bis Ende 1863 eingeforderte Antwort der Bundesstaaten beim Bundestag verzögerte sich bis über 1864 hinaus. Endlich hatten Bayern, Württemberg, Hannover und Frankfurt a. M. sich für den „deutschen Patentgesetzentwurf" der Bundestags-Commission erklärt, dagegen stimmten aber Preussen, Baden, Hamburg, Coburg, Waldeck, Bremen, Weimar, Luxemburg und Lübeck. Die erwartete ablehnende Erklärung Preussens machte um so mehr Sensation, als gerade vorher die Resolutionen der ersten zur Mitberathung berechtigten Körperschaft, wie der Ingenieurverein ist, an die Regierung gekommen waren. Die Erklärung besagt, dass die Regierung

„nach sorgfältiger Prüfung der Vorschläge sich leider nicht in der Lage sah, denselben ihre Zustimmung ertheilen zu können." „Ohne die Mängel der in Preussen bestehenden, bekanntlich auf dem Princip der Vorprüfung beruhenden Patentgesetzgebung verkennen zu wollen," so lautet die Erklärung weiter, „glaubt die K. Regierung für dieselbe doch den wesentlichen Vorzug in Anspruch nehmen zu dürfen, dass sie die Gewerbthätigkeit vor Patenten für bekannte und offenbar werthlose Dinge und damit vor ganz ungerechtfertigten Belästigungen und Weiterungen bewahrt hat. Die in Rede stehenden Entwürfe haben das entgegengesetzte System, das sogenannte Anmeldeverfahren, zur Grundlage; sie bezwecken mithin eine Erweiterung des Patentschutzes und namentlich Erleichterung bei der Erlangung der Patente. Zu einer Aenderung der diesseitigen Gesetzgebung in dieser Richtung würde sich die K. Regierung nur dann entschliessen können, wenn feststände, dass dadurch nicht allein die Erfindungsindustrie, sondern die Gewerbsamkeit im Allgemeinen gefördert würde, und dass der erwähnte, aus der Vorprüfung sich ergebende Vortheil gegen die von der Annahme des Anmeldeverfahrens zu erwartenden Erfolge

---

[1]) „Vorschläge für ein Deutsches Patentgesetz, beantragt durch die von der hohen Deutschen Bundesversammlung durch Beschluss vom 24. Juni 1862 einberufene Commission von Fachmännern, mit Erläuterungen und einer Ausführung über die principielle Rechtfertigung des Patentgesetzes" von dem Mitgliede der Commission Fr. Bitzer, königl. Würtemb. Ober-Regierungsrath. Dasselbe enthält auf S. 1—48 das Gutachten der Commission über die von ihr ausgearbeiteten Entwürfe, dann von S. 49—102 den Text der aus 41 Paragraphen bestehenden Vereinbarung, über die bei Gewährung des Patentschutzes für Erfindungen zu beobachtenden allgemeinen Bestimmungen; von S. 104—109 die aus 14 Artikeln bestehenden Vereinbarungen über gegenseitige Geltung der Patente. Das Schlusswort 110—137 ist der principiellen Rechtfertigung des gesetzlichen Schutzes für Erfindungen gewidmet. Als Anhang findet sich die Vereinbarung der Zollvereinsstaaten vom 21. September 1842 wegen Ertheilung von Erfindungspatenten und Privilegien abgedruckt.

zurücktrete. Einen solchen Nachweis hat die Commission nicht geführt, und er dürfte überhaupt schwerlich zu führen sein. Sie bemerkt im Eingange ihres Gutachtens vom 16. Mai v. J., dass sich in der theoretisch-wissenschaftlichen und publicistischen Literatur die Stimmen vermehrt hätten, welche den Nachtheil der mit dem Patentwesen verbundenen Beschränkungen weit höher veranschlagen, als den Nutzen des Patentschutzes, glaubt diesem Umstande aber deshalb kein Gewicht beilegen zu sollen, weil ein genügendes Material, welches sich auf Thatsachen oder doch auf genaue Erforschung der in den practischen Kreisen aus der Erfahrung entwickelten Ansichten über die Wirkung der Patentstütze nicht vorliege. Es ist jedoch bekanntlich in England und Frankreich, wo das von der Commission adoptirte System seit langer Zeit in Geltung steht, neuerdings von Männern, die mit den Interessen der Industrie genau vertraut sind und den practischen Kreisen angehören oder ihnen doch nahestehen, gerade mit Rücksicht auf Erfahrungen, theils eine Umgestaltung der Gesetzgebung in der Richtung der Beschränkung des Patentwesens, theils die gänzliche Beseitigung desselben lebhaft empfohlen worden. Schon diese Erscheinung würde die K. Regierung haben abhalten müssen, sich die Vorschläge der Commission anzueignen; ihre Bedenken sind aber noch durch das Ergebniss der Ermittelungen verstärkt worden, welche sie bei dem zunächst betheiligten Handels- und Gewerbstande des eigenen Landes angestellt hat. In der weitaus überwiegenden Mehrzahl haben sich die Organe derselben dahin ausgesprochen, dass die Nachtheile, welche das System des Anmeldeverfahrens mit sich führe, die Vortheile, welche die Verleihung von Patenten überhaupt darbiete, überwöge, und dass im Hinblicke auf den gegenwärtigen Standpunkt der Industrie es der durch das Patent bezweckten Anregung des Erfindungsgeistes überhaupt nicht mehr bedarf. Unter diesen Umständen muss die K. Regierung Anstand nehmen, sich Massregeln anzuschliessen, die nicht den Wegfall, sondern eine weitere Ausdehnung des Patentwesens zum Ziele haben."

Diese Erklärung liess an Deutlichkeit nichts zu wünschen übrig, aber sie entmuthigte die Ingenieure keineswegs, sondern wies sie ernst auf die in Aussicht gestellte Eventualität der Patentaufhebung hin. Die Frage der zweckmässigen Erneuerung der Patentresolution trat in den Vordergrund und bildete wiederum den Gegenstand der Discussion der Zweigvereine des deutschen Ingenieurvereins. —

Um ein Bild von dem Gutachten der Handelskammern zu geben, führen wir hier zunächst das der Leipziger Handelskammer an:

„Der Beitritt zu den Entwürfen der Frankfurter Commission ist nicht anzurathen:

1. weil gegenwärtig die in der Annahme des Anmeldeverfahrens liegende Erweiterung des Patentschutzes nicht an der Zeit ist;

2. weil das Anmeldeverfahren überhaupt überwiegende Nachtheile im Gefolge hat und namentlich das von der Commission angenommene, wonach Oppositionen gegen ein angemeldetes Patent nicht freigegeben sind und die Ver-

öffentlichung der sogen. Landespatente nicht vorgeschrieben ist, wahrscheinlich zu grossem Patentunfuge Anlass geben würde;

3. weil eine Einigung über Patentwesen vor Allem die Einsetzung einer gemeinsamen Patentbehörde und den Wegfall der Trennung in Vereins- und Landespatente erheischt;

4. weil die Stellung, welche durch §. 24 des Entwurfes A und Artikel III des Entwurfes B den einem Vereinsstaate nicht Angehörenden angewiesen ist, im Widerspruch mit den Forderungen der Gerechtigkeit, wie des industriellen Interesses und den Grundsätzen der noch rechtsgiltigen Zollvereinsvereinbarung vom 11. Septbr. 1842 Art. V und VI steht;

5. weil für eine solche Vereinbarung die Ausdehnung, wie die Begrenzung auf die zu einem Zollgebiete vereinigten Staaten durch das Interesse der Industrie geboten erscheint."

Die Cölner Handelskammer gab dagegen folgenden Ausspruch:

„Erfindungspatente dürfen in Zukunft in Deutschland nicht mehr ertheilt werden. Die bestehenden erlöschen nach Ablauf der vorgesehenen Dauer, jedenfalls aber nach fünf Jahren. Aus gemeinsamen Mitteln werden jährlich angemessene Beträge zur Belohnung für wichtige Erfindungen ausgesetzt. Mit Prüfung der letzteren und mit Zuerkennung der Prämien wird eine ständige Behörde beauftragt."

Man wird zur Genüge aus beiden Anführungen erkennen, welche Zerfahrenheit und Unklarheit in den Ansichten über Patente herrschte.

Was den Cölner Vorschlag einer Nationalbelohnung für Erfinder anlangt, so war derselbe nicht neu. Abgesehen von früheren Anregungen hatte sich Dr. H. Grothe[1]) 1862 weitläufig darüber ausgelassen, dass Erfindungen durch eine grosse genossenschaftliche Organisation der deutschen Industrie prämiirt werden könnten, ohne indessen die Nothwendigkeit der Patente irgendwie damit in Abrede zu stellen. In späteren Publicationen (im „Arbeitgeber") hatte Grothe diese Idee gar nicht wieder angeregt, sondern war in der Ueberzeugung ihrer Unausführbarkeit lediglich zur Befürwortung der Patente zurückgekehrt. Seine Darstellung der Sache und besonders der von ihm geführte Nachweis, dass die patentlose Schweiz den Einfluss der Patentlosigkeit sehr empfinde trotz ihrer für Ausübung der Patenträuberei sehr günstigen Lage, erregte die Herren Prof. Pompejus Bolley und Prof. Böhmert ausserordentlich und liessen sie zu den bedenklichsten Aeusserungen gelangen! Grothe's Deductionen stammten aus einer persönlichen Kenntniss der Schweizer Industrie, exemplificirten die Schweizer Uhrenfabrication und stützten sich schliesslich auch auf die Schrift des bekannten Ingenieurs Zuppinger[2]). Bolley war kurz vorher von der Preussi-

[1]) Deutsche illustrirte Gewerbe-Zeitung 1862.

[2]) Der Schutz des geistigen Eigenthums und die Schweizer Industrie.

schen Regierung aufgefordert worden, ein Urtheil über Patente an der Hand der schweizerischen Zustände abzugeben. Er that dies in so einseitiger Weise[1]) und schwang sich zu so unhaltbaren Behauptungen auf, dass die Zeitschrift des Vereins deutscher Ingenieure sich genöthigt sah, die Brochüre tüchtig abzufertigen. Es wird in der Ztschr. des gen. Vrns. darauf hingewiesen, dass der oft beliebte Unterschied zwischen „Volkswirthen und Technikern“ bezüglich der Ansichten in der Patentfrage ein unberechtigter sei und dass es viele Techniker gäbe, welche sehr gesunde volkswirthschaftliche Anschauungen hätten, dagegen viele sog. Volkswirthe, welche von der Technik nicht so viel verständen, um auch nur annähernd beurtheilen zu können, was dazu gehöre, eine Erfindung zu machen. Zum Nachweis, dass Bolley's Behauptung: in England und Frankreich mache sich unter den hervorragendsten Technikern die Ueberzeugung von der Verwerflichkeit des Princips geltend, irrig sei, ward auf die Engl. Parlamentsverhandlungen wie auf Engl. Journale hingewiesen; von letzteren wollen wir den Engineer vom 30. Juni d. J. anfügen, der es als seine Ueberzeugung ausspricht, dass „die Patente vor dem jüngsten Tage nicht abgeschafft werden würden“.

Böhmert aber endete mit seinen Prinzipien so inconsequent, dass er die Idee des von ihm angegriffenen Grothe aufnahm und am 13. Mai 1867 ein Aufruf erliess zur Gründung eines nun aber internationalen Belohnungsfonds als Ersatz der Erfindungspatente, dessen Nutzen darin bestehen solle, die von den Erfindern dem öffentlichen Wohle geleisteten Dienste durch freiwillige Beiträge der Gesellschaft belohnen und die Kosten der Vorbereitungsversuche für wichtige Entdeckungen vergüten zu können. Es solle sich dabei natürlich nur um Belohnung für solche unpatentirte Erfindungen handeln, deren Bedeutung sich bereits practisch bewährt habe. In jedem Land sollten sich unparteiische Sachverständige finden, die, aus der Wahl von Vereinen hervorgegangen, sich zu einer Jury vereinigen müssten, um entweder selbstständig über zu gewährende Nationalbelohnungen zu entscheiden oder der zu bildenden internationalen Jury ihre Vorschläge zu unterbreiten. Diese internationale Jury solle mit einem grössern Fond den Mittelpunkt des alle Nationen umschlingenden Bundes von Privaten und Einzelvereinen bilden, um alle wichtigen Erfindungen rasch zum Gemeingut der Menschheit zu machen und die Namen der Erfinder in die Oeffentlichkeit zu tragen. Die vorgeschlagene Institution solle ohne Staatshilfe und Regierungseinfluss aus der freien Privatthätigkeit der Gesellschaft emporwachsen und alle Gegner des

---

[1]) Zur Patentfrage.

Patentschutzes zu einer wirksamen Liga vereinigen, um an die Stelle des Monopols und der egoistischen Geheimhaltung von Erfindungen die freie Concurrenz und den werkthätigen Gemeinsinn der Erfinder zu setzen. Das Erfinden werde dann nicht blos eine individuelle Geldquelle, sondern gleichzeitig eine allgemeine Wohlfahrtsquelle werden etc. —

Dabei aber verleugnete Herr Böhmert die Verurtheilung des Patentgesetzes verbaliter nicht und gab eine Deduction über Patente, die so recht einer vollständigen Verkennung des Wesens der Erfindungspatente gleichkommt. Sie lautet:

„Die Erfindungspatente gehören zu den bestrittensten Einrichtungen unsrer industriellen Gegenwart. Der Glaube an ihren Nutzen und an die Möglichkeit ihres Fortbestehens ist überall tief erschüttert. In England und Frankreich ist in neuer Zeit von sachkundiger Seite nicht nur die Unhaltbarkeit der dort geltenden Patentgesetzgebung nachgewiesen, sondern gleichzeitig die gänzliche Beseitigung der Erfindungspatente, als einer nicht mehr zeitgemässen Einrichtung, empfohlen worden. (In der Engl. Parlamentscommission zur Revidirung der Patentgesetze ist davon nichts laut geworden, wohl aber haben sehr sachverständige Engländer ausgesprochen, dass es keinem vernünftigen Menschen mehr einfalle, die Gemeinschädlichkeit der Patente zu behaupten.) Es werden dort alljährlich Patente ertheilt für eine Unzahl von Dingen, die weder neu noch besser als andere gleichartige Gegenstände sind. Die Präsumtion der besonderen Güte, welche den patentirten Gegenständen entgegenkommt, läuft häufig nur auf eine Täuschung der Käufer hinaus und verleitet zur Charlatanerie. Die Erfindungspatente vertheuern den Preis der Patentobjecte und beschränken die Ausdehnung ihres Gebrauchs. Diese Vertheuerung verursacht einzelnen Industriezweigen wesentliche Nachtheile, die einem ganzen Land die Concurrenz mit anderen Industriestaaten erschweren können. Ferner pflegt das Patentmonopol den Fortschritt der Industrie auch schon deshalb zu beeinträchtigen, weil alle Diejenigen, welche gleichzeitig eine wichtige Entdeckung gemacht oder danach geforscht haben, zu Gunsten eines Einzelnen an der Verwerthung ihrer Bemühungen und meistens sogar an der Verbesserung neuer Erfindungen verhindert werden. Hierzu kommt, dass der mit so grossen Opfern für das Publicum, mit lästiger Ueberwachung der Industrie, mit Chicanen, Processen und Confiscationen verbundene Patentschutz in der Regel nicht einmal den wirklichen Erfinder belohnt, sondern gewöhnlich nur Denjenigen begünstigt, der fremde Ideen geschäftlich auszubeuten versteht. — Veranlasst durch das Gewicht dieser Gründe hat die Preuss. Regierung vor einigen Jahren sämmtliche Handelskammern ihres Landes zu einer Begutachtung der Fragen aufgefordert, ob die Nachtheile der Patentgesetzgebung nicht die Vortheile überwiegen und ob mit Rücksicht auf den gegenwärtigen Standpunkt der Industrie es der durch die Patente bezweckten Anregung des Erfindungsgeistes jetzt noch bedürfe. Sie hat bei dieser Gelegenheit in ihrem offenen Circularerlass ausdrücklich darauf aufmerksam gemacht, dass in der Schweiz, wo bisher Patente nicht verliehen worden sind, ein ungünstiger Einfluss auf die Entwicklung der Gewerbthätigkeit sich nicht bemerklich gemacht habe. In Folge dieser Anfragen haben sich 31 Preuss. Handels- und Gewerbekammern auf Grund sorgfältiger Gutachten für die Aufhebung des Patentmonopols erklärt, während nur 16 für Beibehaltung desselben votirten. Schon vor Erstattung dieser Gutachten hatte sich der im September 1863 in Dresden abgehaltene Congress Deutscher Volkswirthe nach eingehenden Berathungen mit grosser Majorität für vollständige Beseitigung der Erfindungspatente ausgesprochen. Die erwähnten Thatsachen deuten darauf hin, dass das Fortbestehen der Patente sehr zweifelhaft geworden ist. Wäre der Patentschutz überhaupt zweckmässig, so könnte er nur noch durch ein von allen Industriestaaten anerkanntes internationales Patentgesetz mit einem überall gleichartigen Verfahren aufrecht erhalten werden. Eine solche internationale Vereinbarung ist aber schon deshalb unmöglich, weil mehrere (?) Staaten das ganze Princip des Patentwesens als schädlich verwerfen etc."

Diese Argumentation war übrigens nicht die des Herrn Böhmert allein, sondern sie gab die Ansichten seiner volkswirthschaftlichen Glaubensgenossen wieder. Die Nationalbelohnungsidee, welche ja implicite die Nothwendigkeit und Gerechtigkeit eines Erfinderlohnes als Ausgangspunkt nimmt, erfuhr dann eine kühle Aufnahme und scharfe Abfertigung. Die deutsche Industrie-Zeitung schrieb darüber (1867):

„Auf den Vorschlag des Hrn. Prof. Böhmert zurückkommend, fragen wir zuerst: wer soll den Fond, aus welchem Erfinder die Nationalbelohnungen erhalten, beschaffen? — Welchen Erfolg die Geldsammlungen zu gemeinnützigen Zwecken in unserm Vaterland haben, weiss alle Welt und haben es die Sammlungen für „Deutsche Flotte", „Schillerstiftung" etc. genugsam bewiesen, wie schwach ein Unternehmen ist, das darauf seinen Bestand gründet. Und die Sammlungen für einen Erfinderfond hätten nicht einmal die nationale Begeisterung und Opferfreudigkeit des grössern Publicums für sich! Grothe's Anregung zur Gründung eines solchen Fonds ist unsers Wissens ganz ohne Folgen geblieben. — Der Staat müsste also hier eintreten und die Mittel zur Belohnung der Erfinder aussetzen. Gesetzt nun auch, dies geschähe, dann sollen also nach Prof. B.'s Ansicht sachverständige, unabhängige Männer entscheiden: ist die oder die Erfindung es werth, dass ihr Urheber belohnt werde? Abgesehen davon, dass die Beurtheilung immer wieder zunächst in die Hände der sachverständigen Theoretiker fallen müsste, da Practiker in ganz unabhängiger Stellung, die das Vertrauen des grössern Publicums zu einem solchen Schiedsrichteramt besässen, wohl schwerlich ihre kostbare Zeit dazu hergeben würden, bezweifeln wir überhaupt die Möglichkeit, den Werth einer Erfindung am grünen Tisch festzusetzen und danach die dem Erfinder zu ertheilende Belohnung zu bestimmen. Um ein Beispiel aus der Praxis herauszugreifen: die calorischen Maschinen machten namentlich in der Kleinindustrie grosses Aufsehen; die Billigkeit und Bequemlichkeit der Anlage, die Gefahrlosigkeit des Betriebes verschafften ihr schnellen Eingang und das Böhmert'sche Tribunal hätte dem Erfinder ohne Zweifel einen Preis zuerkennen müssen. — Fragen wir heute nach den calorischen Maschinen, so werden wir an Stelle der meisten s. Z. aufgestellten Dampfmaschinenanlagen in den verschiedensten Constructionen finden und den Grund dieses Verschwindens der calorischen Maschinen haben wir lediglich in dem theuereren Betriebe durch Brennmaterialconsum und Reparaturen zu suchen, Nachtheile, die in der Praxis zwar schnell gegen die Einführung der Maschinen sich geltend machen, die aber schwerlich in der Zeit, in welcher der Erfinder seinen Anspruch auf Belohnung erheben wird, endgültig zu constatiren sind. — Soll die Werth- und Belohnungsbestimmung erst nach erfolgter Constatirung der Vorzüglichkeit einer Erfindung in der Praxis erfolgen, wozu möglicherweise Jahre gehören, dann ist das Ende der Prioritätsstreitigkeiten nicht abzusehen, da jeder Verbesserer der Erfindung behaupten wird, und vielleicht oft mit Recht, dass durch seine Verbesserungen erst die Erfindung werthvoll geworden ist und mithin ihm ein Antheil an der zu gewährenden Belohnung gebühre. Wer soll da schliesslich noch entscheiden? Auf den möglichen Einwurf, dass die Beurtheilung bei den Patentertheilungen gerade in den Händen sachverständiger Theoretiker liege, erwiedern wir, dass bei der Beurtheilung nach den bestehenden Gesetzen der Werth, die Nützlichkeit, die Anwendbarkeit und Ausführbarkeit einer Erfindung gar nicht in Betracht kommt und zwar mit Recht, vielmehr hat der Beurtheiler ausschliesslich nachzuforschen, ob eine Uebereinstimmung des neu Vorliegenden mit Altbekanntem festzustellen möglich ist und je nach dem Ausfalle dieser Nachforschung wird das Patent verwilligt oder versagt. — Letzteres führt uns aber gerade darauf, wie nöthig es ist, ein einheitliches System wenigstens für den Norddeutschen Bund, wenn es nicht für alle Deutschen Staaten möglich ist, zu schaffen, da die Beurtheilungskommissionen der verschiedenen Staaten gerade in diesem Punkte, in der Constatirung, ob eine vorgelegte Erfindung neu und eigenthümlich sei, so sehr differiren und Patente auf eine Erfindung in dem einen Theile der Deutschen Staaten bewilligt werden, während man sie in dem andern Theile abschlägt. Dieser Zustand wird bei einer einheitlichen Beurtheilung für den Umfang des Bundes aufhören und wird eine Einheit darin jedenfalls als der erste Schritt zum Besseren in der Reorganisation des Patentsystems durch den Norddeutschen Bund zu begrüssen sein."

Mit diesen Vorgängen dürfte die Idee der National- oder International-Belohnung für immer abgethan sein. — Zur Zeit der Böhmert'schen Vorschläge tauchten verschiedene ähnliche Projecte auf. Es wurde z. B. gemeldet: In Berlin ist die Gründung einer Gesellschaft im Werk, deren Zweck ist, die inländischen Erfindungen, welche bisher vom Ausland verwerthet und ausgebeutet wurden, im Vaterland zu gebührender Geltung zu bringen, so wie die inländischen Erzeugnisse der Industrie durch den Export besser als bisher zu verwerthen.

Dazu ist nachträglich zu bemerken, dass auf der Pariser Ausstellung, welche wahrscheinlich die Anregung dazu gab, bereits der Plan zu einem gleichen Unternehmen für Frankreich vertheilt wurde.

Auch die Herren Wirth & Co. in Frankfurt a. M. regten zu einer Capitalassociation zu dem Zwecke an. In England schlug Sir Roundell Palmer in London die Begründung eines National-Inventors-Instituts vor. — —

Die Jahre von 1865—1868 waren von Disputationen und Controversen über Patente erfüllt, indem die Freihandelsschule es sich zur Aufgabe machte, „die Patente zu beseitigen."

Es kann nicht geleugnet werden, dass diese Bestrebungen einen, für diese Partei zufriedenstellenden schnellen Erfolg nicht hatten. Die Manchesterpartei hat trotz der Anstrengungen ihres Führers Prince Smith gegen die Patente nichts auszurichten vermocht. Nach dem Dresdener Congressbeschluss soll freilich zufolge der Berliner Börsen-Zeitung (1867) auf eine neue Anfrage des Handelsministerium, betr. die Nothwendigkeit der längeren Fortexistenz des Patentwesens in Preussen von allen Seiten mit Ausnahme des Berliner Aeltestencollegium eine verneinende Antwort ertheilt worden sein. Wenn unter „allen Seiten" die Handels- und Gewerbekammern zu verstehen sind, so würde sich allerdings eine zunehmende Abneigung gegen das Patentwesen ergeben haben, da bei einer ähnlichen Anfrage seitens des Ministerium vor einigen Jahren ja 31 Preuss. Kammern sich gegen, 16 aber für Beibehaltung der Patente aussprachen. Hätte diese gestellte Frage auf Beibehaltung des Preuss. Patentwesens in seiner jetzigen Form sich bezogen, so würde man sich mit der angeblich allseitigen Ablehnung allerdings vollständig einverstanden haben erklären können, da an eine Beibehaltung des bisherigen Zustandes der Patentgesetzgebung Niemandem etwas gelegen sein konnte. — Die Antipatentbewegung benutzte die Zeit, um Beispiele von „unsinnigen" Patenten hervorzuziehen und daran zu zeigen, welche Sünde es sei, Patente zu ertheilen. Wir geben einige dieser Beispiele:

„Unter den Englischen Patenten haben wir schon manchen blühenden Unsinn gefunden, das Aergste in dieser Beziehung ist aber nachstehendes Patent auf Prüfung der Wirklichkeit von Gespenstern. In einem Zimmer ohne offene Thüren und Fenster, das luftdicht verschliessbar ist, werden Wände, Boden und Decke sorgfältig mit Kohle oder gehörig zubereitetem Dolomit oder Magnesia angestrichen, die mit Terpentinöl oder Spiritus angerieben werden. Um das Athmen zu gestatten, lässt man aus einem Behälter etwas comprimirte Luft eintreten und führt dieselbe durch unbemerkbare Oeffnungen ab. Das verwendete Licht muss filtrirt werden, es kann das durch Verbrennung von Kohlenwasserstoffen erzeugte sein, muss aber durch eine blaue, schwarze oder violette Flüssigkeit durchgeführt werden. Es darf nur soviel Licht in das Zimmer gelassen werden, dass der Raum anfänglich dunkel erscheint, eine darin befindliche Person aber allmälig die Gegenstände erkennen kann. In einem solchen Zimmer wird es, wenn überhaupt, möglich sein, Gespenster sichtbar zu machen. Als Grund, dass die Geister nicht sichtbar sind, kann man annehmen, dass das Licht zu grell ist, durch dieselben durchgeht und von ihnen nicht reflectirt wird. Es muss daher das Licht ausserordentlich dünn sein und deshalb filtrirt werden. Wie man es macht, um Gespenster, die anderswo herumspuken, in einen solchen Raum zu bringen, ist nicht angegeben. So geschehen im Jahre des Herrn 1865 in dem civilisirten England!" —

„Einen schönen Beitrag zur Geschichte des Engl. Patentwesens liefert wieder einmal ein Patent, das C. E. Brooman in London für Mart. Ziegler in Paris auf Erzeugung und Anwendung eines imponderablen Fluidums in England erhielt. Dieses Fluidum wird Lebensflüssigkeit genannt und wirkt auf lebende Organismen, thierische wie pflanzliche. Erzeugt wird es mittelst besonderer Apparate dadurch, dass man Stickstoff und Kohlenstoff, oder deren Verbindungen oder einen stickstoffreichen und einen stickstoffarmen Körper in Berührung bringt oder eine Säure oder ein Alkali auf einen Kohlenwasserstoff oder auf Kohle wirken lässt." —

„Zu den durch ihre Unsinnigkeit auffallenden „Erfindungen", welche der Ehre eines Patents werthgehalten wurden, gehört ein in England und Frankreich patentirter Damenfächer von Suce in Paris, der sich dadurch auszeichnet, dass er ausser zu der gewöhnlichen Bestimmung eines Fächers auch als — Angriffs- und Vertheidigungswaffe benutzt werden kann, da die Rippen desselben von Metall und an den Enden mit Stahlspitzen versehen sind. Die Erfindung giebt vielleicht einem Culturgeschichtsschreiber der Zukunft Veranlassung zu einer erbaulichen Abhandlung über den moralischen Zustand des Frankreich vom Jahre 1866."

Solchem Hervorziehen von an sich lächerlichen Fällen stellten Wirth & Co. (Frankfurt a. M.) folgende wichtige Mittheilungen entgegen:

Der Werth der Patente ist in Deutschland immer noch nicht genug gewürdigt und gar viele Verbesserungen, mit welchen, wenn sie patentirt worden wären, der Erfinder sich hätte ein Vermögen erwerben können, bleiben in Werkstätten und Fabriken nahezu ganz todt liegen, ohne dem Erfinder oder Fabricanten etwas anderes einzutragen, als gerade der Vortheil werth ist, den ihre Benutzung bietet; sie bleiben verborgen und viele Erfindungen, hauptsächlich Deutsche, kommen nie an die Oeffentlichkeit. Wir haben Maschinen in einzelnen Werkstätten für specielle Zwecke construirt gesehen, die, als Geheimniss gewahrt, nur den Fabricanten nützten. Ist dieser Nutzen auch manchmal erheblich, so verschwindet er doch gegen den, welcher erreicht worden wäre, wenn der Fabricant die Erfindung unter dem Schutze des Patents an den Weltmarkt gebracht hätte. Hierbei wollen wir gar nicht des Falles gedenken, der so häufig vorkommt, dass der Erfinder gar nichts oder wenig von seiner Erfindung hat, wenn er sie in der angedeuteten Weise einem Fabricanten überlässt. Der einzige Weg, den es giebt, dem Erfinder sein Eigenthumsrecht zu sichern, ist der, die Erfindung durch Patente zu schützen. Oft haben aber die Erfinder nicht die nöthigen Mittel, um die Patente zu nehmen. In diesem Falle kann nur die Association, diese Trägerin unsrer heutigen Industrie, aushelfen, die gegen einen Antheil am Gewinn die Patente auf ihre

Kosten nimmt und ebenso die Kosten der Verwerthung trägt. Unsre Deutschen Erfinder haben längst bewiesen, dass sie in Bezug auf Genialität und practischen Blick mit den Englischen, Französischen und Amerikanischen Erfindern concurriren können und doch haben sie nicht den finanziellen Gewinn, welchen ihre ausländischen Collegen erzielen. Dies rührt auch daher, dass ihnen die Geschicklichkeit fehlt, die Erfindung in der rechten Art und Weise auf den Weltmarkt zu bringen. Wie werthvoll scheinbar unbedeutende Erfindungen oft sind, lehrt Folgendes. Die Patente für den Küp'schen Gasbrenner wurden im vorigen Jahr für die Summe von 60,000 fl. an J. Brönner in Frankfurt, den Erfinder des neuen nach ihm benannten Gasbrenners, verkauft. Der Erfinder eines neuen Schmierapparats für Cylinder und Schieber von Dampfmaschinen, der Locomotivführer Kessler, welcher bereits eine ähnliche Erfindung um 100 Thlr. an eine Fabrik in Magdeburg verkauft hatte, war im Begriff, diese neue um wenige hundert Gulden wegzugeben, weil er nicht die Mittel besass, die Patente zu nehmen, als er sich zur Ausbeutung seiner Erfindung associirte. Die Erfindung wurde patentirt und ausgeführt und der Erfinder hat davon schon eine seine ursprüngliche Schätzung weit übersteigende Summe erhalten, ist überdiess Besitzer aller Patentrechte und hat die Patente für Frankreich, Belgien und Holland um die Summe von 50,000 Frs. verkauft. Die Nutzanwendung liegt auf der Hand."

Wir wollen an dieser Stelle constatiren, dass Herr Franz Wirth stets mit grosser Energie und Umsicht für die Patente eingetreten ist und selbst in der schwierigen Lage der vorigen Jahrzehnte bemüht war, die Schwächen des Patentgesetzes practisch möglichst zu vermindern.

Im Jahre 1868 machte die Freihandelspartei indessen in der That bezüglich Patentaufhebung Fortschritte durch ihre Einwirkung auf die Staatsregierung. Man meldete:

Die preussische Regierung soll eine Reform der jetzigen Gesetzgebung über das Patentwesen beabsichtigen. Ob diese mit Beibehaltung des jetzigen Prüfungssystems oder durch den Uebergang auf das Anmeldesystem geschehen wird, ist noch unentschieden. Auch die Partei, welche principiell gänzliche Aufhebung des Patentwesens anstrebt, soll ihre Vertreter im Ministerium gefunden haben, doch darf wohl im Interesse der Industrie und speciell der Techniker gehofft werden, dass diese mit ihrer Ansicht nicht durchdringen wird.

Und ferner:

Dem Ausschusse des Bundesrathes für Handel und Verkehr ist vom Bundeskanzler eine Vorlage über Patentschutz zugegangen. Die Resolution der preuss. Regierung in dieser Frage ist, den Patentschutz gänzlich aufzuheben. Dieselbe geht von der Anschauung aus, dass derselbe mit dem Wesen der Gewerbefreiheit nicht im Einklang stehe, übrigens auch nach der practischen Erfahrung keineswegs unentbehrlich erscheine; denn die Schweiz, in welcher kein Patentschutz existirt, sei hierdurch in der Entwickelung ihrer Industrie nicht im Geringsten gehemmt worden. Noch wird geltend gemacht, dass die Zahl der Patentertheilungen im Ganzen doch nur eine unbedeutende sei, z. B. seien im Jahre 1867 ausgefertigt worden in Preussen 103, in Sachsen 179, thüringischen Staaten 33, Braunschweig 32, Hessen 20, Oldenburg 12, Bayern 214, Württemberg 139, Baden 46 Patente. In den letzten 10 Jahren wurden in Preussen durchschnittlich 84 % der Patentgesuche zurückgewiesen. Unseres Erachtens dürfte es aus Gründen, die wir wiederholt dargelegt haben, für die deutsche Industrie von wesentlichem Nachtheil sein, wenn der ohnehin schon so mangelhafte Patentschutz ganz aufgehoben würde. Jetzt ist es die höchste Zeit, dass der deutsche Ingenieurverein die Sache, zu deren Unterstützung er vor Allen berufen erscheint, mit vollem Ernst in die Hand nimmt.

Der letzte Appell traf jedoch die Ingenieure kampfbereit. Bereits 1867 hatte der Verein deutscher Ingenieure auf Anregung der Berliner Mitglieder alle Arbeiten concentrirt. Um die umfassenden Arbeiten des Vereines jetzt, wo der Reichstag über Sein oder Nichtsein eines Norddeutschen Patentgesetzes berathen sollte, zur nützlichen Verwendung zu bringen, hatte am 12. Sept. eine Anzahl Berliner Mitglieder des Vereines beschlossen, eine Petition an den Bundesrath zu richten, in welcher demselben die von dem Vereine vertretenen Ansichten für Bearbeitung der Vorlage unterbreitet und zur Berücksichtigung empfohlen wurden. Zugleich wurde beschlossen, zu geeigneter Zeit an den Reichstag selbst eine ähnliche Petition zu richten, woran sich dann alle Bezirksvereine betheiligten. Hierdurch wurden auch andere gewerbliche Vereine veranlasst, noch zur rechten Zeit mit gleichen Schritten vorzugehen, da ja der ganze Gewerbestand Deutschlands von der in Rede stehenden Frage in lebhaftester Weise berührt wurde. Diese Petition, begleitet von geeigneten Materialien, ging von Seiten des Berliner Bezirksvereins deutscher Ingenieure, dessen Vorsitzender damals E. Becker war, an den Bundesrath ab. In der Sitzung des Hauptvereins zu Düsseldorf 1868 ward das Vorgehen der Berliner genehmigt und eine neue Action beschlossen, obwohl man zweifelte, dass dieselbe von Erfolg sein werde. Wintzer betonte die Nothwendigkeit, dem Entwurfe wirthschaftliche Erläuterungen beizufügen und Gaertner gab der allgemeinen Sachlage, wie folgt, Ausdruck:

„Ich glaube, dass die Strömung der öffentlichen Meinung jetzt mehr gegen unsere Wünsche gegangen, sowie dass die Gefahr darin immer grösser geworden ist, glaube auch, dass die Gesetzgebung immer unseren Ansichten zuwider gehandelt hat und wir es überhaupt nur den politischen Verhältnissen zu danken haben, dass die Sache noch nicht vor diesem Forum endgültig entschieden ist. Wenn diese Frage nochmals erörtert werden wird, so wird Alles darauf ankommen, in welcher Weise sie bei dem Reichstage eingebracht wird, und da zweifele ich keinen Augenblick, dass die Majorität des Reichstages geneigt ist, die Patente ganz abzuschaffen und dass, wenn der Antrag, den Patentschutz ganz aufzuheben, von

Bundes wegen gestellt wird, jede entgegenstehende Petition an den Reichstag ohne Berücksichtigung bleiben und keine Agitation bei den Reichstagsmitgliedern durchschlagen wird; man würde einem solchen vom Bundesrathe eingebrachten Antrag nicht mit Erfolg entgegentreten können. Ich glaube daher, dass wir genöthigt sind, uns an den Bundesrath und den Bundeskanzler zu wenden, und dass Alles darauf ankommen wird, dass wir hier zu Worte kommen. Die Vorgänge, welche der Einbringung eines solchen Gesetzes in den Reichstag vorausgehen, sind gewöhnlich derart, dass der Bundesrath durch eine Enquêtecommission Informationen einzieht. Leider ist bis jetzt der Modus herrschend gewesen, dass man in Betreff der Patentgesetzgebung Anfragen an die Handelskammern richtete, weil man die Aufhebung der Patentgesetzgebung unter Verkennung der beiden zu Grunde liegenden Principien als eine Folge des Freihandels ansah. Dies müsste möglichst geändert werden, und ich halte es daher für rathsam, durch eine Eingabe an den Bundeskanzler vor Zusammentritt des Reichstages unsere Ansichten zur Geltung zu bringen."

Indessen beschloss der Ingenieur-Verein eine Commission und wählte dazu die Herren Wintzer und Gaertner mit dem Rechte der Cooptation. Nebenher wurde eine lebhafte Agitation für gut erachtet.

Auf der Hauptversammlung in Stettin 1869 wurde die Action noch verschärft. Die Commission für den Gesetzentwurf eines deutschen Patentgesetzes bestehend aus den Herren C. Gaertner (Magdeburg), Wintzer (Osnabrück), Dr. André (Osnabrück), Dr. W. Siemens (Berlin) und R. Ziebarth (Berlin) wurde bestätigt und mit der schleunigen Herstellung eines Entwurfes mit Motiven beauftragt. — Dr. W. Siemens war der Verfasser des Gutachtens, welches das Berliner Aeltesten-Collegium der Kaufmannschaft für die Patente 1863 und später abgegeben hatte. Der Gesetzentwurf[1]) wurde 1872 noch zur richtigen Zeit in allen Punkten fertig und mit einer Vorrede des Vereinsdirectors Dr. Grasshof und des Vorsitzenden C. Petersen (Eschweiler) versehen dem Reichstage, den Ministerien, dem Bundesrath, dem Reichskanzler überreicht.

Inzwischen ward die Frage der Patente überall in den technischen Vereinen discutirt, ebenso in wirthschaftlichen Vereinigungen. 1867 hatte Director Nöggerath in Brieg für den V. Schles. Gewerbetag die Patentfrage auf die Tagesordnung gestellt. Er selbst erläuterte dieselbe nach allen Seiten hin und stellte folgende Anträge:

In Erwägung:

1. dass die Ertheilung von Patenten mit unbedingter Publikations-Verpflichtung unentbehrlich für die Entwickelung und den Fortschritt des Gewerbes, der Industrie und des Handels ist;

---

[1]) Herausgegeben vom Ingenieur-Verein, gedruckt bei A. W. Schade.

2. dass die geltenden Gesetze der einzelnen deutschen Staaten weder dem Zustande der heutigen politischen Gestaltung noch dem augenblicklichen Standpunkte der Industrie und des Verkehres entsprechen,

beschliesst der V. Schlesische Gewerbetag, bei der K. Staats-Regierung dahin vorstellig zu werden:

1. dass ein für die Staaten des Norddeutschen Bundes geltendes Patentgesetz möglichst bald erlassen und in demselben ein Anmeldeverfahren mit Veröffentlichung des Princips der angemeldeten Erfindung, eine consultative Voruntersuchung und richterlicher Schutz des Erfinders und Publicums vorgesehen wird;
2. dass in diesem Gesetze dem Erfinder ein Zeitraum bis zu 2 Jahren zur Ausführung und eine Zeitdauer bis zu 15 Jahren zur Verwerthung seiner Erfindung gewährt wird;
3. dass Patente, wie bisher in Preussen, für den ganzen Umfang des Norddeutschen Bundes abgabenfrei ertheilt werden.

Ihm trat Dr. Alexander Meyer entgegen:

Er erklärte sich gegen Patente, da sie dem einen Grundrechte, welches Niemand dem Menschen rauben kann, dem Grundrechte: „Gedanken sind zollfrei“ widerstreiten. Das Patentwesen hätte schon längst zum Ruin der Industrie geführt, wenn die Verleihung der Patente eine allgemeinere geworden wäre. Patente seien — ein grossartiger Humbug! Erfinden heisse nicht, neue Stoffe hervorbringen, oder neue Kräfte in Bewegung setzen, sondern die schon vorhandenen verwenden. Diese Verwendung zu patentiren, sei ein Eingriff in die Vorsehung, welche uns die Stoffe und Kräfte gegeben. Wer Wasser in die Sahara trägt, möge sich seine Arbeit bezahlen lassen, nichts weiter. Das Eigenthum sei die stärkste Macht, zu seiner Vertheidigung stehen alle Besitzenden zusammen; das Patentwesen aber gehe macht- und hilflos betteln. Das erste Patent wurde nicht in Folge eines Bedürfnisses, sondern von einem Despoten, um sich Geld zu verschaffen, ertheilt. Die Engländer seien für das Patentwesen und gegen das Anmeldeverfahren: in Preussen sei es umgekehrt. In einem haben beide Recht, in dem Andern Unrecht. Welche grossartigen Erfindungen wie das Feuer (! Wer hat das Feuer „erfunden“?), die Verwendung des Dampfes etc., seien denn durch Patente geschützt worden? — (Kannte der Hr. Redner Watt's Patente nicht oder beabsichtigte er eine Wortklauberei, weil Watt's ewig denkwürdiges erstes Patent vom 5. Jan. 1769 lautet, „auf eine neue Art den Dampf- und Brennmaterialverbrauch bei Feuermaschinen zu vermindern“?) — Wir wollen auf die Debatten nicht weiter eingehen, nur das Resultat der Abstimmung hervorheben: Die Resolution des Referenten wurde mit 61 gegen 66 Stimmen abgelehnt.

Diese Niederlage der Patentfreunde ward indessen im Jahre 1868 ausgewetzt. Die Patentfrage erschien wieder auf dem VI. Gewerbetage in Brieg, und Nöggerath vertheidigte die Patente von Neuem und stellte seine Anträge wiederum unter Weglassung der Sätze 2 und 3 in der Schlussresolution. Dr. A. Meyer erschien mit einem Gegenantrag, lautend:

In Erwägung:

dass durch Patente der Fortschritt der Erfindungen nicht gefördert, dass durch dieselben aber die Ausbreitung neuer Erfindungen erschwert wird und dass sie eine höchst trügerische Form von Belohnungen sind, erklärt der VI. schlesische Gewerbetag:

dass Patente dem Gemeinwohle schädlich sind.

Zur Begründung seines Gegenantrages führte Dr. Meyer aus: Der vorige Gewerbetag habe den Antrag, sich für die Aufrechterhaltung des Patentwesens zu erklären, in ganz bestimmter Weise abgelehnt und es sei ganz ohne Vorgang, dass in ein und derselben berathenden Versammlung derselbe Gegenstand ohne besondere Nova wieder auf die Tagesordnung komme. Mit Unrecht berufe man sich dabei auf den volkswirthschaftlichen Congress. Man habe der vorjährigen Discussion den Vorwurf gemacht, sie sei ungenügend gewesen. Er erkenne dies in Bezug auf die Gegner des Patentschutzes an und werde die Gelegenheit dankbar benutzen, das Versäumte nachzuholen. Der Herr Referent habe behauptet, keine einzige erhebliche Erfindung habe sich ohne Patent „grossgefressen". Dem gegenüber wolle er nur an die ungeheuren Vervollkommnungen des Feuerzeuges innerhalb der letzten Jahrzehnte erinnern. Sei da irgend ein Patent genommen worden? Er erinnere an die Entdeckung der Endosmose durch Graham, die sich sämmtliche Industrieen ohne Patentschutz zu Nutze gemacht haben. Der Referent habe an das Recht des Erfinders erinnert; dieses sei aber noch nirgends verbürgt und das blosse Rechtsgefühl sehr unsicher. Der Patentschutz isolire die vielfachen Elemente und Kräfte, welche zusammenwirken müssen, damit eine Erfindung gemacht und zum Nutzen der Allgemeinheit durchgeführt werde, er hindert also den Fortschritt und ist ein culturfeindliches Element. Wie Prof. Virchow von einem Demokratenfieber gesprochen, so könne man auch von einem Patentfieber reden. Es sei dies die krankhafte Sucht, durch Geheimhaltung von Erfindungen Schätze zu erwerben. Durch statistische Nachweise lasse sich aber leicht darlegen, dass aller Gewinn, der durch sämmtliche Patente erzielt worden ist, nicht so viel beträgt, wie die bezahlten Patentgebühren betragen. Damit, dass eine Erfindung gemacht werde, sei noch wenig für die Gesellschaft erreicht, dieselbe müsse auch gebraucht werden und möglichst weite Verbreitung finden. Aber nur ohne Patent werde es dem Erfinder möglich sein, seine Erfindung Allen zugänglich zu machen und durch Massenhaftigkeit des Absatzes, hervorgerufen durch die ihm mögliche Billigkeit, den höchsten Gewinn zu erzielen. Der Referent habe genügend dargethan, dass das preussische Patentwesen dringend einer Reform bedürfe, und die englischen, französischen oder amerikanischen Gesetze empfohlen. Aber dort wiederum gebe es eine grosse Zahl umsichtiger und eifriger Männer, welche behaupten, dass man, wenn das ganze Patentwesen überhaupt Patent haben solle, zu den weiseren Einrichtungen Preussens zurückkehren müsse. Im Grossen und Ganzen habe sich die Ueberzeugung festgestellt, dass das Patentwesen nicht allein nicht nützlich, sondern geradezu für das Gemeinwohl schädlich sei, und dass man den erfinderischen Geist

von allen Schranken befreien müsse, welche „dies unselige Institut" ihm auflegt[1]. —

Indessen liess sich die Versammlung durch die Verwechslung der Begriffe „Erfindung" und „Entdeckung" und die thatsächlich unrichtigen Angaben des Redners nicht zu dessen Ansicht bekehren, der vorjährige Beschluss wurde umgeworfen und Nöggeraths Resolution mit Ausnahme der Worte eine „consultative Voruntersuchung" mit 52 gegen 35 Stimmen angenommen.

Wir haben diese Argumentation hier des Weitern wiedergegeben, weil sie die Kampfweise der damaligen Patentgegner charakterisirt. — Dieselben Gründe, dieselbe Verwechselung in allen Dingen kehrte auch wieder in den Verhandlungen der volkswirthschaftlichen Gesellschaft in Berlin unter dem Vorsitz von Prince Smith. Indessen nahm hier die Sache am zweiten Sitzungstage eine andere Wendung. Es hatten sich zu demselben Dr. W. Siemens, Lemelson, Pütsch und Dr. Grothe (damals Vorsitzender des Berliner Bezirks-Vereins der Ingenieure) eingefunden und traten muthig in der Debatte für den Patentschutz ein, welche trotz einer Rede des Geh. Rathes Michaelis solche Wendung zu nehmen begann, dass Prince Smith es vorzog, die Verhandlung auf 6 Monate zu vertagen.

Der Verlauf dieser Debatte in der volkswirthschaftlichen Gesellschaft war sehr interessant auch insofern, als dieselbe sich auf 2 Sitzungen ausdehnte, in deren erster eigentliche Patentvertheidiger nicht erschienen waren. Die Zeitungsberichte aber regten einerseits den Vorsitzenden der Berliner Ingenieure an, bei Prince Smith um die Erlaubniss zu bitten, dass er in Begleitung mehrerer Ingenieure erscheinen dürfe, andererseits trieben sie Herrn Dr. Siemens in die Versammlung. Diese zweite Sitzung ward durch einen sehr dürftigen Vortrag des Dr. Wiss gegen Patente eingeleitet, der dabei sich so ungeschickt gewählter Beispiele bediente, dass es leicht war, ihn zu widerlegen. Gegen Patente sprachen auch noch David Born, Th. Goldschmidt und Michaelis, — für dieselben zuerst Lemelson, welcher auseinandersetzte, dass die Freihändler nicht begriffen hätten, dass gewisse Gesetze, Formeln, Constructionen etc. das Alphabet der Ingenieure und Erfinder bildeten, aus dem sie neue Gedichte resp. Maschinen, Methoden zusammenfügten und dass die Originalität der industriellen Erfindung genau so schwerwichtig sei, als die Originalität der Poesie und der Schriftstellerei überhaupt. Dr. Siemens widerlegte in einer meisterhaften Rede alle vorgebrachten

[1]) Derselbe Herr Dr. Meyer trat später auch gegen den Marken- und Musterschutz energisch ein.

Argumente gegen das Patent — und rief am Schlusse desselben den Volkswirthen zu: „Die neuere Volkswirthschaft muss umkehren; sie ist auf falsche Bahnen gerathen!“, welche Worte Prince Smith mit einem „Hört, Hört“ beantwortete. — Es war dies die erste öffentliche Disputation der einander gegenüberstehenden Patentparteien in Berlin. —

Inzwischen hemmten auch die Nachrichten aus England die Freihändler in ihrer Action gegen Patente etwas, besonders Aussagen wie die von Stuart Mill. Der Nationalökonom Stuart Mill sagte mit Recht, dass die Unterdrückung des Patentschutzes nicht als eine Consequenz freihändlerischer, sondern nur freibeuterischer Principien angesehen werden könne. Auch das Schicksal des Macfie'schen Antrags (1869) im Parlament um Aufhebung des Patentes mag eingewirkt haben.

Macfie erklärte sich gegen alles „Eigenthum an Ideen“, indem die Wohlfahrt des Gesammtpublicum vor dem Specialinteresse von Erfindern und Fabricanten den Vortritt habe. Er stellte den Antrag, das Parlament wolle erklären, dass es die Zeit für gekommen erachte, wo die Interessen des Handels und des Fortschrittes in Kunst und Wissenschaft durch Abschaffung der Patente nur gewinnen könnten. Nachdem einige Redner, u. A. der Präsident der Patentcommission, für diesen Antrag gesprochen, hielt man von anderer Seite entgegen, dass Arbeiter die meisten Erfindungen lieferten und nach Aufhebung der Patentgesetze ihre Erfindungen Frankreich und Amerika anbieten dürften. Die Patentgesetze wirkten mehr Gutes als Schlimmes, sie stachelten Erfinder und Unternehmer an. Der betr. Antrag wurde sodann zurückgezogen.

Ebenso beeinflusste das Verhalten der Handelskammer in Cöln die Stimmung der Antipatentler.

Die Cölner Handelskammer hatte sich im J. 1869 in einem an das preuss. Handelsministerium erstatteten Bericht in erster Linie gegen die fernere Ertheilung von Erfindungspatenten und für deren Ersatz durch National-Belohnungen, in zweiter Linie dagegen für ein einheitliches, das ganze Zollvereinsgebiet umfassendes Patentgesetz, unter Hervorhebung einiger Grundzüge für dasselbe, ausgesprochen. 1870 erklärt sie dagegen, dass sie durch die seltene Uebereinstimmung, mit welcher aus allen, an der Ertheilung von Erfindungs-Patenten unmittelbar interessirten Kreisen für deren Beibehaltung seit jener Zeit plaidirt worden sei, veranlasst werde, nunmehr ihr früheres zweites Petitum in die erste Linie zu stellen und den Wunsch auszudrücken, dass mit allen Mitteln der baldige Erlass eines allgemeinen deutschen Gesetzes über die Ertheilung von Erfindungspatenten angestrebt und dasselbe auf den Grundlagen entworfen werde, welche am Schluss des betr. Gutachten der Aeltesten der Berliner Kaufmannschaft vom 13. Octbr. 1863 in fünf Puncten angegeben seien.

Namens der Berliner Kaufmannschaft wurde nun an das Handelsministerium und die Mitglieder des Landtages eine Denkschrift von

Dr. Werner Siemens vertheilt, welche die Patentgesetzgebungs-Angelegenheit behandelt. In derselben wurden folgende Grundsätze und Vorschläge begründet:

1. das in Preussen geltende System geheim gehaltener, auf Grund einer amtlichen Voruntersuchung ertheilter Patente ist verwerflich; 2. die Ertheilung von Erfindungspatenten mit unbedingter Publicationsverpflichtung ist unentbehrlich; 3. ein Patentgesetz mit Anmeldeverfahren, consultativer Voruntersuchung, richterlichem Schutz des Erfinders wie des Publicum ist das zweckmässigste; 4. Patentabgaben-System mit steigender Scala und 5. einheitliche Patentgesetze mit gemeinschaftlichen Institutionen für das ganze Zollgebiet sind zu empfehlen.

Dazu kamen die Petitionen des deutschen Ingenieur-Vereins, des Schles. Centralgewerbe-Vereins, des Techniker-Vereins zu Chemnitz u. a., sodass die Vota der Handelskammern zu Leipzig, Plauen, Dresden in Schatten gestellt wurden, welche eifrig aufs Neue für Aufhebung aller Patentgesetze plaidirten.

Die Wirkung dieser Strömungen und Gegenströmungen war: es wurde klar, dass die Antipatentbewegung ins Abnehmen kam, im Verhältniss zur Erstarkung der Patentbewegung. Der bereits avisirte Antrag beim Reichstag auf Aufhebung des Patentgesetzes unterblieb und die Petitions-Commission des Reichstags des norddeutschen Bundes erhielt 1869 die Antwort, dass die Patentfrage von dem Bundesrathe noch nicht weiter in Berathung genommen sei. — Es verlautete: „Die preussische Regierung soll sich nach neueren Mittheilungen einem Systeme zuneigen, wonach die Patente auch ferner fortbestehen, der Ertheilung derselben jedoch ein Verfahren vor einem Patentgerichtshof vorausgehen würde.“ — Das k. sächs. Ministerium des Innern forderte die sächs. Handels- und Gewerbekammern neuerdings zu einem Gutachten über die Patentfrage auf. In der betr. Verordnung hiess es u. A.: „Es ist nicht zu erwarten, dass die unbedingten Gegner oder auch die unbedingten Anhänger des Patentwesens das Feld allein behaupten werden . . . Man wird sich wahrscheinlich über eine Beibehaltung des bisherigen Systems bis zur weiteren Klärung der Ansichten verständigen müssen.“

1869 erschien die vortreffliche Arbeit des Prof. Dr Klostermann[1]) in Bonn über die Patentgesetzgebung. Sie hat zur Klärung der Fragen ausserordentlich mitgewirkt. Sie regelte erst die

[1]) Die Patentgesetzgebung aller Länder nebst den Gesetzen über Musterschutz und Waarenbezeichnungen. Von Dr. R. Klostermann, Ober-Bergrath. Berlin, Verlag von J. Guttentag. Preis 2⅔ Thlr. (Zugleich als zweiter Band des Klostermann'schen Werkes: „Das geistige Eigenthum etc.“)

verschiedenen Bestrebungen, diesen oder jenen Punkt als entscheidend in den Vordergrund zu drängen. Sie gab auch den Bestrebungen des Ingenieur-Vereins neue Mittel und wesentliche Stütze.

Der Ingenieur-Verein suchte 1871 die Patentangelegenheit weiter zu fördern durch Druck von Arbeiten über diese Sache, durch Petitionen und Förderung der Verbreitung der die Patentgesetzgebungen betreffenden Arbeiten. Herr Gaertner referirte hierüber und über den Stand der ganzen Angelegenheit auf der Hauptversammlung in Cassel und betonte, dass der Vorsitzende der Preuss. Patentcommission Dr. Delbrück der Aufhebung des Patentgesetzes sehr geneigt sei[1]), sowie andere massgebende Persönlichkeiten; indessen sei die Erledigung der Frage wohl durch die Action der Ingenieure vertagt worden. In allen Bezirksvereinen des deutschen Ingenieur-Vereins war die Patentfrage im Jahre 1871 Gegenstand lebhafter Discussionen; sie traten sämmtlich für ein deutsches Patentgesetz ein. — Der Cölner Bezirksverein nahm indessen, noch einem besondern Triebe folgend, Anlass zu einem Concurrenzausschreiben von Arbeiten über das Patentwesen. Er selbst sammelte eine bedeutende Summe und der Ingenieur-Verein leistete einen namhaften Beitrag dazu. Von den eingesandten 20 Arbeiten wurden sechs preisgekrönt, darunter die vom Dr. jur. Rosenthal, Prof. Klostermann und vom Ingenieur Schotte. In seiner Broschüre hatte sich Klostermann mehr der Erfinderbelohnung zugewendet. Diese Arbeiten wurden schnellstens gedruckt und vertheilt. Auch sie bildeten wichtige Mittel zur Verbreitung von Verständniss des Patentwesens. Eine recht werthvolle Arbeit lieferte H. Büttner in Form eines Vortrages im Aachener Bezirksverein[2]). Das Jahr 1872 brachte auch die Resultate des Comité's, welches in England mit Untersuchungen des englischen Patentgesetzes beauftragt war, welche dann doch die Antipatentler in Deutschland in einige Verlegenheit setzten. Es heisst in dem Berichte:

„Die Erfindungspatente befördern den Fortschritt der Industrie, da sie Veranlassung geben, dass viele wichtige Erfindungen rascher eingeführt und entwickelt werden als dies sonst der Fall sein würde. Ebenso veranlassen sie die Einführung und Veröffentlichung zahlreicher Erfindungen, die an sich von geringerer Wichtigkeit sind, in ihrer Gesammtheit aber den Fortschritt der Industrie sehr befördern. Bei Mangel einer Patentgesetzgebung würde zwar die gegenseitige Concurrenz der Industriellen unzweifelhaft auch die Einführung verbesserter Methoden bewirken, aber wahr-

[1]) Hiermit contrastirt die Auslassung des Herrn Delbrück am 5. Mai 1877 in der Sitzung des Vereins für Gewerbefleiss ungemein. In derselben nannte er das Patentgesetz ein nothwendiges Gesetz zum Schutz und zur Förderung Deutscher Industrie.

[2]) Zeitschrift des Vereins Deutscher Ingenieure 1872. pag. 138.

scheinlich langsamer, als dies unter dem Anreiz der Patente der Fall ist. Der Ersatz der Patente durch öffentliche Geldbelohnungen erscheint für das öffentliche Interesse nicht vortheilhaft. Dagegen ist allerdings das jetzige englische Patentgesetz und seine Handhabung in vielen Beziehungen mangelhaft und erfordert im Interesse des Publicum, der Industriellen und der Erfinder namhafte Verbesserungen."

Inzwischen hatte der Kaufmann und Patentagent C. F. Wappenhans in Berlin eine Petition „um schleunigste Vorlage eines allgemeinen Reichspatentgesetzes" beim Reichstag eingereicht. Die Petitionscommission schlug vor

das Gesuch dem Reichskanzleramte zu überweisen, damit über diese Materie baldmöglichst eine einheitliche Gesetzgebung herbeigeführt werde, und wurde dieser Antrag in der Reichstagssitzung vom 10. Mai genügend unterstützt, wobei jedoch die Debatte klar stellte, dass dieses Gesuch weder einen streng affirmativen noch einen negativen Beigeschmack haben solle, d. h. die Frage des Patentschutzes solle damit weder nach der einen noch nach der andern Seite als gelöst betrachtet werden.

Dass diese Frage noch eine offene sei und dass deshalb noch zugewartet werden müsse mit deren Lösung im Gesetzgebungswege (d. h. wohl soweit es sich um Aufhebung handelte), hatte auch der Vertreter des Reichskanzleramtes, Reg.-Rath Jungermann, gelegentlich einer Petitionsausschusssitzung unverhohlen ausgesprochen; es sei nicht zu verkennen, fügte er bei, dass bei einer in die Privatinteressen so tief einschneidenden Massnahme in Widerspruch mit der öffentlichen Meinung nicht vorgegangen werden dürfe. Zudem habe sich auch von competenten Autoritäten bisher nur der volkswirthschaftliche Congress, „jedoch schon vor längerer Zeit", dagegen, — der Verein deutscher Ingenieure aber wiederholt und sehr lebhaft für die Erhaltung des Patentschutzes ausgesprochen.

Die Niederlande hätten allerdings die Patente vor 1⅓ Jahren aufgehoben, aber weil sie nicht zu wählen geneigt waren zwischen Anmelde- und Vorprüfungsverfahren. Sollte sich der Reichstag etwa bei Gelegenheit der Petitionsberathung für Aufhebung des Patentschutzes aussprechen, so glaube er, dass ein derartiger Beschluss weder dem Reichskanzleramt (Dr. Delbrück), noch der königl. Preuss. Regierung unerwünscht sein werde.

Aus der Verhandlung im Reichstage heben wir folgendes hervor: Prince Smith, der Hauptgegner des Patentes und Urheber des Dresdner Antrags sagte:

„Die Petition betrifft einen höchst wichtigen praktischen Gegenstand, die Patentgesetzgebung! Ich hege die Ueberzeugung, und ich hoffe dafür auch unter Ihnen Beistimmung zu finden, dass Patente an dem schlimmsten Uebel leiden, welches man einer gesetzlichen Einrichtung vorwerfen kann: nämlich, sie erfüllen nicht den Zweck, wofür sie eingerichtet sind; im Gegentheil, sie wirken diesem Zwecke entgegen. Der Zweck eines Patents ist unmittelbar die Belohnung eines Erfinders und hat als weiteren Zweck, durch diese Belohnung das Erfinden zu fördern. Es ist also die Frage, ob denn Patente zu diesen Zwecken das beste Mittel sind; — und das ist es eben, was ich in Frage stelle. Allerdings ist die Beförderung von Erfindungen für die Industrie und den Volkswohlstand von so grosser Wichtigkeit, dass wir ein Interesse haben, angemessene Opfer zu bringen für jedes dazu zweckdienliche Mittel; nur muss diese Zweckdienlichkeit streng geprüft werden."

Er bemühte sich nun nachzuweisen, dass Erfindungen gar nicht existiren, und zwar an der Hand folgender Beispiele, die für alle Zeiten geschichtliche Denkmäler der Argumente der Antipatentler bleiben werden:

„Es sind mir unter den zahllosen Erfindungen hauptsächlich zwei hervorragende Fälle bekannt, wo durch Patente grosses Vermögen erlangt worden ist. Der eine Fall ist der eines Schotten, welcher in Irland reiste und eine Art des Wegebaues bemerkte, die aus unvordenklicher Zeit in Anwendung war, um feste Wege über die in Irland sehr ausgebreiteten Torfbrüche zu bauen. Es war dies das jetzt so bekannte Beschütten mit einer Schicht kleingeschlagenen Granits. Der Mann, der Mac Adam hiess, nahm sich in England dafür ein Patent, nannte diese Wege macadamisirte Wege, schloss grosse Kontracte mit den Grafschaften ab, und aus der Ausführung dieser Kontracte verschaffte er sich ein fürstliches Vermögen. Nun hatte der Mann nichts erfunden, als die Art, wie man aus einer alten Einrichtung durch ein Patent Geld schlagen kann."

„Ein zweiter Fall ist der der Stahlbereitung nach dem sogenannten Bessemer-Verfahren. Früher, um Stahl zu erlangen, machte man bekanntlich zuerst aus dem Roheisen Schmiedeeisen, und dann aus dem Schmiedeeisen Stahl. Aus dem Roheisen, welches eine sehr starke Beimischung von Kohle hat, wurde diese erst ganz entfernt, und dann in das völlig entkohlte Eisen, das Schmiedeeisen, der kleine Prozentsatz Kohle hineingebracht, der nöthig ist, um Stahl herzustellen. Der Engländer Bessemer kam auf den Einfall, dass man diesen Umweg vermeiden könne, indem man durch Hineinblasen von Luft in die geschmolzene Masse Roheisen Kohle entfernen könne, bis grade der Procentsatz übrig bleibe, der zur Herstellung von Stahl erfordert wird. Die Idee war gewiss sehr practisch; aber Anfangs wollte es mit der practischen Ausführung durchaus nicht gelingen. Es fehlte an einem Kennzeichen, um zu beurtheilen, wann das Verbrennen der Kohle genau den Punkt erreicht habe, bei welchem das Roheisen in Stahl verwandelt sei. Man brannte häufig zu wenig Kohle heraus und häufig zu viel. Da, m. H., erfanden die Professoren Kirchhoff und Bunsen die Spektral-Analyse, wodurch man bei Beobachtung der Flammen das Stadium eines chemischen Prozesses auf das bestimmteste beurtheilen kann. Hier war also das Mittel an die Hand gegeben, um den blossen Einfall des Bessemer zu einem practischen Verfahren zu gestalten. Von diesem Augenblicke an wurde das Patent des Bessemer allgemein angewendet und hat dem Patent-Inhaber ein fürstliches Vermögen gebracht, aber das Gelingen war nicht dem blossen Einfall des Patent-Inhabers zu verdanken, sondern der wissenschaftlichen Entdeckung der Professoren, die kein Patent haben und auch keinen Gewinn aus der sogenannten Erfindung haben ziehen können."

Er wollte dann nachweisen, dass die Erfindungen in Patenten keinen Lohn finden:

„Wenn nun die Patente, wie gesagt, so sehr selten einen Lohn bringen, weil eben die Einführung der patentirten Erfindung so schwierig ist und so langsam vor sich geht, so wird vielleicht gefragt, warum so viele Patente genommen werden? Ja, m. H., das hat seinen Grund darin, dass Jeder, der irgend eine Veränderung oder Verbesserung anbringt, genöthigt ist, ein Patent zu nehmen; denn wenn er es nicht thut, ist er der Gefahr ausgesetzt, dass ein Anderer ein Patent darauf nimmt und ihn von der Ausübung seiner selbsterfundenen Einrichtung ausschliesst. Es ist statistisch festgestellt worden, dass die Patente den Erfindern nicht so viel einbringen, als die Lösung der Patente kostet, besonders nicht soviel als die Prozesskosten betragen, welche ihm erwachsen!

Die Patente sind allerdings ein Reizmittel; sie reizen oft bis zum Krankhaften; aber sie fördern nicht das Zustandekommen von Erfindungen, denn sie weisen die Erfinder auf einen falschen Weg. Ein Patent wird bekanntlich demjenigen ertheilt, der zuerst die praktisch hergestellte Erfindung vorzeigt. Jeder also, der eine Idee hat, woraus er glaubt, dass eine praktische Erfindung hervorgehen kann, ist zunächst bemüht, sie zu verheimlichen; er schliesst sich ab, macht seine Versuche im Kleinen, unbeobachtet; er bestellt seine Sachen stückweise; er arbeitet ohne Beirath und ohne Mithülfe, ohne die Erfahrung Anderer; er will Alles allein machen, wozu ihm die Befähigung gewöhnlich fehlt. Daher wiederholte Fehlgriffe mit vergeudeten Kosten. Und wenn endlich das Werk gelingt, so ist es doch durch die Verheimlichung stets in hohem Grade verzögert worden. Das Abschliessen und die Verheimlichung, wozu die Aussicht auf das Patent verführten, ist für die Beförderung der Erfindungen so nachtheilig, weil eben zur praktischen Herstellung einer Erfindung gehören: erstens die geniale Idee, der glückliche Einfall; zweitens physikalische und technische Kenntnisse; drittens technische Geschicklichkeit; viertens Kapital und fünftens kaufmännische Gewandheit zur Verwerthung. Nun, m. H. finden sich diese Eigenschaften sehr selten vereinigt in einer Person, am allerseltensten bei dem Genie. Anstatt derartiger Verheimlichung muss, wenn die Herstellung der Erfindungen gefördert werden soll, das offene Zusammenwirken aller geeigneten Kräfte treten, wie dies geschieht bei den Arbeiten auf wissenschaftlichem Gebiete, bei wissenschaftlichen Entdeckungen. M. H., es liegt dieser ganzen Sucht nach Patentirung der Irrthum zum Grunde, dass man, um Gewinn aus seiner Thätigkeit zu erlangen, durchaus vor Konkurrenz geschützt werden muss; man glaubt immer, dass ein Konkurrent die Preise verdirbt und den Gewinn vernichtet. Aber wir sehen, dass der grösste Gewinn in der Industrie sich da findet, wo kein Monopol herrscht, sondern wo die Unternehmer mit ihren Mitteln und ihrer Betriebsamkeit darauf angewiesen sind, es mit der allgemeinen Konkurrenz aufzunehmen. Konkurrenten leisten einen grossen Dienst dadurch, dass sie einen Markt schaffen, den Absatz vermehren helfen. Je grösser aber der Absatz, in um so grösserem Umfange kann die Produktion stattfinden, wobei die Kosten noch mehr als die Preise vermindert werden, so dass erhöhter Gewinn im Ganzen aus der Konkurrenz hervorgeht.

Ich empfehle Ihnen, die vorgelegte Petition nach dem Antrage der Kommission dem Herrn Reichskanzler zu überweisen mit der Aufforderung, eine allgemeine Patent-Gesetzgebung für Deutschland herbeizuführen. Und zwar da wir durch die Aeusserungen des Herrn Regierungs-Kommissars in der Kommission aufgefordert sind, ein motivirtes Gutachten in dieser Sache abzugeben, so hoffe ich, dass die Stimmen des Hauses sich dahin äussern werden, dass die einheitliche Patent-Gesetzgebung die Ertheilung von Patenten im Deutschen Reiche fortan abschaffen möge."

Leider fand Prince Smith keine Abfertigung, die für einen einigermassen Eingeweibeten so leicht gewesen wäre, denn solche Blössen, solche Unkenntniss hatte bis dahin noch kein Antipatentler zur Schau getragen, — vielmehr schadete die werthlose Entgegnung des Herrn von Hennig der Sache noch bedeutend, und Freiherr v. Patow liess sich nicht entgehen, sogar zu behaupten:

Aber, m. H., darüber dürfen wir uns doch nicht täuschen: so lange man die Patent-Gesetzgebung hat, so lange wird der Vortheil, welcher dem Erfinder durch das Patent zu Theil wird oder zu Theil werden soll, ihm auf Kosten sämmtlicher Konsumenten, sämmtlicher Steuerpflichtigen, also der gesammten Nation gewährt. Das glaube ich, wird nicht bestritten werden. Geht man nun davon aus, dass die Vortheile, welche der Erfinder haben soll, doch von der Nation, von der Gesammtheit der Steuerpflichtigen getragen werden müsse, dann kann es sehr zweifelhaft sein, ob es nicht besser gethan ist, wenn man überhaupt einen Vortheil für den Erfinder erzielen will, diesen in Form einer Nationalbelohnung zu geben, die am Ende aus den Taschen derselben Personen genommen wird, welche jetzt dasjenige zu zahlen haben, was dem Erfinder in der Form eines Patentes gewährt werden soll.

Um solche Evolutionen im wirthschaftlichen Gebiete wird jetzt Niemand diesen Redner beneiden. —

In Verfolg dieser Reichstagsdebatte belebte sich auf allen Linien der Patentfreunde die Thätigkeit neu. Der Cölner Ingenieur-Verein ging wieder voran und wirkte durch Flugblätter und Artikel. Der Polytechnische Verein in München fasste Resolutionen für Entwurf eines einheitlichen deutschen Patentgesetzes. Dazwischen wurde mit allgemeinem Bedauern der gesammten deutschen Industrie das Patent des Erfinders Friedr. Hoffmann aufgehoben und die Aufhebung des Patentes dieses Erfinders, der den deutschen Namen so sehr zu Ehren gebracht, wurde von allen Seiten als einen der betrübendsten Vorgänge in der Geschichte deutscher Technik erachtet. Der mit dem höchsten Preise der Pariser Ausstellung belohnte deutsche Erfinder wurde in Deutschland durch die Regierung des Verdienstes entkleidet. —

Das Ausstellungsprogramm in Wien 1873 verhiess einen internationalen Patentcongress. Die Nachricht wurde freudig aufgenommen. Allein als die Zeit herannahte, zu welcher der Congress zusammen treten sollte, schien die Sache wenig Neigung bei den Spitzen der Ausstellung mehr zu finden, ja es wurde sogar von ihnen dagegen gearbeitet.

Allein die Energie und Unermüdlichkeit des Ingenieurs Karl Pieper aus Dresden brachte es dahin, dass der Congress wirklich abgehalten wurde. Die engere Comission für die vorbereitenden Arbeiten bestand aus Prof. Blake aus Amerika, Hamilton Hill von Boston, Carl Pieper von Dresden, Dr. Rathkowsky aus Wien, Dr. von Rosas von Wien. Diese beriethen die Vorlage für den Congress mit den Herren Dr. André, Dr. Bauer, Brachelli, Dr. Grothe, Prof. Hartig, Prof. Dr. Jannasch, Dr. Jenny, Prof. Dr. Klostermann, Eugen Langen, J. Neuwirth, Prof. Reuleaux, Dr. jur. Rosenthal, Prof. Dr. Schwarz, Dr. Werner Siemens, Dr. C. W. Siemens, J. M. Thacher (Washington), Th. Webster (London), Dr. F. Weinmann (London). — Die Verhandlungen dieses Congresses sind ebenso interessant gewesen als wirksam. Sie sind in mehreren Schriften ausführlich wiedergegeben[1]). Der Congress griff das Licenzprinzip auf Rath des Prof. Klostermann auf, um den von den Freihändlern hineingelegten Charakter des Monopols vom Patent abzuwerfen. Die von dem Patentcongresse gefassten Resolutionen lauten, wie folgt:

Resolutionen
des internationalen Congresses in Wien 1873 zur Erörterung der Frage des Patentschutzes.

I. Der Schutz der Erfindungen ist in den Gesetzgebungen aller civilisirten Nationen zu gewährleisten:

a) weil das Rechtsbewusstsein der civilisirten Nationen den gesetzlichen Schutz der geistigen Arbeit verlangt;

b) weil er, unter der Voraussetzung vollständiger Veröffentlichung der Specification der Erfindungen, das einzige, praktisch wirksame Mittel bildet, neue technische Gedanken ohne Zeitverlust und in glaubwürdiger Art zur allgemeinen Kenntniss zu bringen;

c) weil der Patentschutz die Arbeit des Erfinders zu einer lohnenden

[1]) Von W. Pieper, Dr. H. Grothe, A. Hildebrandt, A. Fesca.

macht und dadurch berufene Kräfte veranlasst, Zeit und Mittel an die Durch- und Einführung neuer und nützlicher technischer Methoden und Einrichtungen selbst zu wenden, oder ihm fremde Capitalien zuführt, die ohne Patentschutz eine sicherere Anlage suchen und finden;

d) weil durch die obligatorische vollständige Publication der den Gegenstand des Patentes bildenden Erfindung die grossen Opfer an Zeit und Geld, welche die technische Durchführung anderenfalls der Industrie aller Länder kostet, bedeutend vermindert werden;

e) weil durch sie das Fabrikgeheimniss, welches den grössten Feind des technischen Fortschrittes bildet, den Boden verliert;

f) weil den Ländern, welche kein rationelles Patentwesen haben, dadurch grosser Nachtheil erwächst, dass ihre talentvollen Kräfte sich Ländern zuwenden, in denen ihre Arbeit gesetzlichen Schutz findet;

g) weil erfahrungsgemäss der Patentinhaber am wirksamsten für schnelle Einführung seiner Erfindung sorgt.

II. Ein wirksames und nützliches Patentgesetz muss folgende Grundlagen haben:

a) Nur der Erfinder selbst oder sein Rechtsnachfolger kann ein Patent erlangen;

b) dasselbe darf dem Ausländer nicht versagt werden;

c) mit Rücksicht hierauf ist eine vorläufige Prüfung geboten;

d) ein Erfindungspatent muss eine Dauer von 15 Jahren haben oder auf diese Zeit ausgedehnt werden können;

e) es muss mit seiner Ertheilung eine vollständige, zur technischen Anwendung der Erfindung befähigende Publication verbunden sein;

f) die Kosten der Patentertheilung müssen mässig sein, jedoch muss es durch eine steigende Abgabenscala in das Interesse des Erfinders gelegt werden, ein nutzloses Patent baldmöglichst fallen zu lassen;

g) es muss durch ein gut organisirtes Patentamt Jedermann leicht gemacht werden, die Specification eines jeden Patentes zu erhalten, sowie zu erkennen, welche Patente noch in Kraft stehen;

h) die Nichtausübung einer Erfindung in einem Lande soll das Erlöschen des Patentes nicht nach sich ziehen, wenn die patentirte Erfindung überhaupt einmal ausgeführt worden und es den Angehörigen des betreffenden Landes ermöglicht ist, die Erfindung zu erwerben und anzuwenden.

Ausserdem empfiehlt der Congress:

i) dass gesetzliche Bestimmungen getroffen werden, nach welchen der Patentinhaber in solchen Fällen, in welchen das öffentliche Interesse dieses verlangt, veranlasst werden kann, seine Erfindung gegen angemessene Vergütung allen geeigneten Bewerbern zur Mitbenutzung zu überlassen.

Im Uebrigen und insbesondere rücksichtlich des bei Ertheilung von Patenten zu beobachtenden Verfahrens weist der Congress auf das englische, amerikanische und belgische Patentgesetz, sowie auf den für Deutschland vom Vereine deutscher Ingenieure ausgearbeiteten Patentgesetzentwurf als beachtenswerth hin.

III. In Anbetracht der grossen Ungleichheit der bestehenden Patentgesetzgebungen und in Anbetracht der veränderten internationalen Verkehrsbeziehungen der Jetztzeit liegt das Bedürfniss für Reformen vor und es ist dringend zu empfehlen, dass die Regierungen sobald wie möglich eine internationale Verständigung über den Patentschutz herbeizuführen suchen.

Schlussresolution.

Der Congress ermächtigt das vorbereitende Comité, das in dieser ersten Versammlung begonnene Werk fortzusetzen und seinen Einfluss aufzubieten, dass die angenommenen Grundsätze bekannt werden und zur praktischen Geltung gelangen.

Das Comité wird gleichfalls autorisirt, einen Austausch der Meinungen über den Gegenstand herbeizuführen, sowie Conferenzen unter den Freunden des Erfinderschutzes von Zeit zu Zeit zu veranlassen.

Zu diesem Zweck wird das vorbereitende Comité hiermit als ständiges Executiv-Comité constituirt, mit der Ermächtigung, Mitglieder zu cooptiren, und Zeit und Ort für den nächsten Congress zu bestimmen, falls ein solcher für die Förderung der erreichten Resultate zweckmässig erscheinen sollte.

Unter den zahlreichen Vorschlägen, welche neben dem Licenzprincip bei Gelegenheit des Patentcongresses zu Wien zur Sprache kamen, trat ganz besonders der Vorschlag des Präsidenten der Königl. Württembergischen Centralstelle Dr. von Steinbeis in den Vordergrund. Derselbe besagte:

„dass der Patentschutz in seiner bisherigen Ausdehnung bis zum Monopol in der Anwendung neuer Erfindungen verwerflich, dass er aber für eine gesunde und kräftige Entwicklung der industriellen Production insoweit förderlich und nothwendig sei, als er der Erlaubniss zur Anwendung einer Erfindung durch Dritte die Verpflichtung zur Entrichtung einer Erfindungsprämie an den Erfinder für eine bestimmte Periode (10 Jahr) gegenüber stelle. Die Höhe dieser Prämie zu bestimmen, solle dem Erfinder überlassen werden, welcher dagegen, um das Patent rechtskräftig zu machen, den einfachen Betrag derselben an die Staatskasse zu erlegen habe. Damit mittellose Erfinder durch diese Bestimmung nicht belästigt würden, solle ihnen für die Aufsuchung des ersten Abnehmers eine gewisse Frist (1—2 Jahre) gegeben, beziehungsweise die Verbindlichkeit auferlegt sein, ihren ersten Prämiengenuss dem Staate zu cediren. Bei der Anmeldung selbst solle nur eine mässige, die leichtfertige Patentbewerbung fernhaltende Sportel erhoben werden."

Dieser Vorschlag fand auch später einen Vertheidiger in Dr. R. A. Katz, dementsprechend Dr. von Steinbeis im Württemberg. Gewerbeblatt schrieb: „Wir erweitern in Bezug auf die Patentlicenz unsern Vorschlag gern dahin:

dass der Patentbewerber, anstatt eine Aversal-Summe anzugeben und in die Patentkasse zu bezahlen, gegen welche er die Benutzung seiner Erfindung Jedem ohne weitere Bedingung gestattet, seine Patentsteuer auch in Form einer etwa 10procentigen jährlichen Besteuerung des Erlöses aus einer stück-

weise sich berechnenden Licenz abführen könnte, welche Besteuerung er (wie andere Einkommensteuer) gewissenhaft zu fatiren, und im Zweifelsfalle durch seine kaufmännisch zu führenden Bücher zu begründen hätte. Dass eine solche Patentbesteuerung — namentlich diejenige en bloc — in weiten Kreisen der Erfinder mit Freuden angenommen würde, dessen sind wir in der alten und in der neuen Welt schon von manchem Erfinder versichert worden.

Die Resultate des Patentcongresses wurden durch Eugen Langen auf der Hauptversammlung der deutschen Ingenieure zu Halle vorgetragen und mit grossem Jubel aufgenommen. Der Verein ernannte Herrn Dr. W. Siemens speziell in Anbetracht seiner Verdienste um das Patentgesetz zum Ehrenmitglied des Vereins. —

Aus dem Wiener Patentcongress ging einerseits der Gedanke hervor, die begonnene Anbahnung eines internationalen Patentgesetzes weiter zu verfolgen und zu diesem Behufe constituirte sich am 9. August ein internationales Executiv-Comité (André, Blake, Engerth, Grothe, Hill, Hotchkiss, Jannasch, Langen, Pieper, Remington, v. Rosas, Rosenthal, Reuleaux, Rathkowsky, Siemens (Berlin), Siemens (London), v. Schwarz-Senborn, Thacher, Webster, Weinmann, Exner, Hartig, Kaupe, Klostermann), — andererseits aber entstammten ihm die Vereine für Patentangelegenheiten in Amerika und in Deutschland[1]).

Die deutschen Mitglieder des internationalen Patentcongresses traten in Berlin zusammen, um Schritte zu thun, dass der § 4 der Verfassungsurkunde des deutschen Reichs: „Der Beaufsichtigung durch das Reich und der Gesetzgebung desselben unterliegen . . . . 5. Erfindungspatente“ baldthunlichst erfüllt werde. Die Herren Dr. Siemens, Prof. Klostermann, Dr. Grüneberg, E. Becker, Dr. Grothe, Dr. jur. Rosenthal, Dr. André, Carl Pieper entwarfen ein Statut für einen zu bilbildenden Patentschutz-Verein, der fernerhin alle Patentbestrebungen in Deutschland einheitlich leiten sollte. Derselbe constituirte sich am 28. Mai 1874 unter dem Präsidium des Herrn Dr. W. Siemens, berieth die Statuten, nahm sie an und wählte seinen Vorstand. Die Vorstandswahlen ergaben folgendes Resultat: Dr. W. Siemens in Berlin als Vorsitzender, die Hrrn. Eug. Langen in Cöln, Hofrath Prof. Dr. von Bauernfeind in München, Hofrath Prof. Dr. A. W. Hofmann in Berlin und Hofrath Prof. Dr. Grashof in Carlsruhe als stellvertretende Vorsitzende, Hr. W. Borchert in Berlin als Cassirer und als Vorstandsmitglieder, resp. Schriftführer die Hrrn. Prof. Frühauf, Maschinenfabrikant Becker, Prof. Dr. Liebreich, Dr. Martius, Geh.

---

[1]) Seit dem Patentcongress zu Wien machte sich auch im Deutschen Patentamt eine mildere Auffassung bei der Vorprüfung geltend, was meistens dem Einflusse des Geh. Rath Reuleaux zugeschrieben wurde.

Commerzienrath Ravené, Geh. Commerzienrath Schwarzkopff, Dr. André in Osnabrück, Generalsecretär Bück in Düsseldorf, M. Dietzmann in Chemnitz, Fabrikbesitzer Gärtner in Buckau-Magdeburg, Dr. Grüneberg in Kalk, Geh. Commerzienrath Grüson in Magdeburg, Prof. Dr. Hartig in Dresden, Director Hasenclever in Stolberg, Geh. Reg.-Rath Karmarsch in Hannover, Oberbergrath Prof. Dr. Klostermann in Bonn, Fabrikbesitzer Kuhn in Berg bei Stuttgart, Civilingenieur C. Pieper in Dresden, Dr. Rosenthal in Cöln, Berghauptmann Serlo in Breslau, Generaldirector Wintzer in Georg-Marienhütte. u. a.

„Die Aufgabe des Vereins soll es sein, die Vorurtheile gegen den Patentschutz zu bekämpfen, die leider in weiten Kreisen, namentlich in den leitenden der Regierung und des Reichstages, verbreitet sind. Um dies zu erreichen, muss die anzustrebende Gesetzgebung auf Grundlagen gestellt werden, welche berechtigte Einwürfe, die gegen den Patentschutz erhoben werden, beseitigt, so namentlich die Bedenken, dass die Erfindungspatente Monopole erzeugen, welche die Gewerbefreiheit beschränken. Und doch wirkt ja gerade eine gute Patentgesetzgebung als Schutz gegen Monopol, denn sie erregt das Interesse des Erfinders, seine Erfindung, um sie möglichst vortheilhaft zu verwerthen, rasch in die weitesten Kreise zu bringen, während eine schlechte Patentgesetzgebung oder der Mangel einer Gesetzgebung überhaupt den Erfinder zwingt, seine Erfindung in einer der Industrie schädlichen Weise, durch Geheimhaltung, auszubeuten. Ein recht gutes Beispiel hierfür bietet der Bessemerstahlprocess einerseits, der Kruppstahl anderseits."

Der Patentschutzverein griff die Patentangelegenheit rüstig an, um bei der Lage der Patentsache durch Beschluss des Reichstags soviel wie möglich fördernd einzuwirken. Schon im März 1874 hatte C. Pieper (Dresden) eine Petition an den Reichstag gerichtet, folgenden Inhaltes:

„Der hohe Reichstag wolle beschliessen, die Erwartung auszusprechen, dass das Reichskanzleramt in der nächsten Session des Reichstages einen Entwurf zu einem Patentgesetz für das deutsche Reich vorlege."

Motive. Die Lösung der Erfinderschutzfrage ist durch Creirung des Art. 4 der Reichsverfassung an die Competenz der Reichsbehörden überwiesen.

Wenn damit das Bedürfniss für Reform der bestehenden Patentgesetzgebungen anerkannt ist, so hat es doch, um die rechtliche Auffassung der Frage zu klären, nicht unerheblicher Erörterungen bedurft, ehe einerseits die Basis für einen gemeinsamen Rechtsstandpunkt gefunden, anderseits aber die Durchführung eines Rechtschutzes als im Interesse unserer Culturperiode anzuerkennen war.

Nachdem aber seit mehr als einem Decennium und zum Theil durch die

Initiative der Regierungen das einschlagende Material gesichtet ist und, in geläuterte Form gebracht, zu dem Bewusstsein geführt hat, dass die Anerkennung des Lohnes für die erfinderische Arbeit eine gerechte Forderung sei, dass ohne gleichartigen Schutz für solchen Lohn die gleichartigen Interessen der Oeffentlichkeit an den Erfindungen geschädigt werden und ferner auch die Durchführbarkeit eines wirksamen Schutzes nach einem bereits bestehenden Gesetzentwurfe thunlich erscheint, so hegen wir die Erwartung, dass der hohe Reichstag gewillt ist, solchem Material seine Aufmerksamkeit baldigst zuzuwenden und die gesetzliche Form zu finden, die eine fortschreitende geistige Arbeit auf gewerblichem Gebiete regelt und die Blüthe der vaterländischen Industrie durch Ermuthigung zu fördern geignet ist.

Der Patentschutzverein hielt es für seine Pflicht, ein Patentgesetz auszuarbeiten, welches auf den Fundamenten der früheren Forderungen des Vereins der Ingenieure stehend, den Bestimmungen der internationalen Vereinbarungen in Wien entspreche. Ein solcher Entwurf ward fertig gestellt und 1875 dem Bundesrath übergeben, bearbeitet von André, Hofmann, Pieper, Klostermann, Rosenthal, Wollny, Siemens, Makower. Dieser Entwurf und seine Einbringung vor seiner Vorlage an die General-Versammlung gaben leider Anlass zu unliebsamen Erörterungen zwischen Gegnern des Licenzprinzips und dessen Freunden, die besonders die Generalversammlungen in Berlin 1875 zu recht unerquicklichen machten, auch die Folge hatten, dass sich besonders die sächsischen Ingenieure u. A. dem Entwurf abgeneigt zeigten. Auch im grossen Centralverbande deutscher Industrieller ergab die Umfrage in Folge eines Antrags von Dr. Grothe auf Zustimmung zum Entwurf des Patentschutzvereins auf der Generalversammlung des Centralverbandes zu Leipzig im Mai 1876 eine entschiedene Abneigung der Mitglieder gegen das Licenzprinzip. Die zahlreich erschienene Broschürenliteratur eiferte gegen verschiedene Punkte des Entwurfs und besonders die damalige Verurtheilung des Licenzprinzips in England übte einen bedeutenden Einfluss auf die Auffassung der deutschen Interessenten über diesen Punkt aus[1]).

Der Patentschutzverein edirte 1876 einen Revidirten-Entwurf eines Patentgesetzes für das deutsche Reich nebst Motiven. Der Tenor dieses Entwurfs ist folgender:

---

[1]) Kritik über den Patentgesetzentwurf des Patentschutzvereins von Commercienrath Zimmermann.

Henry Simon, über die Deutsche Patentfrage. Berlin, Ernst u. Korn 1876.

Dr. Königs, das Patentsystem der Vereinigten Staaten von Nordamerika. Berlin, Puttkammer & Mühlbrecht 1876.

Wirth, die Patentreform. Frankfurt a. M. 1876 u. a. Gegen sie wendete sich Dr. André später in seiner Broschüre „der revidirte Entwurf des Patentgesetzes für das Deutsche Reich.“ Chemnitz.

Der vorliegende Entwurf eines einheitlichen Patentgesetzes für das deutsche Reich geht davon aus, dass es nicht blos darum sich handelt, gleiche Grundsätze für die Ertheilung von Erfindungs-Patenten in den einzelnen deutschen Staaten aufzustellen. Der Natur der Sache nach muss die Ertheilung von Erfindungs-Patenten für das deutsche Reich einheitlich und unmittelbar durch eine Reichsbehörde erfolgen. Wollte man, wie bisher in einzelnen Staaten, besondere Erfindungs-Patente ertheilen, welche nur für den Umfang des betreffenden Bundesstaates Gültigkeit haben, so würde man damit unnöthige Schwierigkeiten schaffen und den Erfolg vereiteln. Der Entwurf schreibt daher vor, dass die Erfindungs-Patente von einer Behörde für das ganze Reich ertheilt werden sollen.

In Bezug auf die leitenden Grundsätze war zunächst eine Wahl zu treffen zwischen den verschiedenen Systemen des Verfahrens, welche bei der Ertheilung der Erfindungs-Patente angewendet werden. Nach der bestehenden Gesetzgebung entscheidet in Preussen und Sachsen die Verwaltungsbehörde auf Grund der von ihr vorgenommenen Vorprüfung mit Ausschluss des Rechtsweges sowohl über den Anspruch auf Patentertheilung als über die Gültigkeit der ertheilten Patente. In Baiern und Würtemberg dagegen steht den zur Entscheidung der Patentstreitigkeiten berufenen Gerichtsbehörden die freie Prüfung der Gültigkeit der Patente zu und diese können durch richterliches Urtheil für ungültig erklärt werden.

Auch in den ausserdeutschen Staaten begegnet man sehr mannigfaltigen Einrichtungen von dem reinen Anmeldesystem der französischen Patentgesetzgebung bis zu dem sorgfältig ausgebildeten Vorprüfungssystem des nordamerikanischen Rechtes. Beide Systeme begegnen erheblichen Einwendungen. Das Anmeldesystem lässt zu, dass Patente in ungemessener Zahl und für die unnützesten Dinge erworben werden, welche zur Täuschung Unwissender dienen, der freien Bewegung der Gewerbe Hindernisse bereiten und die Quelle zahlreicher und langwieriger Prozesse sind. Die Vorprüfung durch die Staatsbehörde setzt eine Unfehlbarkeit der letzteren voraus, welche diese nicht besitzt, sie entbehrt der Garantieen gegen Irrthum und Missbrauch, mit welchen die richterliche Entscheidung umgeben ist und sie hat sich in der Gestalt, in welcher sie gegenwärtig in Preussen geübt wird, als gänzlich unhaltbar erwiesen.

Es ergibt sich daher die Nothwendigkeit, beide in den bestehenden Gesetzgebungen herrschenden Systeme zu verlassen und ein Verfahren einzuleiten, welches in allen Fällen die richterliche Entscheidung über den Anspruch des Erfinders zulässt, zugleich aber die Entscheidung über alle, sei es von Amtswegen, sei es durch Einspruch von Privaten gegen das Patentgesuch erhobenen Einwendungen der Patentertheilung vorhergehen lässt. Dieses System ist das Aufgebotsverfahren. Das Patentgesuch wird zunächst einer formellen Prüfung unterzogen und zugleich in Bezug auf seine materielle Begründung — jedoch ohne alle entscheidende Wirkung — begutachtet. Es wird dann mit der vollständigen Beschreibuhg veröffentlicht und dadurch allen Gewerbetreibenden des betheiligten Industriezweiges Gelegenheit gegeben, zu prüfen, ob die Erfindung neu und der Anspruch des Patentsuchers begründet ist. Einwendungen gegen das Gesuch können beim Patentamte angebracht werden, ohne dass der Urheber der Erinnerungen gezwungen ist, eine Parteirolle in dem Verfahren als Opponent zu übernehmen. Das Verfahren schliesst mit einem Beschlusse des Patentamtes, zu dessen Anfechtung die Klage bei dem Patenthofe stattfindet, sei es, dass das nachgesuchte Patent versagt oder die angebrachte Erinnerung unberücksichtigt geblieben ist. Das Aufgebot hat keine präclusivischen Wirkungen, vielmehr bleibt jeder Betheiligte, dessen Einspruch nicht durch Erkenntniss zurückgewiesen ist, berechtigt, auch das ertheilte Patent im Wege der Klage anzufechten. Die Entscheidung, durch welche die Ungültigkeit des ertheilten Patentes ausgesprochen wird, hat nur Wirkung unter den Parteien, so lange nicht auf die Klage der Staatsbehörde die Aufhebung des ertheilten Patentes ausgesprochen wird.

Ein Aufgebotsverfahren nach ähnlichen Grundsätzen besteht in England seit 1852, allein es ist in seiner Wirkung fast vollständig paralysirt, weil die Beschreibung der Erfindung, für welche das Patent nachgesucht wird, nicht veröffentlicht, nicht einmal dem Opponenten mitgetheilt wird, und weil die Frist zur Anbringung der Einsprüche nur 21 Tage beträgt. Dagegen ist der Werth eines Aufgebotsverfahrens mit ausreichender Veröffentlichung allgemein anerkannt und es ist ein solches Verfahren wiederholt (in Frankreich schon 1791) und namentlich für Deutschland in dem 1872 von einer Commission des Vereins deutscher Ingenieure ausgearbeiteten Patentgesetzentwurfe empfohlen worden.

Mit diesem Grundprincipe ist aus dem zuletzt erwähnten Entwurfe auch der grösste Theil der Einzelbestimmungen in den vorliegenden Entwurf übernommen. Eine wesentliche Abänderung ist nur in denjenigen Punkten vorgenommen, in welchen seit 1872 sich eine veränderte und berichtigte Anschauung in der öffentlichen Meinung Bahn gebrochen hat.

In dieser Beziehung sind besonders zu erwähnen die Beschlüsse des internationalen Patentcongresses zu Wien, welcher in seinen Verhandlungen vom 4. bis 8. August 1873 eine Reihe wichtiger Resolutionen über die Grundlagen einer verbesserten Patentgesetzgebung gefasst hat; ferner der Bericht des von dem englischen Unterhause eingesetzten Untersuchungs-Ausschusses (Blaubuch von 1872), welcher auf Grund der englischen Verhältnisse zum Theil zu übereinstimmenden Vorschlägen gelangt.

Der wichtigste dieser Vorschläge ist auf die Einführung des Licenzprincips gerichtet, nach welchem jeder Erfinder angehalten werden kann, anderen Gewerbtreibenden die Mitbenutzung seiner Erfindung während der Patentdauer gegen Entgelt zu gestatten. Dieser Vorschlag ist allerdings auf dem Wiener Patent-Congresse, wie in dem englischen Blaubuche nur mit der Massgabe gemacht, dass in solchen Fällen, in welchen das öffentliche Interesse dies verlangt, ein Zwang zur Einwilligung in die Mitbenutzung eintreten soll. Es muss jedoch behauptet werden, dass das öffentliche Interesse in allen Fällen verlangt, dass die Erfindung nicht monopolisirt, sondern sofort der allgemeinen Benutzung zugänglich gemacht werde. Das Gesetz soll dem Erfinder nur die Mittel gewähren, sich für die Mittheilung seiner Erfindung und für die Mitbenutzung derselben ein angemessenes Entgelt zu bedingen, nicht aber Andere von den Vortheilen seiner Erfindung willkürlich auszuschliessen.

Der Licenszwang soll ferner Schutz gegen die Ausbeutung des einheimischen Marktes durch ausländische und im Auslande fabricirende Patentinhaber gewähren und an die Stelle des nach der gegenwärtigen Patentgesetzgebung bestehenden directen Zwanges zur Ausführung der Erfindung treten, welcher sich als ganz unwirksam erweist. Wollte man nun den Licenzzwang von dem Ausspruche einer Behörde: dass das öffentliche Interesse gefährdet sei, abhängig machen, so würde dieser Behörde das Odium der auferlegten Beschränkung zufallen, und es würde in jedem einzelnen Falle im Auslande über deutsche Verwaltungswillkür geklagt werden. Dem gesetzlichen Zwange zur Licenzertheilung und dem Ausspruche des Richters muss sich der Ausländer dagegen ebenso wie der Inländer unterwerfen.

Die Verwerthung patentirter Erfindungen durch Ertheilung von Licenzen an jeden Unternehmer bildet schon gegenwärtig in England und in den Vereinigten Staaten die Regel, so dass der Patentinhaber auf die Monopolisirung seiner Erfindung fast in allen Fällen Verzicht leistet. Dabei werden indess häufig den ersten Unternehmern, um die practische Ausführung der Erfindung überhaupt zu erlangen, besonders günstige Bedingungen gestellt mit der Verpflichtung, dass der Patentinhaber innerhalb einer gewissen Zeit keinem anderen Licenzsucher dieselben Vortheile gewähren darf. Es empfiehlt sich, die Möglichkeit solcher Verabredungen durch den allgemeinen Licenzzwang nicht auszuschliessen, und es wird deshalb vorgeschlagen, dass der Zwang zur Licenzertheilung erst nach Ablauf des ersten Drittels der Patentdauer, also nach 5 Jahren, eintreten soll, sofern der Patentinhaber selbst oder durch Andere seine Erfindung im Auslande ausreichend zur Anwendung bringt.

Wird dieses Licenzprincip angenommen, so hört der Patentschutz auf zu sein, was er gegenwärtig in Deutschland ist: ein mit Geheimhaltung der Erfindung verknüpftes Monopol, welches die Gewerbefreiheit einschränkt und den Fortschritt der Industrie hemmt, ohne dem Erfinder die entsprechenden Vortheile zu gewähren. Der Erfinder wird darauf hingewiesen, das ihm ertheilte Recht durch möglichst ausgedehnte Licenzertheilung auszunutzen, statt wie bisher dasselbe zum öffentlichen Nachtheile und nicht selten zum eigenen Schaden zu monopolisiren.

Hiermit verbindet sich die unbeschränkte Oeffentlichkeit, welche der Erfindung sofort nach der Einlegung des Patentgesuches gegeben wird. Diese Veröffentlichung ist häufig und mit Recht als die Gegenleistung bezeichnet worden, welche der Erfinder der Gesammtheit für das ihm vorübergehend eingeräumte Vorrecht gewährt. Die neueren Gesetzgebungen haben daher bereits in verschiedenen Staaten die Publication der Erfindung bei der Ertheilung des Patentes oder kurz nach derselben vorgesehen. Dabei ist jedoch nicht überall Sorge getragen, dass die Beschreibung so vollständig und so deutlich wiedergegeben wird, dass die Erfindung jedem Fachmann zugänglich gemacht ist und nach der gegebenen Beschreibung unmittelbar ausgeführt werden kann. Es wird trotz der vorgeschriebenen Publikation mehrfach dem Bestreben der Erfinder Vorschub geleistet, sich neben dem Rechtsschutze des Patentes auch noch das Geheimniss ihrer Erfindung durch verschleierte Beschreibungen zu wahren.

Der Entwurf macht dagegen die vollständige Veröffentlichung einer deutlichen Beschreibung zur Grundlage des Aufgebotsverfahrens und gibt damit jedem Betheiligten Gelegenheit, etwaige Mängel der Beschreibung zu rügen. Hierdurch wird die Erfindung sofort geistiges Gemeingut der Gewerbtreibenden und vermittelst der Licenz binnen Kurzem auch Jedem zur materiellen Benutzung gegen eine angemessene Vergütung zugänglich gemacht.

Der Patentschutz wird so zu dem geraden Gegentheile des Monopols gestaltet und zu einer Garantie gegen das Fabrikgeheimniss, zu einer Beförderung der möglichst allgemeinen Concurrenz ausgebildet, und es werden durch die Annahme der gedachten Vorschläge die bisher so lebhaft und nicht ohne jeden Grund gegen die Beibehaltung des Patentschutzes erhobenen Bedenken vollständig beseitigt.

Dieser revidirte Entwurf ward im April 1876 dem Bundesrath und dem Bundeskanzler Fürsten Bismarck überreicht mit einem Anschreiben, in welchem folgende Punkte besonders betont waren:

Der Patentschutz-Verein hat sich die Herbeiführung eines guten Reichspatentgesetzes zur besonderen Aufgabe gestellt,

1. weil er in demselben einen der wesentlichsten Factoren erkennt um die deutsche Industrie, die hinter der Industrie anderer Länder weit zurückgeblieben ist, dieser ebenbürtig zu machen und dadurch ihre Exportfähigkeit wieder herzustellen;
2. weil durch den Mangel des Erfindungsschutzes die der deutschen Industrie mit Recht vorgeworfene Unsolidität und Unredlichkeit befördert wird und zum Theil veranlasst ist;
3. weil durch diesen Mangel das Ansehen der Deutschen im Auslande und das des Reiches selbst schwer beeinträchtigt wird;
4. weil es auch im politischen Interesse des Reiches liegt, die ihm nach der Reichsverfassung zustehende einheitliche Patentgesetzgebung mit der damit verbundenen Leitung des Patentwesens, zur Ausführung zu bringen und dadurch gewichtige Interessen und Bevölkerungskreise aller deutschen Staaten fester an das Reich und seine Institutionen zu knüpfen.

Die Reichsregierung entschloss sich endlich, dem langjährigen Drängen nach einer Patentgesetzgebung nachzugeben, zumal da inzwischen die Zahl der Patentgegner bedeutend zusammengeschmolzen war. Sie wählte den Weg, durch Befragung von Sachverständigen sich ein Bild von der wirklichen Lage der Ansichten über die verschiedenen Punkte, welche in Betracht kommen konnten, zu verschaffen. Diese Vernehmung von Sachverständigen auf Grund von 21 Fragen fand vom 29. Aug. bis 2. Sept. 1876 statt[1]) und ergab ein recht reiches Material. Nunmehr folgte am 21. Nov. 1876 die Publi-

[1]) Beiträge zur Patentfrage. Berlin 1877. Fr. Kortkampf.

cation eines Regierungsentwurfes des Patentgesetzes. Dieser Entwurf wurde vom Vorstande des Patentschutzvereins wesentlicher Aenderungen bedürftig befunden. Der Vorstand konnte nicht umhin, in einer Eingabe an das Reichskanzleramt Abänderungsvorschläge theils als nothwendige, theils als wünschenswerthe zu unterbreiten und bemerkte, „dass die Gesetzesvorlage allerdings mehrfach von dem Seitens des Vereins dem Reichskanzleramte überreichten Entwurf abweiche.“ Von Othmar Lenz[1]), der bereits eine sehr anerkennenswerthe „Motivirte Antwort auf die zur Enquête über das Reichspatentgesetz gestellten Fragen nebst neuem Gesetzentwurf“ edirt hatte, wurde der Entwurf der Reichsregierung kritisirt und amendirt. Von E. L. rührte eine andere Kritik her (kurze Bemerkungen zum Entwurf eines deutschen Patentgesetzes), welche vorzügliche Winke enthält. Alfred Goldenberg berührte eine Reihe einzelner Punkte dieses Gesetzentwurfes in seiner Schrift: „Ueber das projektirte Patentgesetz für das deutsche Reich.“ — Dr. jur. R. A. Katz fasste besonders das Licenzprinzip und die Vorprüfung in seiner Schrift: „Bemerkungen zu dem Entwurf eines Patentgesetzes“ (Berlin, Heymann) scharf ins Auge. — Ausserdem behandelte eine grössere Zahl Eingaben an die Reichsregierung diejenigen Punkte des Entwurfs, welche den Interessenten mangelhaft erschienen sind. Zu diesen gehören besonders die Kritiken und Abänderungsvorschläge der Industriellen von Kaiserslautern, die Bemerkungen der Handelskammer zu Mühlhausen (Elsass), die der Sachsen, u. a.

Die Regierung arbeitete diesen ersten Entwurf in Folge dessen um und unterbreitete nun dem Reichstage einen neuen Gesetzentwurf am 24. Febr. 1877, welcher nach kurzer Generaldiscussion an eine Commission verwiesen wurde. Die Generaldiscussion ergab wenig Interessantes, vielleicht nur das, dass Dr. Braun und Eugen Richter den Verdacht abzulehnen suchten, die Manchesterpartei oder Freihandelspartei hätte die Patente aufzuheben gestrebt! Worauf Herr von Kardorff und Ackermann ihnen antworteten. Letzterer sagte:

Ich habe nicht von dem Herrn Abgeordneten Dr. Braun gesprochen, sondern von einer Schule, die im deutschen Vaterlande sattsam bekannt ist und von welcher Jedermann, der sich mit der Sache beschäftigt hat, weiss, dass sie Jahrzehnte lang die völlige Aufhebung des Patentschutzes angestrebt und dass sie in der Verleugnung des geistigen Eigenthums das Heil der Industrie gesucht hat. Mir passirt es nicht, dass ich meine Ansichten zu ändern nöthig gehabt hätte, und ich begreife nicht, wie der Herr Abgeordnete Dr. Braun dazu kommt, zu behaupten, es sei heute ungeheuer billig und wohlfeil, gegen die Gegner des Patentschutzes zu sprechen. Er soll mir eine einzige Rede

[1]) Lenz, Entwurf eines Patentgesetzes. Berlin, Springer 1877.

nachweisen, in welcher ich für Aufhebung des Patentschutzes oder eine andere Forderung der Manchesterschule gesprochen habe. Diejenigen Herren aber, die seither dieser Schule angehörten und die ungebundene Freiheit und damit auch die Beseitigung des Patentschutzes gepriesen haben, sind diejenigen, welche sich von der Richtung der Zeit bekehren liessen, und ich begrüsse diese Bekehrung mit Freuden.

Herr Dr. Braun hatte allerdings, indem er mit grosser Beredsamkeit bewies, dass es kein Eigenthum an Ideen gebe, — der Reichstag aber den Grundsatz des Urheberrechts im Prinzip angenommen — unter der Betonung, dass dies Recht auf uneingeschränkten Genuss der Frucht geistiger Arbeit ein Ausfluss unseres modernen Rechtsbewusstseins sei, laut erklärt:

„Ist der Patentschutz kein geistiges Eigenthum? — — Ich wünsche, dass wir ein einheitliches Bundesgesetz über das geistige Eigenthum und alles, was damit zusammenhängt, zu Stande bringen.... Die geistigen Urheber müssen belohnt werden, das fordert nicht allein deren Interesse, das erfordert das Intersse der Nation, das erfordert das Interesse des Staates."

Dass Herr Ackermann berechtigt war und volle Veranlassung hatte, die Frage des Freihandels mit der Patentfrage zu verbinden, — unterliegt wohl keinem Zweifel, nachdem fast sämmtliche Führer des Freihandels Michaelis, Prince Smith, Delbrück, Meyer, Faucher etc. lange Jahre hindurch gegen den Patentschutz als einen Schutzzoll gekämpft hatten. Eine andere Frage ist indessen die, ob es für diese Schule nöthig war, den Patentschutz zu bekämpfen, und ob sie nicht besser gethan hätte, dies sowenig zu thun, als den Musterschutz zu verweigern! — Hätten die Freihändler dem Gelüste widerstanden, den Patentschutz anzutasten, so würden sie sehr bedeutend gewonnen haben, denn die Hauptkämpfer für das Patentgesetz waren keineswegs Schutzzöllner, sondern zum grossen Theil Freihändler, die von einem Schutzzoll gar nichts wissen wollen. —

Sehr interessant war auch die Stellung, welche nun die volkswirthschaftliche Gesellschaft in Berlin zu dem Gesetzentwurf einnahm. Nachdem diese Gesellschaft sich lange Jahre negirend zum Patentgesetz verhalten hatte, fiel die Berathung über dasselbe 1876 nach dem Referat des Prof. Oppenheim doch ganz anders aus als 1863 und als 1869. Der Umschwung der Stimmung in dieser Gesellschaft war sehr bemerkbar. —

Die Patent-Commission des Reichstages vollendete nach eingehender Debatte die erste Lesung (7 Sitzungen) des Patentgesetzentwurfes und hatte dabei eine Reihe Aenderungen gemacht. Für die zweite Lesung waren eine Anzahl Petitionen eingegangen, so von der chemischen Gesellschaft in Berlin, von Dresden, vom Patentschutzverein, von den Industriellen Kaiserslauterns u. a. Die zweite Lesung wurde in 4 langdauernden Sitzungen erledigt unter Anwesenheit der Regierungscommissarien: Herren Ministerialdirector Dr. Jacobi, Geh. Rath Nieberding, Geh. Rath Hagens. Zur Commission gehörten unter Anderen die Herren von Kardorff, Dr. Braun, von Unruh, von Biegeleben, Professor Karsten, Dr. Bär (Offenburg), v. Kleist-Retzow, Gensel, Diefenbach, Dr. Brüning, Dr. Struckmann. Herr Dr. Hammacher war Referent derselben.

Die Bildung einer freien Commission, welche anfangs zur möglichsten Klarstellung aller fraglichen Punkte von den Abgeordneten Freiherrn von Dücker und Dr. H. Grothe in Aussicht genommen war, wurde nach einer kurzen Besprechung unter Mitgliedern aller Parteien, und nach der äusserst sorgfältigen Berathung der Commission in zweiter Lesung für überflüssig erachtet. Die zweite Berathung des Patentgesetzes im Plenum erfolgte am 1. Mai 1877. Es waren eine Anzahl Amendements eingebracht von Dr. Löwe, v. Kleist-Retzow, Bähr (Cassel), Bär (Offenburg), Dr. Grothe, Freiherr v. Dücker, — die sich jedoch auf prinzipielle Aenderungen nicht bezogen, sondern vorzugsweise den Wunsch hatten, den Wortlaut zu präzisiren und einzelne verbessernde Bestimmungen hineinzutragen. Von den Amendements wurden nur eins von Bär (Offenburg) und eins von Dr. Grothe angenommen. Alle Schluss-Zusatzresolutionen wurden abgelehnt. — In dritter Lesung trat nur ein Amendement von Dr. Lasker in Berathung, welches angenommen wurde; alle übrigen Aenderungen beseitigten lediglich Fehler oder Härten des Satzbaus etc.

So wurde denn am 3. Mai 1877 das deutsche Reichspatentgesetz vom Reichstag mit sehr grosser Majorität angenommen, — damit der Kampf dafür beendet.

Dem deutschen Ingenieur-Verein und seinen Mitgliedern, besonders denen, die seit langen Jahren unablässig an der Lösung der Patentfrage gearbeitet haben, wie Wintzer, Daelen, Schrader, Gaertner, Becker, Grasshof, Kayser, Langen, André u. A., gebührt die Palme des Hauptverdienstes für das Zustandekommen. Ebenbürtig diesen Bestrebungen stehen die Leistungen des Dr. Werner Siemens für die Sache da, deren Combination mit den Anstrengungen des Ingenieur-Vereins eine glückliche und erfolgreiche war. Wir verdanken diese Combination und die einflussreiche Action des Congresses in Wien dem stürmischen Feuereifer C. Piepers. Als wesentliche Förderer der Sache sind endlich alle die Schriftsteller und Gelehrten zu betrachten, die in Wort und Schrift für die Verbreitung gesunder Anschauungen über das Patentgesetz mitwirkten, wie Wirth, Klostermann, Schotte, Lüders, Lenz, Rosenthal, Kayser, Büttner, Born, Fesca, Schlickeysen, Goldenberg, Euler, Königs u. A.

An diesen endlichen glücklichen Erfolg vieljähriger Bestrebungen lässt sich wohl der Wunsch knüpfen, dass die Ausführung und Handhabung des Patentgesetzes dasjenige practische Verständniss finden möge und dasjenige Wohlwollen, ohne welche selbst das an sich beste Gesetz eine todte Paragraphensammlung bleiben würde.

Das Patentgesetz.

Das Patentgesetz, welches mit dem 1. Juli 1877 im ganzen deutschen Kaiserreiche als Reichsgesetz in Kraft tritt, ist als eine Ausführung der in der Reichsverfassung unter Artikel 4 der Reichsgesetzgebung vorbehaltenen Bestimmungen zu betrachten und zwar speziell des § 5 betreffend die Erfindungspatente. Es ist auch der § 6, der Schutz des geistigen Eigenthums, mindestens zu einem Theile durch dies Gesetz zur Ausführung gekommen, da auch juristisch das Patentwesen und das geistige Eigenthum jetzt nicht als verschiedenartig aufgefasst worden, eine Anschauung, die lange Zeit hindurch lebhaft bekämpft wurde. Vielmehr darf man das Patentwesen als Theil des Urheberrechtes betrachten. In dieser Ansicht sind nunmehr 5 wichtige Schutzgesetze des Urheberrechtes aus der Gesetzgebung des deutschen Reichs hervorgegangen:

1. Gesetz betreffend das Urheberrecht an Schriftwerken, Abbildungen etc. vom 11. Juni 1870;
2. Gesetz betreffend das Urheberrecht an Werken bildender Künste vom 9. Januar 1876;
3. Gesetz betreffend das Urheberrecht an den Photographien vom 10. Januar 1876;
4. Gesetz betreffend das Urheberrecht an Modellen und Mustern vom 11. Januar 1876;
5. Gesetz betreffend den gesetzlichen Schutz von Erfindungen vom 9. Mai 1877.

Die parlamentarische Geschichte des Patentgesetzes an sich, anschliessend an die in unserer vorgedruckten Geschichte des deutschen Patentgesetzes gegebene ausführliche Darstellung der Vorgeschichte etc. spinnt sich ziemlich schnell ab. Am 10. Mai 1872 wurde durch Reichstagsbeschluss der Reichskanzler ersucht, baldigst über die Erfindungspatente eine Reichsgesetzgebung herbeizuführen. Der Bundesrath verwies diese Vorlage an den IV. Ausschuss am 22. Mai 1872 und nahm erst 1875 diese Angelegenheit wieder auf durch Antrag Preussens, und der IV. Ausschuss des Bundesrathes stellte nun am 11. April 1876 den Antrag auf Abhaltung einer Enquête, indem den Bundesregierungen anheimgestellt blieb, ihre speciellen Wünsche bezüglich der Sachverständigen in kürzester Frist an das Reichskanzleramt bekannt zu geben, welches mit der Vorbereitung der Enquête und Auswahl der Sachverständigen beauftragt ward. Dieser Antrag, angenommen am 27. April 1876, führte zur Einberufung der Sachverständigen am 29. Aug. bis 2. Sept. 1876. Die Regierung hatte XXI Fragen formulirt, auf welche die Sachverständigen antworteten (siehe Reichsanzeiger 1876 No. 208. 215. 216.). Nur eine Stimme erklärte sich gegen Patente. Auf Grund dieser Vernehmungen wurde der erste (im Reichsanzeiger No. 275 publicirte) Entwurf eines Reichspatentgesetzes im Reichskanzleramte ausgearbeitet. In Folge zahlreicher darauf erfolgter Gutachten und Commentare aus dem Publicum und den Vereinen heraus wurde der Entwurf umgearbeitet und dem Bundesrath vorgelegt, welcher denselben den Ausschüssen für Justiz, Handel und Verkehr unterbreitete. Nachdem diese den Entwurf berathen, gelangte er im Plenum des Bundesraths am 18. Februar 1877 zur Annahme und ging nun dem Reichstage (Drucksachen des Reichstags I. Session 1877 No. 8) zu.

In der Sitzung des Reichstags vom 2. März 1877 fand die erste Lesung des Patentgesetzentwurfs statt. Der Abgeordnete Ackermann eröffnete die Debatte:

Ich begrüsse die Vorlage als einen Beweis für den Umschwung in der öffentlichen Meinung, die, von den Prinzipien der freien Konkurrenz, des freien Handels geleitet, nahe daran war, das geistige Eigenthum in Abrede zu stellen, die intellektuelle Urheberschaft angeblich zum Vortheil der Gesammtheit aufzugeben und den geistigen Kommunismus von dem Gebiete der Theorie in das praktische Leben einzuführen.

Dank der bösen Krisis, in die wir gerathen sind, ist das eine der ersten Wahrnehmungen vom Guten am Bösen und ich bin dessen gewiss, dass solche Wahrnehmungen noch zu weiteren Konsequenzen führen werden, dass sie dazu führen, auf legislatorischem Wege die Schäden, welche die Anwendung einer unheilvollen Theorie der sogenannten herrschenden Richtung herbeigeführt hat, zu heilen, insbesondere auch auf anderen gewerblichen Gebieten und im Interesse der kleineren Gewerbetreibenden gerechten Beschwerden Abhilfe zu verschaffen.

Heutzutage denkt niemand mehr daran, für die durch die Verfassung vorgesehene, einheitliche Regelung des Patentwesens sich das Rezept von der freien Schule zu Manchester zu verschreiben.

Die volkswirthschaftliche Schule, welche die Freidenker grossgezogen und mit ihnen ein halbes Jahrhundert lang auf völlige Beseitigung des Patentschutzes gearbeitet hat, ist mit ihrem Latein zu Ende, ihre Experimente haben sich nirgends bewährt. An uns wird es nun sein, in Deutschland, der Heimat der Denker, das

Kapital den Erfindungen zuzuführen. An uns wird es sein, dafür zu sorgen, dass nicht, die wir über eine grosse Menge von tüchtigen, wissenschaftlich geschulten Technikern gebieten, wie seither nur fremde Maschinen als Modeartikel eingeführt werden, dass die gefährlichste Wucherpflanze der Industrie, die Sucht, fremde Erfindungen nachzuahmen, auf heimischem Boden ausgerottet werde, an uns wird es sein, indem wir das geistige Eigenthum auch auf dem Gebiet der Industrie anerkennen, deutschen Geist, deutschen Fleiss, deutschen Kredit wieder zu Ehren zu bringen. . . . .

Abgeordneter Dr. Braun: Die Erörterungen des Herrn Vorredners haben, wie er selbst in richtiger Würdigung seiner Rede anerkannt, gar nicht den Zweck gehabt, den Gegenstand zu erschöpfen oder auch nur gründlich zu berühren. Er hat nur gesagt: man kann darüber sprechen, man kann darüber sprechen, man kann darüber sprechen. Ja, damit wären die Schwierigkeiten dieser Frage der Patentgesetzgebung in der That nicht beseitigt. Selbst unter denjenigen, welche einig sind über die Nützlichkeit oder gar über die Nothwendigkeit des Patentschutzes, bestehen die weitestgehenden Differenzen darüber, wie man dieses Problem lösen soll; ob man z. B. das Anmeldeverfahren oder das Prüfungsverfahren anwenden soll, wie denn bei uns die Meinung sich dahin zu neigen scheint, zu dem englischen Anmeldeverfahren überzugehen, und in England wieder umgekehrt die Meinung sich dahin zu neigen scheint, zu dem Prüfungsverfahren überzugehen. Daraus ergibt sich, dass das eine wie das andere seine Mängel hat und dass es bis jetzt überhaupt noch nicht gelungen ist, einen Patentschutz einzurichten, der denjenigen Anforderungen vollkommen entspricht, in deren Interesse man ihn verlangt.

Nun glaube ich nicht, dass der Herr Abgeordnete Ackermann die Debatte sehr glücklich eingeleitet hat dadurch, dass er gesprochen hat von einem Bruch mit dem bisherigen System; — denn wir haben ja bis jetzt stets Patentschutz gehabt. Wo ist denn da der Bruch, wo das neue System? Ich muss gestehen, dass mir diese Aeusserung absolut unverständlich ist. Wir haben bisher eine total unwirksame Patentgesetzgebung gehabt, die weiter nichts zur Folge gehabt hat als getäuschte Hoffnungen, und wir wollen nun probiren, ob wir das Ding bessern können. Dazu gehört von allen Seiten sehr viel guter Wille und sehr viel Intelligenz, sonst wird man das Ziel nicht erreichen. Ich halte es daher für eine verwerfliche Taktik, wenn man von vornherein Schlagwörter wie „Manchesterdogmen, Freihandel“ u. s. w. in diese Materie hineinwirft, welche mit all diesen Dingen auf der Herrgottswelt aber auch gar nichts zu thun haben.

Abgeordneter von Kardorff: Ich will, meine Herren, mit dem Herrn Vorredner darüber nicht rechten, ob der Herr Abgeordnete Ackermann wohlgethan hat, von einem Bruche mit dem bisherigen wirthschaftlichen System bei diesem Gesetze zu sprechen, aber das muss ich doch dem Herrn Vorredner erwidern, dass diejenige Richtung, gegen deren Nennung mit dem Namen Manchesterschule er sich heute verwahrt, von der man aber doch ungefähr in unserem deutschen Vaterlande weiss, was sie erzielt, auf das kräftigste seit langen Jahren gegen die Aenderung unserer Patentgesetzgebung angekämpft hat, und zwar aus demjenigen Prinzip der sogenannten wirthschaftlichen Freiheit, welches der Herr Vorredner noch eben zu vertreten gesucht hat. . . .

Abgeordneter Richter (Hagen): Meine Herren, ich bin Freihändler und bin ein Gegner des Patentgesetzes, Herr Kollege Braun ist Freihändler und ist für das Patentgesetz. Ich will davon bloss exemplifiziren, dass beide Richtungen — von dem unklaren Begriff Manchesterschule sehe ich ganz ab — durchaus nicht identisch sind. Meine Herren, uns allen ist gemeinsam, dass dem Erfinder sein Lohn gebühre. Auch ich will das; die Frage ist nur, wie geschieht dies am zweckmässigsten? Ich bestreite, dass der Erfinder durch das Patent einen entsprechenden Lohn erhält. Ich bestreite, dass die Vortheile des Patentwesens im Verhältniss stehen zu den Nachtheilen, die das Patentwesen nach der anderen Seite hin hat. Wie man den Erfinder am besten belohnt, wenn man die Belohnung der Erfindung im öffentlichen Interesse will, ist eine reine Zweckmässigkeitsfrage, die mit dem Prinzip oder mit dem prinzipiellen Unterschied zwischen Freihandel und Schutzzoll durchaus nicht zusammenhängt. Man muss entweder die Patentfrage noch nicht richtig begriffen haben oder die Freihandels- und Schutzzollfrage, wenn man diese Fragen in Verbindung zu bringen sucht. So gar zuversichtlich in der Empfehlung des Patentwesens sollten Sie überhaupt nicht sein. Haben denn das Muster- und Markenschutzgesetz, für die auch hier eine grosse Begeisterung hervortrat, entfernt die Erwartungen der Industrie erfüllt? Haben sie entfernt bis jetzt die Segnungen erfüllt, die von jener Seite (rechts) daran geknüpft wurden? Mir sind bisher nur Beschwerden entgegengetreten, und sicher ist bis jetzt nur, dass die Prozesse sich sehr durch das Markenschutzgesetz vermehrt haben, das Musterschutzgesetz ist ja jünger, so dass man in der Beziehung noch weniger urtheilen kann. . . . . . .

Abgeordneter von Kardorff: Bezüglich der Patentfrage muss ich doch noch etwas hervorheben, da der Herr Abgeordnete Richter sich offen als einen prinzipiellen Gegner des Patentwesens überhaupt gezeigt hat. Er hat gemeint, wir müssen nicht so zuversichtlich sein, denn das Markenschutzgesetz hätte auch keine Erfahrungen bisher geliefert. Nun ist die Zeit des Markenschutzgesetzes so kurz, dass ich eine solche Folgerung mindestens für gewagt halten möchte.

Was die Patentgesetzgebung aber anlangt, so wird der Herr Abgeordnete Richter nicht leugnen, dass das Erfindungswesen, das Fortschreiten in den Industrien durch sinnreiche Erfindungen in England und Frankreich, kurz in den Ländern, wo eine strengere Patentgesetzgebung besteht und wirksam ist, in weit höherem Maasse stattgefunden hat, als bisher in Deutschland. Ich möchte aber namentlich auf Amerika verweisen. Dort ist es recht häufig, dass ein einzelner Arbeiter eine sinnreiche Erfindung macht, die es ermöglicht, das Fabrikat billiger, besser herzustellen, als es bisher hergestellt werden konnte. Macht heute bei uns ein Arbeiter eine solche Erfindung, so ist diese Erfindung in der That für ihn bei der Lage unserer heutigen Patentgesetzgebung ziemlich werthlos. In Amerika ist er mit einer solchen Erfindung mit einem Schlage über die Noth des Lebens hinweggehoben.

Meine Herren, das hat einen höchst sittigenden Einfluss auf den gesammten Arbeiterstand, und dieser Einfluss macht sich in Amerika nach allen Berichten, die wir von dort haben, in höchstem Maasse geltend, und darin sehe ich einen Hauptvortheil jeder gerechteren und strengeren Patentgesetzgebung, wie sie das jetzt uns vorliegende Patentgesetz anstrebt. . . . . .

Die Debatte endigte mit Ueberweisung der Vorlage an eine Commission von 21 Mitgliedern. —

Die zweite Lesung fand am 1. Mai statt. Der Reichstagsabgeordnete Dr. Reichensperger (Krefeld) ergriff das Wort um gegen das ganze Gesetz zu sprechen: Meine Herren, es liegt in der Natur der Sache, dass man im allgemeinen auf Grund eines gewissen unbestimmten Billigkeitsgefühls für den Patentschutz eingenommen ist. Derjenige, der etwas erfunden hat, vielleicht mit Aufwand von nicht wenig Zeit und Mühe, soll, so sagt man, dafür auch seinen Lohn haben, und der Staat muss das seinige dazu thun, um dieses auch für das Gemeinwohl zuträgliche Interesse zu schützen. Das hört sich sehr gut an und jeder wird dem leicht zustimmen. Sobald man aber der Sache näher tritt, meine Herren, dann tauchen nach allen Seiten hin Bedenken auf. Zunächst kann wohl heutzutage von einem sogenannten geistigen Eigenthum, unter Juristen wenigstens, nicht mehr die Rede sein; sonst würde das ganze Patentwesen wesentlich auf Piraterie hinauslaufen; statt das geistige Eigenthum zu schützen, würden wir durch ein solches Patentgesetz, wenigstens unter gewissen Modalitäten, dasselbe preisgeben. Ich lasse also das auf sich beruhen.

Für mich besteht das Hauptmotiv, der Vorlage gegenüber nein zu sagen, darin, dass der Apparat im Verhältniss zu dem Resultat viel zu grossartig und viel zu unzuverlässig ist, und weiter deswegen, weil man in Bezug auf die zu treffenden Vorkehrungen überall auf Schwierigkeiten stösst, überall auf einem schwankenden Boden steht.

Etwas höchst Eigenthümliches ist es schon, dass man nicht weiss, was denn eigentlich ein Erfinder ist. Die Motive verweisen uns auf die Wissenschaft und auf das Patentamt; diese sollen in jedem einzelnen Fall erst erfinden, was ein Erfinder ist — in jedem einzelnen Fall sage ich. Meine Herren, da sieht man schon, wenn die unterste Grundlage fehlt, die Antwort auf die Frage: was ist ein Erfinder? wie bedenklich es ist, auf solcher Grundlage weiter zu bauen.

Dann weiter, meine Herren, wie unterscheidet sich der Erfinder vom Entdecker? Vom Entdecker ist in der Vorlage gar keine Rede; der Entdecker ist aber unter Umständen unendlich verdienstvoller, er verwendet nicht selten ein viel grösseres Kapital als der Erfinder.

Dann, das will ich noch zusätzlich bemerken, ist man wegen der obwaltenden handgreiflichen Unsicherheit sogar dazu gekommen, einen künstlichen Erfinder herzurichten, nämlich den Anmelder. Damit ist denn der Anmelder auf einmal der verdienstvolle Mann geworden, der erfunden hat. . . . . .

Dann weiter kommt die Frage vom Licenzzwang. Wie epinös diese Frage ist, wie viele Zweifelspunkte sie darbietet, wie viele Fragezeichen darüber schweben, ergibt schon der Bericht, und die Herren in der Kommission werden erst recht gefunden haben, wie viel Gründe und Rücksichten da gegeneinander streiten. Endlich, meine Herren, begegnen Sie denselben Zweifeln, denselben schroffen Gegensätzen bei der Frage, ob das Anmeldeverfahren, ob das Vorprüfungsverfahren Platz greifen soll. . . . . . .

So, meine Herren, begegne ich überall Unsicherheiten; überall stehen wir auf einem schwankenden kontrovertirten Boden, trotz so langer Erfahrungen; und da sollen wir nun einen neuen grossartigen Reichsapparat wieder aufrichten von Sachverständigen! Es ist von dem Herrn von Varnbüler vor ein paar Tagen gesagt worden, dass viele sogenannte Sachverständige recht unsachverständig seien; das ist gewiss der Fall. Ich habe hier ein gedrucktes Blatt, worin die Erfindungen während eines kurzen Zeitraums zusammengestellt sind, die Herren werden es vielleicht auch mitgetheilt bekommen haben; wir sehen da, welche Unmasse der verschiedensten sogenannten Erfindungen gemacht worden sind in verhältnissmässig kurzer Zeit; dafür müssten Sachverständige aller Art Sitz in der Patentbehörde haben! Woher nehmen Sie alle diese Sachverständigen? Ist es möglich gerade für die kleineren Erfindungen, wo es sich fragt: ist das neu? ist es eine Verbesserung? dient das zu etwas? Sie müssten eine Legion von Sachverständigen heranziehen, um allen solchen Fragen gegenüber eine ganz zuverlässige Antwort zu bekommen. . . . . .

Abgeordneter von Kleist-Retzow: Meine Herren, der Herr Abgeordnete Reichensperger hat seine Rede damit eingeleitet, dass es ihm eine besondere Freude wäre, gegen den Strom zu schwimmen. Sie wissen, dass es zu meinen Eigenthümlichkeiten gehört, gern mit dem Strom zu schwimmen, darum werde ich ihm diesmal antworten auf die Gründe, die er gegen die Gesetzgebung vorgeführt hat. Er hat es mir insofern etwas leicht gemacht, dass er ausdrücklich erklärte, mit dem Grundgedanken als solchen sei er einverstanden. Er hat weiter ausdrücklich erklärt, so wie es in Deutschland jetzt ist, kann es nicht bleiben, und hat dann allerdings eine ganze Anzahl von Schwierigkeiten hervorgehoben, die bei einer derartigen Gesetzgebung sich finden. Nun gehört aber doch der verehrte Herr, welcher die Tribüne eben verliess, zu denjenigen Mitgliedern dieses Hauses, welche wirklich vor anderen die Gabe haben, Schwierigkeiten, welche die Gesetzgebung bietet, zu überwinden.

Wir stehen nun einmal mitten in der wirthschaftlichen Gesetzgebung, und gerade hier ist gewiss, dass auf diesem Gebiet ein dringendes Bedürfniss zur Reform vorliegt. Ich habe überdem ein Interesse daran und freue mich, dass eine derartige Diskussion über die Grundgedanken der Vorlage gegenwärtig noch stattfindet, da mir darin, nachdem wir eine Reihe von wirthschaftlichen Vorlagen haben ablehnen zu müssen geglaubt wegen tieferer Schäden, die damit nach unserer Meinung verbunden gewesen sein würden, — dass wir hier einen Gesetzentwurf haben, der ohne eine derartige anderweite Schädigung unserer Industrie und unserer nationalen Arbeit in der That einen wesentlichen Dienst erzeigen wird.

Der Schwierigkeiten, die der Herr Abgeordnete Reichensperger hervorgehoben hat, waren dreierlei. Lassen Sie mich sie der Reihe nach durchnehmen. Er hat erklärt, es ist überhaupt schwierig, den Erfinder festzustellen, hat unterschieden zwischen Erfinder und Entdecker. Aber der verehrte Herr, wenn er die Vorlage ansieht, wird finden, dass die Kommission mit der Regierung übereinstimmend diese Schwierigkeiten vollkommen beseitigt hat. Sie geht von der Präsumtion aus, dass der Anmelder zunächst der Erfinder ist, und schützt deshalb den Anmelder. Wenn der Erfinder demnächst nachzuweisen vermag, dass er dadurch verletzt worden ist, dass ihm seine Thätigkeit, seine Erfindung geraubt worden sind, so kann er diesen seinen Anspruch geltend machen.

Er hat uns dann die beiden Hauptfragen, die bei diesem Gesetzentwurf vorkommen, vorgeführt. Diese entscheidenden Fragen sind: wie soll das Verfahren gestaltet werden, durch welches ein Patent erlangt wird? Und zweitens, wie soll der Schutz des Einzelnen und das allgemeine Interesse mit einander abgewogen werden. Was die erste Frage betrifft, so hat er selbst, sich beziehend auf andere Staaten, wo das Anmeldeverfahren besteht, hervorgehoben, dass dort eine Ueberschwemmung mit zweifelhaften Patenten stattfindet.

Gerade deswegen, weil diese Gefahr bei dem blossen Anmeldeverfahren besteht, und ausserdem der Patentnehmer demnächst die grössten Schwierigkeiten hat, sein Recht erst auf dem Wege weitläuftiger und kostbarer Prozesse zu erstreiten, hat die Regierung mit vollstem Recht dieses Verfahren verworfen und das Vorprüfungsverfahren eingeführt, eine durch Administrativbeamte und Gewerbtreibende gebildete Instanz.

Das Patentgesetz ist in der That ein ganz wesentliches und, wie ich hoffe, ganz heilsames Mittel für die Nothlage unserer Gewerbe. Die Erfahrung hat das in anderen Ländern bewährt. Es ist natürlich, es reizt die Erfindungslust an, wenn derartige Prämien, ein derartiger Schutz für die Erfindung gewährt ist. Wie sollte, wenn eine derartige Anreizung stattfindet, die deutsche Nation mit ihrer Begabung nicht reichlich auch wirklich fruchtbringende Erfindungen zu Tage fördern, sollte es ihr nicht möglich werden, dass sie ihrerseits die Konkurrenz auf dem Weltmarkte aushält, nicht dadurch, dass sie den Lohn herabdrückt, sondern reichen Lohn zahlt, weil durch Erfindungen eine billigere Herstellung der Sachen gelingt, nicht dadurch, dass sie billige und schlechte Produkte zu Markt bringt, sondern Produkte erzeugt, die gerne gekauft und reich bezahlt werden, auch von anderen Nationen?! Der Gesetzentwurf, wie er uns vorgelegt ist, wie ihn die Kommission gestaltet hat und wie ich glaube, auch das Haus annehmen wird, ist im grossen und ganzen so abgefasst, dass wir der Regierung nur unseren Dank sagen können.

Ministerialdirektor Dr Jacobi: Meine Herren, die Bundesregierungen sind Ihnen sehr dankbar, dass Sie in später Stunde noch diesen Gesetzentwurf Ihrer Berathung unterziehen. Es ist in der That ein dringlicher Schritt, den die Gesetzgebung mit dieser Berathung und Beschlussnahme thut. Meine Herren, vergegenwärtigen Sie sich den gegenwärtigen Zustand bezüglich des Patentwesens in Deutschland. Ein Erfinder muss, um ein Patent in Deutschland zu erlangen, bei sämmtlichen einzelnen Regierungen der Bundesstaaten sein Petitum anbringen. Alle Staaten um uns herum haben Patente, nur wir Deutsche haben kein einheitliches Patentgesetz. Alle Erfindungen würden sich dem Ausland zuwenden und Deutschland würde von dem Nutzen der neuen Entwicklung der Industrie ausgeschlossen sein. Ich glaube, es wäre dies ein unmöglicher Zustand, wir müssen dem Ausland folgen und müssen angesichts der heutigen Verhältnisse auch für Deutschland den Patentschutz gewähren.

Ich gestatte mir, die Herren auf den zweiten Umstand aufmerksam zu machen und mich auf den Weg zu berufen, den das hohe Haus bereits in den früheren Legislaturperioden eingeschlagen hat. Meine Herren, wir haben in Deutschland Patentgesetze, so erbärmlich sie sein mögen; wir hatten in Deutschland kein Musterschutzgesetz und dennoch hat der Reichstag beschlossen, dass die Muster geschützt sein sollen. Man hätte in dieser Beziehung viel zweifelhafter sein können, als man es bezüglich der Ertheilung von Patenten sein kann und sein darf. Es ist also die einfache Konsequenz, die Sie vollziehen, wenn Sie dieses Gesetz annehmen. Die Möglichkeit der Leistung fehlt der deutschen Industrie nicht, und dafür ist Zeugniss gewiss auch das, was die deutsche Industrie im Ausland geleistet hat. Vieles, was heute englisches, amerikanisches Fabrikat heisst und als solches gepriesen wird, ist, wenn man auf den Ursprung, die Personen zurückgeht, in Wirklichkeit deutsches Fabrikat. Wir wollen aber, dass, was deutsches Fabrikat ist und deutsche Erfindung, künftighin auch als solches in die Erscheinung tritt, und ich verstehe die heutige Agitation der Industrie so, dass sie gewillt ist, diesen Weg zu gehen: dass, was von Deutschen erfunden wird, künftig auch als deutsches Fabrikat und deutsche Erfindung in die Oeffentlichkeit trete. Das muss allerdings gesagt werden: wenn die Gesetzgebung die Wege beschreitet, die durch das Musterschutzgesetz beschritten sind und durch das Patentgesetz weiter verfolgt werden sollen, so heisst dies für die deutsche Industrie: die Gesetzgebung hat nun das ihre gethan, nun thue auch die Industrie das ihre; sie soll sich national gestalten und zu nationalem Selbstbewusstsein kommen, es soll auch auf dem wirthschaftlichen Gebiet der nationalen Ehre ihre volle Geltung werden.

Berichterstatter Abgeordneter Dr. Hammacher: Meine Herren, ich widerstehe der Versuchung, bei der zweiten Lesung in die Generaldebatte einzutreten, so verlockend es auch wäre, einem verehrten Mitglied des Hauses gegenüber, welches meines Wissens in seinen Anschauungen über die wirthschaftlichen Kulturverhältnisse unseres Landes auf die Entwicklung der Individualität und Originalität stets den grössten Werth gelegt hat. Nur eins muss ich sagen: man würde sich irren, wenn man von der Voraussetzung ausginge, dass die Majorität der Kommission aus Patentfanatikern bestanden hätte. Wir sind uns wohl bewusst gewesen, meine Herren, dass man an den Erlass eines Patentgesetzes in Deutschland nicht die hochfliegenden Erwartungen knüpfen darf, die vielfach von demselben gehegt werden. Wir haben auch viele von den Befürchtungen getheilt, die der Abgeordnete für Krefeld hier vortrug, und uns namentlich gesagt, dass eine Ueberfluthung des Landes mit werthlosen Patenten mehr Schaden als Nutzen bringen kann. Wir haben uns fast auf jeder Etappe unserer Berathungen vorgehalten, wie misslich es z. B. für einen Konstructionsingenieur ist, wenn er bei der Anfertigung des Entwurfs für einen Dampfhammer oder eine Maschine sich überall die Frage vorlegen muss, ob er nicht bei den einzelnen Theilen in Patentfallstricke geräth. Aber, meine Herren, wir sind eben deshalb zu der Ueberzeugung gekommen, dass es ein Fehler wäre, wenn wir für Deutschland das sogenannte „Anmeldesystem", auf welches wesentlich jene Schäden zu massenhafter Vermehrung der Patente zurückzuführen sind, annehmen wollten. Gerade deshalb haben wir in dem durch dieses Gesetz adoptirten System der „Vorprüfung mit einem korrekten Aufgebotsverfahren und vollständiger Veröffentlichung" der eingehenden Patentanmeldung den werthvollsten Theil des gegenwärtigen Gesetzes erkannt, und ich kann die Ueberzeugung der Majorität der Kommission aussprechen, dass, wenn es den Reichsbehörden gelingt, das Patentamt aus tüchtigen und besonnenen Männern zusammenzusetzen, die Besorgnisse, die der Herr Abgeordnete für Krefeld aussprach, es möchte nicht gelingen, das Erhebliche von dem Unerheblichen zu scheiden, und zu verhüten, dass unsere Gewerbe und die nationale Arbeit durch ein nutzloses Heer von Patenten beeinträchtigt werde, sich auf ein sehr geringes Maass zurückführen. Ich glaube, dass der Herr Abgeordnete für Krefeld sich bei der weiteren Berathung dieses Gesetzes beruhigter finden wird, wenn er erkennt, wie überall das Bestreben der Kommission in Uebereinstimmung mit den verbündeten Regierungen darauf gerichtet gewesen ist, dafür Sorge zu tragen, dass nur wirklich „nützliche" und „neue" Erfindungen im deutschen Reich patentirt werden können.

Die dritte Lesung erfolgte am 3. Mai und die Annahme des Gesetzes wurde mit sehr grosser Majorität beschlossen.

Der Bundesrath nahm das Gesetz am 9. Mai 1877 an. Es erfolgte sodann der Vollzug des Gesetzes durch Seine Majestät den Kaiser. Die Organisation, welche durch einen Nachtragsetat bereits begonnen, wurde entsprechend der Nähe des

Einführungstermins wesentlich beschleunigt durch Ernennung des Directors und der Mitdirectoren des Patentamtes und Auswahl der nichtständigen Mitglieder. —

Das deutsche Reich ist nunmehr im Besitz einer Gesetzgebung, welche alle Theile des Urheberrechtes betrifft. Es ist dies an sich eine grosse Errungenschaft. Freilich kann nicht verkannt werden, dass einzelne dieser für sich besonders und in verschiedenen Zeiten zu Stande gekommenen Gesetze Mängel an sich tragen, die zu Umänderungen führen werden, indessen ist dann die Gelegenheit geboten, die Grundsätze der verschiedenen Gesetze durchzubilden und so das ganze Gebiet des Urheberrechtes einheitlicher zu gestalten. Es trifft der Vorwurf von Mängeln nicht sowohl die Gesetze betreffend den Schutz gegen Nachahmung an Photographien, als besonders das Musterschutzgesetz, — er wird auch das Patentgesetz treffen. — Die Handhabung und Ausführung der verschiedenen Gesetze werden die Mängel bald ergeben und Sache der Regierung sowohl als Sache der Interessenten wird es sein, diese Mängel durch geeignete Umgestaltungen der Gesetze zu beseitigen. —

Wir **Wilhelm,** von Gottes Gnaden Deutscher Kaiser, König von Preussen etc.

verordnen im Namen des Reichs, nach erfolgter Zustimmung des Bundesraths und des Reichstags, was folgt:

Erster Abschnitt.

Patentrecht.

§ 1.

Patente werden ertheilt für neue Erfindungen, welche eine gewerbliche Verwerthung gestatten.

Ausgenommen sind:

1. Erfindungen, deren Verwerthung den Gesetzen oder guten Sitten zuwiderlaufen würde;
2. Erfindungen von Nahrungs-, Genuss- und Arzneimitteln, sowie von Stoffen, welche auf chemischem Wege her-

gestellt werden, soweit die Erfindungen nicht ein bestimmtes Verfahren zur Herstellung der Gegenstände betreffen.

a) Das Gesetz befasst sich nicht mit der Definition des Begriffs Patent, obwohl in deutschen Staaten bisher das Patent an sich als ein Privilegium bezeichnet wurde. Ueber Privilegien spricht sich v. Rönne (Staatsrecht der preuss. Monarchie 1872. I. §. 50) so aus:

„Privilegien, mit denen eine allgemeine Beschränkung der natürlichen Freiheit, ein Eingriff in die Rechte der Persönlichkeit oder des Eigenthums anderer Staatsgenossen (lex singularis) verbunden ist, können nur unter Mitwirkung der Kammer im ordentlichen Wege der Gesetzgebung ertheilt werden. Dahin gehören namentlich ausschliessliche Gewerbs- und Handels-Privilegien und Monopole; dagegen nicht die sogenannten Erfindungspatente, weil hierbei den übrigen Staatsangehörigen nichts von einer bereits vorhanden gewesenen natürlichen Befugniss entzogen wird.“ Der dem Patentinhaber gewährte Patentschutz ist eine Leistung des Staats, welcher die Veröffentlichung der Erfindung als Gegenleistung gegenüber steht. Der Nutzen der Patente besteht wesentlich darin, dass der Patentschutz die Veröffentlichung neuer Erfindungen befördert.

b) Auch das Wort „Erfindung“ wird nicht im Gesetze definirt. Die Motive der Regierung sowohl als die Commission hatten dies ausdrücklich abgelehnt, mit dem Bemerken, dass man die Feststellung des Begriffs „Erfindung“ der Wissenschaft und der Rechtsprechung überlassen wolle. — Die Schriften über den Erfinderschutz definiren eine „Erfindung“ sehr verschieden. Dambach (Das Patentgesetz pp. p. 2) sagt:

„Man wird den Begriff der Erfindungen im Sinne des Patentgesetzes definiren können als die Schaffung und Hervorbringung eines neuen, bisher nicht vorhanden gewesenen Gegenstandes oder Productionsmittels zu materiellen Gebrauchszwecken.“

Der Erfindung steht die Entdeckung gegenüber; „die Entdeckung besteht in der Aufdeckung eines bereits vorhandenen, bisher aber verhüllten, d. h. nicht gekannten, nicht wahrgenommenen Objects; die Erfindung dagegen in der Schaffung eines Objects, welches nicht vorhanden war.“ Patente werden nur ertheilt für Erfindungen, nie für Entdeckungen. — (Siehe Einleitung pag. 1—4. 16. 28.)

Sowie in dem Gesetze über das Urheberrecht vom 11. Juni 1870 der alte Streit darüber, was im Sinne des Gesetzes zu den Schriften oder den literarischen Erzeugnissen zu zählen sei, nicht durch eine Definition sondern durch die Annahme eines eigenen Kunstausdruckes „Schriftwerke“ für die Gegenstände des literarischen Urheberrechtes geschlichtet ist, so musste auch auf dem verwandten Gebiete des Patentschutzes der Gesetzgeber sich begnügen, einen einzigen Ausdruck „die Erfindung“ für die Gegenstände des Patentschutzes zu fixiren, dessen Inhalt durch den Sprachgebrauch und durch die Jurisprudenz gegeben ist. Es empfahl sich also keineswegs, neben der Bezeichnung Erfindung noch Synonyme wie: Entdeckung u. dgl. zu gebrauchen. Dagegen sind solche Entdeckungen, welche nach dem industriellen und juristischen Sprachgebrauch unter den Begriff der gewerblichen Erfindung fallen, wie z. B. die Entdeckung der Anilinfarben, der Schiessbaumwolle u. dgl. selbstverständlich unter der Vorschrift des Gesetzes mitbegriffen.

„Das Recht des Erfinders muss auf solche Gegenstände beschränkt werden, welche als selbstständige neue Hülfsmittel oder Producte des Gewerbfleisses erscheinen oder doch als wesentliche Verbesserungen bereits bekannter Hülfsmittel oder Erzeugnisse anzusehen sind." (Klostermann S. 27.)

c) Das Gesetz hat ausdrücklich die Eintheilung der neuen Erfindungen, für welche ein Patent erlangt werden kann, ausgeschlossen, weil bisher keine aufgestellte Eintheilung irgendwie genügen kann. Besonders gefährlich hat sich der Wortlaut des französischen Gesetzes hierfür erwiesen, in welchem patentfähig sind: nouveau produit industriel, Résultat industriel, Moyen industriel, Application nouvelle des moyens ou produits connus u. s. w. Danach ist z. B. eine neue Farbe patentirbar, und das Factum diese Farbe hergestellt zu haben, ist ein Résultat industriel und auch patentirbar. — Die Neuheit der Erfindung zum Gegenstande der Erörterung im Gesetz zu machen, erwies sich als unnütz, weil dieselbe nur in jedem Falle wirklich genauer festgestellt werden kann. Einen und den am leichtesten nachweisbaren sowie auch öfters vorkommenden Fall, in welchem die Neuheit der Erfindung abzusprechen ist, führt § 2 des Gesetzes ausdrücklich auf. (Siehe Einleitung 3. 4.)

d) Die Möglichkeit „gewerblicher" Verwerthung bezeichnet den Charakter der patentfähigen Gegenstände. Diese Bestimmung schliesst eine Begrenzung ein, obwohl dieselbe keine allzu enge ist. Dies Wort wird vor Patentirung blosser Ideen, rein wissenschaftlicher Speculationen und Combinationen schützen. Das Wort „gewerblich" begreift hier mehr das praktische rationelle Ausführen der Erfindung. In diesem Sinne macht es die Angabe einer Eintheilung der Erfindungen mehr überflüssig. Z. B. ersetzt es ganz gut die Eintheilung, welche der Patentschutzverein beliebte: Patente werden ertheilt:

a) für Erzeugnisse der Industrie,
b) für Methoden, solche herzustellen,
c) für Maschinen, Geräthe oder Werkzeuge,

denn alle diese Erzeugnisse, Methoden, Maschinen etc. tragen den Charakter und Zweck der Gewerblichkeit an sich, sowohl ihrer Herstellung als Benutzung nach. Der § 4 beschränkt keineswegs diesen weiten Begriff der Gewerblichkeit. Nach diesem § 4 wird vielmehr die gewerbliche Verwerthung näher definirt, die also durch den Patentinhaber oder dessen rechtlichen Nachfolger gewerbsmässig und kaufmännisch geschehen soll unter Schutz, der soweit reicht, dass z. B. Jemand den einem Anderen patentirten Gegenstand auch nicht in einem Exemplar herstellen darf, um ihn etwa nur in seinem Hause zu benutzen, weil, wenn dies gestattet wäre, sehr viele dies thun würden und die gewerbliche Verwerthung des Patentirten sehr beeinträchtigt würde. Der Begriff „gewerblich“ wird bei Ausführung des Gesetzes offenbar im weitesten Sinne ausgelegt werden müssen und giebt zu Bedenken keinen Anlass. Das Wort „Verwerthung“ ist mit Bedacht gesetzt und nicht „Verwendung“, weil das Gesetz nicht wünschen kann, nur zu „verwendende“ Gegenstände zu patentiren, deren Werth und Verwerthung eben in Frage steht. Klostermann erklärt S. 27:

„Eine Begrenzung des Erfinderrechtes folgt aus der Erwägung, dass nur an solchen Objekten ein ausschliessliches Recht der Benutzung bestehen kann, welche einer ausschliesslichen vermögensrechtlichen Nutzung fähig sind.

Durch dieses Merkmal werden alle diejenigen Erfindungen ausgeschlossen, deren Ausführung entweder keinen unmittelbaren Gewinn abwirft, oder an deren Reproduktion, obgleich sie einen vermögensrechtlichen Nutzen gewährt, doch niemand verhindert werden kann. In die erste Klasse gehören die wissenschaftlichen Entdeckungen, welche keine unmittelbare praktische Verwendung auf dem Gebiete der Industrie finden können, wie die theoretischen Gesetze der Physik und die meisten Entdeckungen der Chemie. Die zweite Kategorie umfasst solche Erfindungen, deren Benutzung sich der Controle entzieht und daher nicht durch gesetzlichen Zwang verhindert werden kann.“

Die von Dr. A. Katz angeführten Beispiele betreffend die Verwerthung, werden durch den Begriff „gewerblich“, sowohl als auch durch den Begriff der „Verwerthung“, der den der Verwerthbarkeit einschliesst, hinfällig. Eine „objektive“ Verwerthbarkeit ist eben die „gewerbliche“. Wenn Jemand sich eine Maschine patentiren lässt, um Elephanten die Zähne auszuziehen, so kann dieselbe in Deutschland eine Aussicht auf gewerbliche Verwerthung nicht gestatten; würde diese Maschine indessen nur patentirt, um den Nachbau in Deutschland zu hindern und würde der Patentinhaber diese Maschine in Mittelafrika zur Anwendung bringen, — so kann dieselbe eine gewerbliche Verwerthung gestatten, dies lässt sich auch aus einer klaren Beschreibung wohl begreifen und anerkennen. Bei dem Wortlaut Verwerthung „gestatten“, ist zunächst lediglich die „Möglichkeit“ der Verwerthung in Aussicht gestellt. Fällt aber die Aussicht auf diese „Möglichkeit eine gewerbliche Verwerthung zu gestatten“, dann ist der Gegenstand absolut nicht patentfähig. Dies würde man beim Perpetuum mobile zu constatiren haben, nicht aber in dem Fall, der in dem § 2 der Regierungsvorlage vorgesehen war: „Eine Erfindung liegt nicht vor, wenn der Eintritt des beabsichtigten Erfolges nach den Gesetzen der Natur als unmöglich anzusehen ist.“

Dieser Satz ist mit Recht gefallen, weil die Gesetze der Natur uns selbst noch zu unvollständig bekannt sind, als dass wir aus dieser mangelhaften Kenntniss folgern wollten.

e) Es kann zweifelhaft sein, ob unter die Genussmittel auch die Parfüms, Schönheitsmittel, Schminke, etc. zu rechnen seien. Dambach (pag. 5) verneint die Frage; — Landgraf (pag. 8) bejaht dieselbe ausdrücklich. — Es ist hierbei zu beachten, dass diese Stoffe in ihrer Eigenschaft als chemische kein Patent erhalten, es sei denn, dass die Herstellungsmethode patentfähig wäre. Sie sind also als Stoffe ausgeschlossen. In der Commission wurde bemerkt: dass die Ausschliessung der „Genussmittel" von der Patentertheilung nicht unbedenklich sei. Der Erfindungsgeist richte sich in einer für das Gemeinwohl nützlichen Weise beispielsweise auf die Herstellung von Konserven, und es liege kein durchschlagender Grund vor, die neuen Erfindungen solcher Genussmittel für nicht patentfähig zu erklären. Die Majorität der Kommission erwog dagegen, dass es sich in solchen Fällen nicht um die Herstellung neuer Objekte, vielmehr um die Anwendung neuer Methoden zur Herstellung von Gegenständen handele, für welche immerhin die Patentertheilung nicht ausgeschlossen sei. Bei der gewerblichen Verwerthung von Genussmitteln werde ebenso wie bei neuen Arzneimitteln vielfach auf die Leichtgläubigkeit des Publikums spekulirt und ein durch die Gesetzgebung nicht zu fördernder Schwindel getrieben. Deshalb, sowie aus Rücksichten auf das Interesse der Bevölkerung schliesse der Gesetzentwurf mit Recht die „Genuss-" und „Arzneimittel" von dem Patentschutze aus. Unter „Genussmitteln" sind nach richtigem Sprachgebrauche auch die „Nahrungsmittel" einbegriffen. Um jedoch keinen Zweifel hierüber aufkommen zu lassen, und um dieselben Worte zu gebrauchen, welche das Strafgesetzbuch (§. 370. Nr. 5.) anwendet, nahm die Kommission den Antrag an, anstatt „Genuss- oder Arzneimitteln" zu setzen: „Nahrungs-, Genuss- und Arzneimitteln". Die konjunktive Bezeichnung „und" anstatt „oder" ist jedenfalls sinnentsprechend.

f) Die chemischen Stoffe sind als solche von der Patentirung ausgeschlossen. Der Vorstand der chemischen Gesellschaft in Berlin hatte sich in einer Petition so ausgelassen:

„Bei der Ertheilung von Patenten für chemische Erfindungen sollte der Grundsatz festgehalten werden, dass einzig und allein die Methode der Darstellung eines chemischen Produktes, nicht aber das Produkt selbst, Gegenstand des Patentes sein kann.

Motiv: Ein chemisches Produkt lässt sich auf verschiedenen Wegen und aus verschiedenen Materialien darstellen; die Patentirung des Productes selbst — welche nach dem Wortlaut der Regierungsvorlage nicht ausgeschlossen scheint — würde verhindern, dass später aufgefundene, verbesserte Verfahrungsweisen im Interesse des Publikums und der Erfinder zur Ausführung gelangen."

Bezüglich der auf chemischem Wege hergestellten Stoffe erachtete die Kommission die Ausschliessung von der Patentfähigkeit als durch die Natur der Sache geboten. Die wichtigsten neuen Körper, wie z. B. Aluminium können auf chemischem Wege hergestellt werden. Wollte man aber für einen solchen Körper den Patentschutz ertheilen, so dränge man das wissenschaftliche und praktische Bemühen zurück, den patentirten Gegenstand auf praktischerem und billigerem Wege herzustellen.

Die Kommission beschloss endlich, die Worte „ein bestimmtes Verfahren“ einzusetzen, um den Willen des Gesetzes, dass eine individuelle neue Methode der Herstellung vorliegen müsse, auszudrücken. Dieser Satz gilt nicht nur den Chemikalien resp. den Stoffen oder Gegenständen, welche auf chemischem Wege hergestellt werden, — er betrifft auch die Herstellungsmethoden der Arzneimittel, Nahrungsmittel etc. Landgraf legt das Gesetz so aus, dass diese ausgeschlossen seien (Seite 13. 14.). Wir können uns dem nicht anschliessen, sondern glauben, dass neue Herstellungsmethoden für Nahrungs-, Genuss- und Arzneimittel, sowie der Parfüms, Cosmetiks, Seifen etc., auch neue Apparate und Maschinen zu dem Zweck patentirbar sind. Dies geht auch aus der Fassung des Regierungsentwurfs klar hervor; es ist dort sogar ausgesprochen:

3. Erfindungen von Genuss- oder Arzneimitteln, soweit die Erfindungen nicht das Verfahren zur Herstellung der Gegenstände betreffen, sind ausgeschlossen.

Ausserdem haben die Schönheitsmittel, Genussmittel etc. im Markenschutzgesetz eine feste Stütze, die hinreichend genügen wird.

g) Im Gesetzentwurf der Regierung stand als ausgenommen vom Patentschutz:

2. Erfindungen von Mustern oder Modellen, welche lediglich die Verschönerung oder die Ausschmückung eines Gegenstandes bezwecken.

Dieser Satz wurde gestrichen. Ueber die Sache selbst spricht sich der Entwurf des Patentschutzvereins zutreffend aus wie folgt: Das Gebiet der Gesetze über das Urheberrecht an Schriftwerken und an Werken der bildenden Künste ist ein abgesondertes und der Patentschutz, der aus andern Gründen ohnehin wohl wegfallen würde, ist daher in Bezug auf alle Gegenstände, welche unter jene Gesetze fallen, unbedenklich auszuschliessen. Anders verhält es sich mit den Gegenständen des Musterschutzes. Das Musterschutzgesetz vom 11. Januar 1876 gibt im § 1 keine Definition der gewerblichen Muster und Modelle. Es kann deshalb auch im gegebenen Falle ein Zweifel darüber entstehen, ob ein neues und eigenthümliches Erzeugniss der Industrie als ein gewerbliches Modell oder als eine neue Erfindung anzusehen ist. Letzteres ist der Fall, wenn das Product sich nicht blos durch seine Form, sondern durch seine Eigenschaften und durch seinen Gebrauch von anderen bekannten Erzeugnissen unterscheidet. Allerdings kann man behaupten, dass ein Modell dadurch, dass es sich als eine neue Erfindung charakterisirt, noch nicht seine Eigenschaft als gewerbliches Modell im Sinne des § 1 des Musterschutzgesetzes verliert. Der Erfinder eines patentfähigen neuen Gewehrmodells oder dergl. würde also berechtigt sein, sowohl das Modell nach Vorschrift des Musterschutzgesetzes zu deponiren, als die Patentirung nach Vorschrift des Patentgesetzes nachzusuchen. Das Eine schliesst das Andere nicht aus. Die blosse äussere Gestalt eines Industrieerzeugnisses kann dagegen nicht Gegenstand des Patentschutzes sondern nur des Musterschutzes sein.

h) Endlich wollen wir noch anführen: Auf ein wissenschaftliches Princip oder ein rein wissenschaftliches Gesetz wird ein Patent nicht ertheilt, selbst wenn das Princip oder der Satz einer unmittelbaren Anwendung auf Gegenstände der Industrie fähig ist; wohl aber ist jede neue Methode der Anwendung eines solchen Principes oder Gesetzes, wodurch ein neues Erzeugniss der Industrie zu Stande kommt und das neue Erzeugungsmittel oder die neue Erzeugungsmethode patentirbar. (S. Einleitung S. 9.)

§ 2.

Eine Erfindung gilt nicht als neu, wenn sie zur Zeit der auf Grund dieses Gesetzes erfolgten Anmeldung in öffentlichen Druckschriften bereits derart beschrieben oder im Inlande bereits so offenkundig benutzt ist, dass danach die Benutzung durch andere Sachverständige möglich erscheint.

a) Dieser Paragraph war Gegenstand vielfacher Debatten. Er hatte ursprünglich noch einen Nachsatz: Die im Auslande amtlich herausgegebenen Patentbeschreibungen stehen den öffentlichen Druckschriften erst nach Verlauf von drei Monaten seit dem Tage der Herausgabe gleich.

Ausserdem enthielt er den Anfangspassus, den wir bereits im § 1 *d* beigebracht und erläutert haben. — Die Definition des Wortes „neu“ ist hier bündig und kurz gehalten.

Durch den letzteren Zusatz beabsichtigte der Entwurf solchen Personen, welche im Auslande ein Patent bereits nachgesucht haben, die spätere Nachsuchung des Patentes im Deutschen Reiche zu ermöglichen. Die Commission war dabei von der Rücksicht geleitet, dass in gewissen auswärtigen Staaten das Patent früher als in Deutschland angemeldet, beziehungsweise nachgesucht werden muss, weil nach den Patentgesetzgebungen derselben auf bereits in anderen Ländern publizirte Erfindungen ein Patent überhaupt nicht ertheilt wird.

Mit beiden Bestimmungen war die Kommission einverstanden. Sie fand es zutreffend, dass eine Erfindung nicht als neu behandelt werde, wenn dieselbe in einer für den Sachkundigen alle erheblichen Punkte klar legenden Weise durch Druckschriften des In- oder Auslandes bereits veröffentlicht sei, und hielt es für billig, dass amtlich herausgegebene Patentbeschreibungen des Auslandes während einer angemessenen Periode nicht als eine Thatsache behandelt würden, welche dem Erfinder die Möglichkeit, den deutschen Patentschutz zu erlangen, entzieht.

In Erwägung besonders des letzten Umstandes, dass durch zu schnelle Veröffentlichung die Patententnahme für einige Länder illusorisch werden kann, hatte Dr. Grothe das Amendement gestellt: In § 2. Alin. 2. der Kommissionsbeschlüsse hinter dem Worte „gleich“ folgenden Zusatz zu machen: „sofern das Patent von demjenigen, welcher dasselbe im Auslande angemeldet hat, oder mit dessen Einwilligung von einem

Anderen nachgesucht wird. Der Patentertheilung steht in diesem Falle auch der Umstand nicht entgegen, dass die Beschreibung inzwischen in andere Druckschriften übergegangen ist".

Dr. Löwe beantragte dagegen statt „andere Druckschriften" „in inländischen Druckschriften" zu sagen. Diese Amendements und der letzte Absatz wurden verworfen auf Antrag von Dr. Lasker, welcher damit das Ausland anregen wollte, baldigst ein internationales Patentgesetz zu schaffen, dagegen für die Patententnehmer, besonders die Inländer eine Härte schuf und eine Erschwerung in der Ausübung des Gesetzes, die allerdings nur demjenigen klar sein kann, der praktisch die Sache durchschaut. Gerade hier war die möglichste Milde für den Inländer am Orte und so betonte auch noch bei der dritten Lesung Dr. Bär (Offenburg), dass das Grothe'sche Amendement das zweckmässigste gewesen sei. Die Patentnachsucher sind unter dem heutigen Wortlaut des Gesetzes gezwungen, gleichzeitig in allen Staaten dasselbe nachzusuchen, weil das Aufgebot im Reichsanzeiger die Beschreibung des Patentgesuchs, wenn auch vielleicht nur im Excerpt publicirt! Jetzt geräth nun ferner der Patententnehmer gegenüber einigen Staaten in die üble Lage, dass wenn er dort ein Patent schneller erlangt hat (z. B. bei dem reinen Anmeldeverfahren) und das deutsche Patentamt ertheilt kein Patent, so erlischt das Patent im Auslande sofort. Die ausländischen Erfinder sind ebenso gezwungen gleichzeitig in ihrem Lande und in Deutschland anzumelden, weil sonst die amtliche Publication die Patentirung in Deutschland unmöglich macht.

b) Nach der heutigen Fassung dieses Paragraphen ist es gleichgültig, ob die Beschreibung in deutscher oder einer anderen Sprache veröffentlicht wurde. Oeffentliche Druckschriften sind solche, welche dem Publikum öffentlich gegen einen Preis verkauft werden, oder zum Kauf öffentlich ausgelegt und ausgeboten werden. Sogenannte als Manuscript gedruckte Beschreibungen etc., welche nicht zum Kauf ausgeboten werden, dürften als öffentliche Druckschriften nur dann zu betrachten sein, wenn sie nachweislich in gewissem, den Privatkreis überschreitendem Umfange verbreitet werden, niemals aber dann, wenn sie zum Zweck der Patententnahme hergestellt sind, und auf eine oder andere Weise in einzelnen Exemplaren Verbreitung gefunden haben. Letzteres lässt sich immer leicht feststellen. Ausgeschlossen sind auch von der Patentirung selbst hervorragende Gegenstände, die früher erfunden oder entdeckt und beschrieben sind, aber zu einer Anwendung und Verwerthung nicht gelangten.

c) Für das Patentamt ist es gleichgültig, ob der Gegenstand des nachgesuchten Patents durch den Erfinder selbst oder auf unrechtmässigem und unerlaubtem Wege durch Andere, Unbefugte etc. publicirt wurde. Das Patent kann in solchem Falle nicht ertheilt werden, weil die Erfindung nach Veröffentlichung nicht als neu mehr betrachtet werden kann. Mündliche Mittheilungen können nicht als Veröffentlichungen betrachtet werden.

d) Der Passus über die Ausführung durch Sachverständige war bereits im Entwurf des deutschen Ingenieur-Vereins von 1872 S. 28 enthalten. Er lautete: Als neu ist nicht anzusehen, was schon

3. durch ein veröffentlichtes Druckwerk des In- oder Auslandes dergestalt beschrieben oder dargestellt ist, dass danach durch jeden Sachverständigen die Ausführung erfolgen kann. (S. Einleitung S. 9.)

Das Gesetz hat dies abgeschwächt durch das Wort „offenkundig". Dies Wort ist insofern besser als das auch vorgeschlagene „gewerblich", als auch die Oeffentlichkeit darin eine Rolle spielt und als vorhanden angenommen wird, also ausgeschlossen ist, dass die Kenntniss von der Erfindung, Methode etc. seitens der Mitarbeiter Socien, Arbeiter etc. einer Offenkundigkeit gleichkommt. Das Wört „gewerblich" würde die Erfindung in solchem Falle als patentunfähig haben hinstellen können. Zweifellos sind in den deutschen Werkstätten neue Erfindungen in Gebrauch, die keinen Patentschutz haben, ihn aber an und für sich nach Massgabe des gegenwärtigen Gesetzes erlangen können. Ist diese Anwendung einem Jeden zugängig, weil der Werkstattseigenthümer daraus kein Geheimniss macht, den Zutritt zur Werkstatt erlaubt, oder in dem Sinne offenkundig, dass sie in vielen Werkstätten erfolgt, so liegt selbstverständlich kein vernünftiger Grund vor, die Erfindung als patentfähig anzusehen. Das will auch der Gesetzentwurf nicht. Hält aber ein Gewerbtreibender (wie z. B. seiner Zeit Krupp das Bessemer-Verfahren, und chemische Fabriken betr. Farben-Fabrikation) die Erfindung geheim, so hat dies seinen Grund entweder darin, dass für die Erfindung seither in Deutschland ein Patent nicht zu erlangen war, oder dass der Eigenthümer es überhaupt seinen Interessen entsprechend findet, die Erfindung zu verheimlichen. In letzterem Falle ist es ihm auch nach Erlass des deutschen Patentgesetzes freigestellt, die Benutzung der Erfindung in seitheriger Art fortzusetzen. Wer bereits z. Z. der Anmeldung des Patentinhabers im Inlande die Erfindung in Benutzung genommen hatte, wird durch die Wirkungen des Patentes nicht berührt, wie § 5 ausdrücklich vorschreibt. Alternativ kann aber auch der seitherige Benutzer ein Patent nachsuchen. Das Letztere zu fördern ist nach der Meinung der Kommission nicht allein kein Nachtheil, dessen Abwendung das Gesetz sich angelegen sein lassen muss; es dient vielmehr dem grossen wirthschaftlichen Nutzen, dass die Geheimnisskrämerei beseitigt und der Fortschritt der deuschen Gewerbe und Industrie mehr als seither in die Oeffentlichkeit gezogen wird.

e) Nach dem vorliegenden Paragraphen also, ist dem Erfinder nicht mehr die Wahl gelassen, nach Entnahme eines Patentes z. B. in Frankreich, wo der Spezialität der Erfindung nach das Patent am schnellsten praktisch ausgeführt und versucht werden könnte, die Erfindung auf ihre Brauchbarkeit zu erproben und sodann in allen übrigen Staaten Patente zu entnehmen, — sondern der Patentsucher ist jetzt gezwungen überall zu gleicher Zeit das Patent anzumelden und wo ein Caveat nicht existirt, die vollen Patenttaxen sofort nach Maassgabe der betreffenden Landesgesetze zu erlegen. Dies ist erstens für den Privatmann mit Schwierigkeiten verknüpft und weist ihn gebieterisch an die Patentagenten oder Patentanwälte[1]) und zwingt ihn von vornherein ein bedeutendes Geldopfer[2]) zu bringen, bevor er noch ein Resultat über die wirkliche Zweckmässigkeit der Erfindung festgestellt hat. Die Erprobung im Geheimen ist insofern sehr erschwert, als z. B. ein durch Zufall in das Wesen der betreffenden Erfindung Eingeweihter sofort im Auslande ein Patent nachsuchen kann, dessen Publikation dann erfolgt bevor noch der wahre Erfinder sein Patent angemeldet hat. — Indessen ist die Fassung des § 2 darin wenigstens mildernd, dass sie die Art der Beschreibung näher präcisirt. Beschreibungen und Notizen von Erfindungen in öffentlichen Zeitschriften und Druckwerken haben bisher meistens den Charakter solcher Unzulänglichkeit getragen, dass vielfach die Benutzung selbst durch Sachverständige danach unmöglich wurde. Wir betonen diese Bestimmung des § 2 deshalb für die Patententnehmer nachdrücklich.

Wir müssen bei dieser Gelegenheit auf den Fall Schering-Kolbe betreffend die Salicylsäure hinweisen. (Berlin, polyt. Buchhandlung.)

§ 3.

Auf die Ertheilung des Patentes hat derjenige Anspruch, welcher die Erfindung zuerst nach Massgabe dieses Gesetzes angemeldet hat.

Ein Anspruch des Patentsuchers auf Ertheilung des Patentes findet nicht Statt, wenn der wesentliche Inhalt seiner Anmeldung den Beschreibungen, Zeichnungen, Modellen, Geräthschaften oder Einrichtungen eines Anderen oder einem von diesem angewendeten Verfahren ohne Einwilligung desselben entnommen, und von dem letzteren aus diesem Grunde Einspruch erhoben ist.

a) Das Recht der Ertheilung eines Patentes steht nach dem Urhebergesetz unzweifelhaft zunächst dem Erfinder selbst zu und dies ist in vielen Patentgesetzen z. B. Amerikas ausdrücklich Jedermann, sei er

---

[1]) Eine Liste von Patentanwälten in Deutschland fügen wir am Schlusse bei.

[2]) Wie hoch dies Geldopfer sich belaufen wird, erkennt man z. B. aus Folgendem:

Deutsches Reich .	50 M.	Italien	ca. 135 M.
Belgien . . .	ca. 75 „	Oesterreich . .	„ 120 „
England (Caveat)	„ 195 „	Russland . . .	„ 480 „
Frankreich . .	„ 150 „	Schweden . .	„ 240 „
	470 M.		975 M.

Also von vornherein 1545 Mark.

Bürger der Ver. Staaten oder Ausländer, welcher der wahre und erste Erfinder oder Entdecker einer neuen und nützlichen Kunst, einer Maschine, eines Fabrikats, oder einer Zusammensetzung von Stoffen ist, oder der eine neue und nützliche Verbesserung derselben erfunden hat, kann auf seine Erfindung oder Entdeckung ein Patent bekommen. Derselbe muss ausserdem noch extra beschwören, dass er der Erfinder sei. Das deutsche Gesetz enthält diesen Grundsatz nicht, trotzdem er von vielen Seiten betont worden ist. (Siehe Katz, Bemerkungen zu dem Entwurf eines Patentgesetzes S. 12. — Entwurf des deutschen Ingenieurvereins. 1872. S. 31. — Revid. Entwurf des Patentschutzvereins. 1876. S. 14. Gutachten der Industriellen von Kaiserslautern zu § 3.) Das Gutachten der sächsischen Interessenten (Dresden, Februar 1877) schreibt hierüber: Es kann nur durch die ausdrückliche Bestimmung des Gesetzes, dass der Erfinder allein einen Anspruch auf Patentirung hat, dem Uebelstande vorgebeugt werden, dass unberechtigte Inländer oder Ausländer im deutschen Reiche nicht um Patentirung einer Erfindung einkommen, die ihnen auf irgend welche Weise als im deutschen Reiche noch nicht geschützt bekannt geworden ist. Die Folgen einer zweifelhaften Bestimmung würden sicherlich dieselben sein, wie sie das englische Gesetz hatte, nach welchem Patente „in communication" beantragt werden konnten. Dieser Umstand hat sehr erheblich dazu beigetragen, das noch bestehende englische Gesetz in England und im Auslande zu diskreditiren, und führt zu Rechtslosigkeit und Prozessen. Der Gesetzentwurf erscheint im Prinzip ohnehin in dieser Weise verfahren zu wollen, da nach § 9, Alinea 3, die rechtswidrige Aneignung einer Erfindung mit Rücknahme des Patentes bedroht ist. Durch den proponirten Zusatz wird erst dem Richter der Maassstab gegeben, die „Rechtswidrigkeit" zu erkennen. Dieser Zusatz lautet: „Auf die Ertheilung des Patentes hat nur der erste Erfinder oder sein Rechtsnachfolger Anspruch. Bis zum Beweis der falschen Behauptung wird der zuerst Anmeldende als Erfinder angesehen."

Bei der jetzigen Fassung des § 3 bleibt dem wirklichen Erfinder lediglich das Recht, gegen die Anmeldung Einspruch zu erheben oder, wenn er dies aus Gründen, welche sehr nahe liegen, versäumt, auf Nichtigkeit des Patentes zu klagen. Im günstigsten Falle verhindert er die Patentertheilung, — durch das Aufgebotsverfahren ist aber dann seine Erfindung weiten Kreisen bekannt gegeben. Dieser Passus im Gesetz fordert alle Erfinder zur äussersten Vorsicht auf und etablirt eine neue Art von Geheimnisskrämerei vor der Patentanmeldung, — oder regt dazu an, unreife Erfindungen schnell zur Anmeldung zu bringen, um die Priorität zu sichern, da ja nachträgliche Zusätze zur Anmeldung nicht ausgeschlossen sein sollen.

b) Patente können entnommen werden von allen Personen, welche rechtsfähig, handelsfähig und vermögensfähig sind, — so argumentirt Landgraf (Seite 28). Indessen ist diese Definition in den Motiven der Regierung oder Commission nicht enthalten und dieselbe dürfte für das letzte Erforderniss gewiss nicht zutreffen. Dagegen können als Patententnehmer auftreten: Männer und Frauen, Einzelpersonen und Gesellschaften, Inländer und Ausländer. Dieselben können sich vertreten lassen. —

c) Ueber die Priorität der Anmeldung sagen die Regierungsmotive nichts. Dieselbe ist bei der Einheitlichkeit des Patentamtes leicht festzustellen, — was bei dem Musterschutzgesetz nicht möglich ist durch die Zerstreutheit der Anmeldestellen, — und bei einer absolut gleichzeitigen Anmeldung einer gleichen Erfindung müssten, wenn sich nicht herausstellt, dass der Eine der Beiden unberechtigt ist, beide Gesuche patentirt werden. Es ist im letzten Falle sicher nicht zutreffend, dass nach Dambach (Seite 13) dem Gesuch die Priorität eingeräumt werden solle, welches der betreffende Beamte zuerst öffnet oder präsentirt. Dambach citirt dabei Klostermann S. 131, indessen giebt die Darstellung Klostermanns zu diesem Schlusse keine Veranlassung. — Ein gemeinschaftliches Patent würde nicht zweckmässig sein, weil dadurch das Eigenthumsverhältniss des Einzelnen am Patent beschränkt werden würde. — Siehe auch § 5. —

d) Für eine gleichzeitig gemachte Erfindung soll allerdings die Priorität der Anmeldung entscheiden. Erfindungen werden nicht selten in demselben Zeitraume von mehreren Personen gemacht, und zwar unter Verhältnissen, die es unmöglich machen, festzustellen, welcher der erste Erfinder ist. Würde man das Prioritätsrecht des Erfinders ohne Anmeldungsvorsprung schützen, so beförderte man zweifellos die Geheimhaltung von Erfindungen, also ein Ziel, welches mit dem Geiste und den Grundlagen des gegenwärtigen Gesetzes nicht im Einklange ist.

e) Sind Beamte berechtigt Patente zu entnehmen? Diese Frage ist im Gesetz nicht erhoben worden. Ein Erfinder, der als Beamter mit dem Apparate des Staates arbeitet und in diesem Dienste seine Erfindung macht, ist berechtigt ein Patent zu entnehmen; ob dasselbe aber nicht wenigstens zum Theil der Behörde gehört, mit deren Mittel die Erfindung gemacht, ist zweifelhaft. Praktisch wird diese Angelegenheit sich so erledigen, dass, wenn in irgend einem Falle der Beamte sein Patent durch Anspruch der Behörde gefährdet sieht, er in zukünftigen Fällen sicherlich selbst nicht mehr als Patentanmelder auftreten, sondern vielmehr seine Erfindung vorher verkaufen oder deren Anmeldung durch Jemand bewirken lassen würde. Für diesen Fall gestaltet sich die Fassung des § 3 für den Beamten insofern günstig, als das Gesetz nicht fordert, dass der Anmelder der Erfinder sei. — Im Uebrigen ist auch schwer festzustellen, in wie weit die Betheiligung der behördlichen Apparate, Hülfsmittel etc. zur Erfindung beigetragen haben.

f) Einführungspatente fallen für das deutsche Reich fort.

g) Verbesserungspatente werden ertheilt. Die dabei in Frage kommende Benutzung eines ersten Grundpatentes, welches durch das Verbesserungspatent vervollkommnet wird, ist durch § 11 näher bestimmt.

h) Die Wichtigkeit des Einspruches und seiner rechtzeitigen Erhebung soll hier noch besonders hervorgehoben werden. Der Einspruch muss in möglichst klarer Form nachweisen, dass der Gegenstand des Patentgesuches oder ein Theil desselben nicht Leistung oder geistiges Eigenthum des Anmeldenden ist, sondern dessen der den Einspruch erhebt. Der Verletzte muss selbst diese Schritte thun. Das Patentamt hat keine Veranlassung zu erforschen, ob ein Patent rechtmässig oder unrechtmässig nachgesucht wird. Der Einsprechende muss auch nachzuweisen suchen, dass der wesentliche Inhalt des Patentgesuches erschlichen ist; auf gestohlene Kleinigkeiten, unwesentliches Beiwerk kann das Patentamt eine Nichtertheilung des Patentes nicht verfügen.

i) Am Schwierigsten gestaltet sich die Consequenz dieses § gegenüber ausländischen Erfindungen. In den Bemerkungen zum Entwurf eines deutschen Patentgesetzes sagt C. L.: Es kann nach dem Wortlaut des Entwurfs Jemand, der im In- oder Auslande Verfahren oder Vorrichtungen kennen gelernt hat, die nicht in Druckschriften beschrieben und auch nicht patentirt sind, dieselben ohne Genehmigung des Erfinders, auch ohne gleichzeitg eine rechtswidrige Aneignung zu begehen, für sich patentiren. Dann darf wohl noch der Erfinder (nach § 5) seine Erfindung ausführen, aber neben ihm und allen Uebrigen gegenüber hat nur der nun im Besitz des Patentes Befindliche ein Privilegium. Man würde durch diesen Paragraphen Jedermann und namentlich den Fabrikanten zwingen, die grösste und in ihren Wirkungen auf das Gesammtwohl schädlichste Geheimhaltung seiner Arbeitsmethoden durchzuführen, oder sich, selbst gegen seinen Willen, ein Patent, d. h. ein Monopol zu verschaffen, das als solches für das Publikum lästig und für ihn selbst mit unnöthigen Kosten verknüpft ist.

§ 4.

Das Patent hat die Wirkung, dass Niemand befugt ist, ohne Erlaubniss des Patentinhabers den Gegenstand der Erfindung gewerbsmässig herzustellen, in Verkehr zu bringen oder feilzuhalten.

Bildet ein Verfahren, eine Maschine oder eine sonstige Betriebsvorrichtung, ein Werkzeug oder ein sonstiges Arbeitsgeräth den Gegenstand der Erfindung, so hat das Patent ausserdem die Wirkung, dass Niemand befugt ist, ohne Erlaubniss des Patentinhabers das Verfahren anzuwenden oder den Gegenstand der Erfindung zu gebrauchen.

a) Dieser § 4 ist einer der klarsten und praktischsten Paragraphen des ganzen Gesetzes. Dem Patentinhaber wird gewährleistet: 1. das Recht zur Herstellung des Patentobjekts, 2. das Recht zum Vertriebe desselben, womit zugleich die Einfuhr vom Auslande ohne Einwilligung des Erfinders verboten ist, und 3. das Recht der Benutzung, wenn der

Gegenstand der Erfindung ein Verfahren, eine Maschine oder sonstige Betriebsvorrichtung, ein Werkzeug oder sonstiges Arbeitsgeräth ist.

b) Gegenwärtig würde ein innerer Widerspruch darin liegen, wenn zwar dem Patentinhaber die ausschliessliche Anfertigung gewisser Gegenstände im Inlande vorbehalten wird und theilweise sogar die Bevölkerung verpflichtet ist, diese Gegenstände ausschliesslich von dem Patentinhaber zu beziehen, wenn aber nichtsdestoweniger gleichzeitig der Vertrieb der gleichen, vom Auslande eingeführten Gegenstände freigegeben und dadurch dem Publikum die Gelegenheit geboten würde, die dem Patentinhaber zugedachte Begünstigung durch die Wahl einer fremden Bezugsquelle, zum Theil unter Verletzung der durch das Gesetz begründeten Verpflichtungen, zu vereiteln. Somit ist es allerdings für Haushaltungen selbst verboten, Apparate pp. zu gebrauchen, welche patentirt sind, ohne Erlaubniss des Patentinhabers oder ohne dass diese Apparate etc. vom Patentinhaber bezogen sind. Diese Bestimmung, die ja Manchem (Dambach. 19.) zu weit geht, hat einen sehr wesentlichen Werth und sie ist als ein Vorzug des Gesetzes zu betrachten. Unsere deutschen Haushaltungen sind vollgepfropft von Gebrauchsgegenständen englischen und amerikanischen Ursprungs. Erst mit Hülfe des Patentgesetzes ist der deutschen Erfindungsgabe Gelegenheit und Möglichkeit geboten, mit den Amerikanern und Engländern in solchen Artikeln zu wetteifern. Viele dieser Artikel waren in Deutschland und von Deutschen erdacht, aber bei der Patentlosigkeit des Vaterlands nicht ausgeführt, sondern nach dem Auslande gewandert. Durch dies Gesetz wird aber der heimische Markt dem deutschen Fabrikat zum Theil gesichert und es unterliegt keinem Zweifel, dass gerade diese Bestimmung von ausserordentlicher Tragweite sich erweisen wird. —

c) Das Recht zum ausschliesslichen Gebrauch der patentirten Gegenstände soll dem Patentinhaber abgesehen von Arbeitsmethoden, nur für die eigentlichen Arbeitsmittel zustehen, mögen dieselben in den Gewerben, in der Land- oder Forstwirthschaft, im Bergbau oder auf einem sonstigen Gebiete produktiver Arbeit verwendet werden. Da die überwiegende Zahl der Erfindungen in Arbeitsmethoden oder in Arbeitsmitteln besteht, so wird Patenten in der Regel der Patentschutz in diesem vollen Umfange zur Seite stehen.

d) Das Recht zum Vertriebe der patentirten Gegenstände soll dem Patentinhaber insoweit vorbehalten sein, als Niemand ohne seine Erlaubniss die patentirten Gegenstände im Inlande feilhalten darf; das Publikum wird dadurch gehindert, im Wege der Bestellung für den eigenen Bedarf jene Gegenstände imitirt vom Auslande her zu beziehen oder auch die so bezogenen Gegenstände bei sich darbietender Gelegenheit, ohne dass ein Feilhalten stattfindet, zu verkaufen oder anzukaufen; es wird also „auf den Bezug vom Patentinhaber angewiesen sein.

e) Hat Jemand „ohne Erlaubniss“ des Patentinhabers in dessen Recht eingegriffen oder dasselbe umgangen, so tritt doch eine Be-

strafung nur ein, wenn dies wissentlich geschehen ist. Die Ertheilung der Erlaubniss kann sowohl mündlich als schriftlich erfolgt sein. Die Erlaubniss des Gebrauchs eines patentirten Gegenstandes ist mit seinem Verkauf durch den Patentinhaber dem Kaufenden gegeben.

§ 5.

Die Wirkung des Patentes tritt gegen denjenigen nicht ein, welcher bereits zur Zeit der Anmeldung des Patentinhabers im Inlande die Erfindung in Benutzung genommen oder die zur Benutzung erforderlichen Veranstaltungen getroffen hatte.

Die Wirkung des Patentes tritt ferner insoweit nicht ein, als die Erfindung nach Bestimmung des Reichskanzlers für das Heer oder für die Flotte oder sonst im Interesse der öffentlichen Wohlfahrt benutzt werden soll. Doch hat der Patentinhaber in diesem Falle gegenüber dem Reiche oder dem Staate, welcher in seinem besonderen Interesse die Beschränkung des Patentes beantragt hat, Anspruch auf angemessene Vergütung, welche in Ermangelung einer Verständigung im Rechtswege festgesetzt wird.

Auf Einrichtungen an Fahrzeugen, welche nur vorübergehend in das Inland gelangen, erstreckt sich die Wirkung des Patentes nicht.

a) Das Gesetz bestimmt ausdrücklich, dass die Benutzung einer Erfindung nicht inhibirt wird durch ein Patent, wenn nachgewiesen wird, dass dieselbe „geheim“ bereits vor oder zur Zeit der Patentanmeldung ausgeführt oder doch in Ausführung begriffen war. Eigentlich sollte die Bestimmung getroffen sein, wie sie die Ass. for the Reform and Codification of the Law of Nations in einem Memorandum vorgeschlagen hat, dass das Patent nicht die Wirkung besitze, eine Person, welche zur Zeit der Einreichung des Patentgesuches die bezügliche Erfindung in Deutschland benutzt hat, an der weiteren Benutzung dieser Erfindung „in der Weise und Ausdehnung, wie sie von ihr vor der Einreichung des Patentgesetzes benutzt worden ist“, zu verhindern. Andernfalls würde nach der Bestimmung des Paragraphen, wie er gegenwärtig lautet, Jemand, der die Erfindung in einem kleinen Massstabe geheim gebraucht hat, nach der öffentlichen Einführung der Erfindung unter Schutz des Patentes seine Operationen ausdehnen können und ungerechterweise den Patentinhaber aus dem Markt verdrängen. Dies würde sicher dem Publikum nicht zum Vortheil gereichen, da der private und zeitweilig beschränkte Gebrauch einer Erfindung keine Leistung zum Nutzen der Oeffentlichkeit ist.

b) Zur Praxis des Patentgesetzes wird sich die Nothwendigkeit für die Bestimmung herausstellen, in wie weit die event. erforderlichen Veranstaltungen getroffen worden sein müssen, um genügend zu sein und erkennen zu lassen, dass die Erfindung in Benutzung genommen werden soll. Freilich wird jeder Fall hierbei besonders zu betrachten und zu beurtheilen sein. Das Urtheil von Sachverständigen in dem Fache muss massgebend sein. Der Kommissionsbericht sagt: Die Kommission verhehlt sich zwar nicht, dass es im einzelnen Falle oft schwierig sein mag, die Grenze genau zu bestimmen, bis zu der die Veranstaltungen getroffen sein müssen, um das Benutzungsrecht dem Patentinhaber gegenüber zu sichern. Der Richter dürfte dabei aber das Richtige treffen, wenn er als das entscheidende Moment das Vorhandensein solcher Thatsachen und Handlungen annimmt, welche die Ueberzeugung feststellen, dass die betreffende Person die Erfindung in ihren wesentlichen Theilen auszuführen beschäftigt ist. Die Ausfertigung der Zeichnungen, oder die theoretische Darstellung des Verfahrens allein würde also nicht genügen, während, wenn auf Grund der vollendeten Zeichnungen bereits die Modelle angefertigt werden, die Bauten begonnen sind, oder das Verfahren praktisch angefangen hat, im Zweifelfalle angenommen werden müsste, dass der durch den Zusatz zutreffende Fall vorliegt.

Die Kommission hat, eben so wie sie den Besitz und die Rechte eines redlichen Unternehmers und Erfinders schützen und den Andrang zur Einreichung unreifer und leichtfertiger Patentgesuche nicht verstärken will, auch keineswegs die Absicht gehabt, erworbene Patentrechte durch gegensätzliche Interessen unnöthiger Weise einzuschränken.

c) Der Reichstagsabgeordnete Dr. Bähr (Cassel) hatte in der zweiten Lesung das Amendement gestellt: in § 5 am Schlusse des Abs. 1 zuzusetzen: „Auch findet für die von demselben hergestellten und vertriebenen Gegenstände der Erfindung die Vorschrift des § 4 Abs. 2 keine Anwendung,“ in dem Sinne, dass der Rechtsnachfolger, rechtliche Nachbesitzer dieser von dem Recht des Patentinhabers ausgenommenen Benutzung der Erfindung nicht nöthig hat, von dem Patentinhaber Erlaubniss einzuholen. Bähr führte aus, dass die Weiterbenutzung kein persönliches Recht sei, sondern cedirt werden könne. Man hielt diese Annahme für selbstverständlich.

d) Bei Alinea 2. wurde zunächst das Bedenken angeregt, ob nicht die Heranziehung des Interesses „der öffentlichen Wohlfahrt“ als Aufhebungs- oder Einengungs-Grund des Patentrechtes zu allgemein und unbestimmt sei. Die Regierungs-Kommissarien interpretirten und rechtfertigten die Fassung durch den Hinweis darauf, dass überhaupt von einer Einschränkung des Benutzungsrechtes des Patentinhabers nur so weit die Rede sei, als die Interessen des Heeres, der Flotte, und der öffentlichen Wohlfahrt es erfordern. Diese können die Wirkungen des Patentes vollständig aufheben; es sei dies aber keine nothwendige Folge, da sich sehr wohl denken lasse, dass neben der Benutzung der Erfindung für das Heer oder die Flotte eine anderweitige Benutzung des Patentes stattfinde, und dass die Einschränkungen im

Interesse der öffentlichen Wohlfahrt blos territoriale oder vorübergehende wären, mithin im Uebrigen das Patentrecht und dessen Benutzung durch den Patentinhaber nicht berührten. Dieses werde deutlich, wenn man sich Epidemien, Ueberschwemmungen etc. vergegenwärtige, zu deren Abwendung oder Bewältigung das Enteignungsrecht ausgeübt werde.

Dem Patentinhaber steht hierbei bezüglich der angemessenen Entschädigung der Rechtsweg vor den ordentlichen Gerichten (den Amts- und Landesgerichten, Oberlandesgerichten und dem Reichsgericht) offen.

Als selbstverständlich ist hierbei anzusehen, dass in der die Beschränkung des Patents aussprechenden Verfügung dem Patentinhaber mitgetheilt werden muss, gegen wen ihm der Entschädigungsanspruch zusteht, ob gegen den Reichsfiscus oder gegen den Fiscus eines anderen Staates innerhalb des deutschen Reiches.

e) Fahrzeuge = Schiffe, Eisenbahnfahrzeuge (Locomotiven, Güterwagen, Personenwagen), Frachtwagen, — nur in soweit als sie bald das Gebiet des einen Staates bald das Gebiet des andern betreten. Die Motive (S. 22) nennen die Frachtwagen, Post etc. nicht besonders; es unterliegt aber wohl keinem Zweifel, dass auch diese dazu gehören.

f) Zu vermissen ist die von der Enquête-Kommission befürwortete Bestimmung, dass die Wirkungen des Patentes auf Transitgüter und solche Gegenstände, welche auf staatlich (oder auch durch Privatgesellschaften) organisirte Ausstellungen geschickt werden, ausser Kraft treten solle, dass also der Patentinhaber weder den Durchgang nachgeahmter Gegenstände durch deutsches Gebiet, noch die Ausstellung derselben inhibiren oder verfolgen dürfe. Da solche Maassregel, wenn auch ohne allgemeinen Nutzen, sich rechtfertigt, wäre die Aufnahme erwünscht gewesen. (Lenz, Entwurf etc. S. 9.) Durch solche Bestimmung würde z. B. für die Ausstellungen ein für allemal der Grundsatz festgestellt sein, der nun fortgesetzt für jede einzelne Ausstellung besondere Erlasse und Verfügungen erfordert. —

§ 6.

Der Anspruch auf Ertheilung des Patentes und das Recht aus dem Patente gehen auf die Erben über. Der Anspruch und das Recht können beschränkt oder unbeschränkt durch Vertrag oder durch Verfügung von Todeswegen auf Andere übertragen werden.

a) Das Patentrecht ist ein Vermögensrecht und es ist selbstverständlich, dass dasselbe cessibel und vererblich ist. (Dambach, Urheberrecht S. 34.) Aus § 6 gehen zwei verschiedene Rechte hervor, welche zu unterscheiden sind: 1. Recht auf Ertheilung des Patentes, 2. Recht aus dem ertheilten Patente. Dambach erklärt (Patentgesetz S. 24) das erste Recht als selbstredend vererbbar auf die Erben des Patentinhabers und cessirbar durch den Patentinhaber; aber für das zweite Recht spricht er sich folgendermassen aus: Auf wen vererbt sich aber das Recht zu 1? Auf die Erben des Erfinders oder auf die Erben des ersten Anmelders? Da das Gesetz überhaupt nicht dem Erfinder, sondern dem ersten Anmelder den Anspruch auf Ertheilung des Patentes verleiht (§ 3), so ist die nothwendige Folge, dass dieses Recht auch nur auf die Erben des ersten Anmelders vererbt und nur von dem ersten Anmelder cedirt werden kann. Der Erfinder hat, nach dem Systeme des Gesetzes, als solcher gar kein Recht auf den Patentschutz und er kann dasselbe daher auch weder cediren, noch vererben; erst dann, wenn der Erfinder seine Erfindung rechtzeitig angemeldet hat, erlangt er einen Anspruch auf Ertheilung des Patentes und kann diesen Anspruch cediren und seinen Erben hinterlassen. Diese Klarstellung ist praktisch von Wichtigkeit.

b) Auch die Ausführung Dambachs über die Execution in das Patentrecht, welche wie das Recht des Erfinders ebenfalls vermögensrechtlicher Natur ist, dürfte an dieser Stelle anzufügen sein zur Orientirung für solchen Fall. Auf dem Gebiete des Urheberrechts ist es bekanntlich eine sehr bestrittene Frage: ob der Gläubiger des Urhebers berechtigt ist, das Urheberrecht im Wege der Execution in Anspruch zu nehmen und sich durch Verwerthung desselben für seine Forderung bezahlt zu machen. Soweit das Urheberrecht den Charakter eines Vermögensrechtes an sich trägt, lässt sich eine solche Executionsberechtigung nicht in Abrede stellen, und da das Patentrecht lediglich ein Vermögensrecht ist, so muss die Execution in das Patentrecht für zulässig erachtet werden. (Vergl. ausführlich: Dambach, Urheberrecht S. 36.)

„Wenn daher ein Gläubiger weiss, dass sein Schuldner Inhaber eines werthvollen Patentes ist (bz. dass er die Anmeldung der Erfindung bewirkt hat), so kann er im Wege der Execution beantragen, dass ihm an dem Patente diejenigen Rechte zugesprochen werden, welche der Patentinhaber oder der Anmeldende selbst besitzt. Der Gläubiger wird alsdann Rechtsnachfolger des Patentinhabers" und kann das Patent zu seiner Befriedigung entweder selbst benutzen oder an Andere überlassen. (Dambach, Musterschutzgesetz S. 28.)

c) Die Form des Vertrages ist im Gesetz nicht vorgeschrieben, sie kann somit mündlich und schriftlich sein. Wir rathen den Interessenten dazu, jedenfalls schriftliche Verträge vorzuziehen, in denen der Uebertragende die Richtigkeit und Gültigkeit des Patentes gewährleistet. —

§ 7.

Die Dauer des Patentes ist fünfzehn Jahre; der Lauf dieser Zeit beginnt mit dem auf die Anmeldung der Erfindung folgenden Tage. Bezweckt eine Erfindung die Verbesserung einer anderen, zu Gunsten des Patentsuchers durch ein Patent ge-

schützten Erfindung, so kann dieser die Ertheilung eines Zusatzpatentes nachsuchen, welches mit dem Patente für die ältere Erfindung sein Ende erreicht.

a) Die Dauer der Patente war merkwürdiger Weise von den meisten Patentfreunden, so auch von dem deutschen Ingenieurverein auf 15 Jahre bemessen. (S. Einleitung S. 9.)

b) Die Dauer der Patente ist nach den verschiedenen Gesetzen eine verschiedene. In England werden Patente auf 14 Jahre ertheilt, können jedoch ausnahmsweise um 14 Jahre verlängert werden. In Amerika beträgt die Dauer 17 Jahre ohne Zulässigkeit einer Verlängerung. In Frankreich fertigt man die Patente aus für 5, 10 oder 15 Jahre. In Oesterreich darf ein Patent auf 15 Jahre ertheilt werden. In Preussen betrug die Dauer 6 Monate bis zu 15 Jahren, in Bayern höchstens 15 Jahre, in Württemberg 10 Jahre, in Sachsen 5 Jahre mit Zulässigkeit der Verlängerung um 5 Jahre.

c) Wenn man die Patentabgabe für jedes einzelne Jahr erhebt und bestimmt, dass von der Zahlung der Taxe die fortdauernde Gültigkeit des Patents abhängt, so ist es am einfachsten und genügt vollständig, für alle Patente eine einzige bestimmte Zeitdauer festzusetzen. Die Dauer des Patents bei der Ertheilung durch das Patentamt in gewissen Grenzen festsetzen zu lassen, ist sogar principwidrig, weil das Patentamt, um diese Bestimmung richtig zu treffen, den Nutzen der Erfindung und ähnliche Dinge in Erwägung ziehen müsste. Eine Fristbestimmung ist zwar immer mehr oder minder willkürlich; die gewählte Frist von 15 Jahren hat aber für sich, dass sie der durchschnittlichen Anschauung der Gesetzgebung entspricht. Wollte man sie geringer wählen, so würde in manchen Fällen keine genügende Ausbeutung thunlich sein. Nicht selten sind mehrere Jahre erforderlich, um einer Erfindung in grösserem Umfange Eingang zu verschaffen.

d) Was den 2. Satz des § 7 betrifft, so enthält derselbe Bestimmungen, welche im Zusammenhange mit § 8 Alin. 2 die Nachsuchung von Verbesserungs-Patenten in Form von Zusatz-Patenten in wünschenswerther Weise fördert. Selbstverständlich liegt es nicht in der Absicht des Gesetzes, Verbesserungs-Patente als selbstständige Patente überhaupt für unzulässig zu erklären.

e) Bezüglich ausnahmsweiser Verlängerung von Patenten sind einzelne Wünsche laut geworden (O. Lenz, S. 9), welche vorschlugen, wenigstens für einzelne Fälle dem Reichstage das Recht vorzubehalten, eine Patentverlängerung zu beschliessen, — indessen hat man schliesslich hiervon ganz abgesehen.

§ 8.

Für jedes Patent ist bei Ertheilung eine Gebühr von 30 Mark zu entrichten.

Mit Ausnahme der Zusatzpatente (§ 7) ist ausserdem für jedes Patent mit Beginn des zweiten und jeden folgenden Jahres der Dauer eine Gebühr zu entrichten, welche das erste Mal 50 Mark beträgt und weiterhin jedes Jahr um 50 Mark steigt.

Einem Patentinhaber, welcher seine Bedürftigkeit nachweist, können die Gebühren für das erste und zweite Jahr der Dauer des Patentes bis zum dritten Jahre gestundet und, wenn das Patent im dritten Jahre erlischt, erlassen werden.

a) Ueber die Höhe der Patentgebühr waren die Patentfreunde seither unter sich uneins. Der deutsche Ingenieurverein proponirte in seinem Entwurf von 1872 (S. 36)

für	das	1.	Jahr	10	Thlr.	=	30 M.
„	„	2.	„	20	„	=	60 M.
„	„	3.	„	30	„	=	90 M. u. s. w.

Der Patentschutzverein (S. 19) behielt diese Normirung bei, so dass die Kosten für alle 15 Jahre sich auf 3600 Mark beliefen. Der Ingenieurverein motivirte den Ansatz der Gebühr wie folgt:

„Bei Normirung der Patentabgabe muss man unsers Erachtens den Grundsatz festhalten, dass die Kosten, die dem Staate durch das Patentwesen erwachsen, sämmtlich durch die Abgaben für die Patente gedeckt werden, dass auch die Patentbehörden in die Lage kommen, die durch das Patentwesen erlangte Kenntniss neuer Erfindungen in möglichst weiten Kreisen zu verbreiten; andererseits dass die Patentabgabe zwar im Anfang gering sein kann, aber allmälig erheblich sich steigern darf. Der Patentinhaber wird durch eine solche Steigerung keineswegs unbillig belastet; wenn z. B. nach Verlauf von 9 Jahren für das 10. Jahr eine Abgabe von 100 Thlr. ihm zu hoch erscheint, so hat in der That das Patent einen viel zu geringen Werth, um darauf weiter Rücksicht zu nehmen.

Zu niedrig bemessene Patentabgaben überhäufen die Patentbehörden mit nutzlosen Gesuchen und belästigen durch die Zahl der Patente das Publikum. Bedenkt man, dass deutsche Patente den Schutz gewähren in einem Reiche von 40 Millionen Einwohnern, so kann man die vorgeschlagene Abgabe nicht unbillig finden. Die Scala ist absichtlich so eingerichtet, dass sie allmälig steigt, um zu bewirken, dass Patente, welche keinen entsprechenden Nutzen gewähren, von dem Patentinhaber aufgegeben werden. Dass dieses ein wirksames Mittel, zeigt die englische Praxis, wo nach 3 Jahren etwa $^2/_3$, nach 7 Jahren etwa $^9/_{10}$ der Patente erlöschen.

Ein Ueberschlag über das Resultat ist schwer aufzustellen, da man nicht wissen kann, wie viele Patente werden ertheilt werden und wie lange sie in Geltung bleiben. Die Abgabe wird indess muthmasslich so viel ertragen, dass sie ausreicht, die Mitglieder der Patentbehörden angemessen zu besolden und die übrigen Ausgaben zu bestreiten."

Der Regierungsentwurf stellte jedoch eine andere Gebühr auf und zwar für das

1. Jahr 30 M.
2. „ 50 M.
3. „ 100 M. u. s. w.

so dass schliesslich nach 15 Jahren 5280 M. + 20 M. (§ 20) für ein deutsches Patent gezahlt worden sind[1]).

Es sind zu zahlen im Jahre:

1	2	3	4	5	6	7	8	9	10	11	12	13	14	15
30	50	100	150	200	250	300	350	400	450	500	550	600	650	700

Es sind gezahlt im Jahre:

1	2	3	4	5	6	7	8	9	10	11	12	13	14	15
30	80	180	330	530	780	1080	1430	1830	2280	2780	3330	3930	4580	5280

Gegen diese Taxe haben alle Stimmen[2]) der Praxis sich erhoben, besonders setzte Lenz (S. 10 u. 11) der Uebermässigkeit der Gebühr die Geringfügigkeit der Strafe entgegen: Oder ist die Patentsteuer etwa eine gerechte? „Wer", nach § 26, „den Bestimmungen dieses Gesetzes zuwider eine Erfindung in Benutzung nimmt, wird mit Geldstrafe bis zu 5000 M. bestraft" — wer aber eine Erfindung patentiren lässt, wird mit einer Steuer von 5300 M. — belegt! Wenn man bedenkt, welchen Nutzen der Erfindungs- oder Verbesserungs- oder Schaffens-Trieb dem Volkswohlstande bringt und welche Summen der Erfinder in den meisten Fällen erst zum Vortheil Anderer ausgeben muss, bevor die Erfindung patentfähig ist, so begreift man in der That nicht, dass die Staatssteuer auf Erfindungen höher sein soll, als die Staats-Strafe auf deren Missbrauch!

Indessen haben alle Reclamationen nichts genützt weder in der Reichsregierung, noch in der Kommission, noch im Plenum des Reichstags, wo Freiherr von Dücker gegen die Gebührenhöhe ankämpfte. Die von den Regierungskommissarien benutzte Berechnung, welche wohl am meisten hierauf Einfluss gehabt hat, kann jedoch nicht als zutreffend erachtet werden. Dieselbe meinte: Die Patente vermindern sich jährlich nach einer durch die Erfahrung einigermassen festgestellten Skala. In den ersten Jahren sei deren Zahl noch sehr gross; je weiter die Zeit vorrücke, desto rascher nehme die Zahl ab. Eine vergleichende Ermittelung auf den Grundlagen dieser Erfahrungen habe ergeben, dass für die gedachten 14 Jahre von 1000 resp. 1600 Patenten an Gebühren in runden Zahlen einkommen würden:

a) nach dem englischen Gesetz 950.000 M.,
b) nach dem französischen Gesetz 524.000 M.,
c) nach dem deutschen Gesetze 512.000 M.

---

[1]) Dazu kommen dann noch die Patentanwaltsgebühren; über diese siehe Anhang.

[2]) Siehe Gutachten der Mühlhausener Handelskammer zu § 7. Gutachten der Industriellen Kaiserslauterns zu § 7. — Sächs. Amendements zu § 7 u. s. w.

Hieraus ergebe sich, dass die Industrie in England unter den gegebenen Voraussetzungen mit ungefähr 400.000 M., in Frankreich mit ungefähr 12.000 M. höher belastet sein würde, als in Deutschland.

Dabei ist übersehen, dass die vollbezahlten Patente von England und Frankreich auch auf volle Dauer berechnet werden müssen.

b) Zusatzpatente verlangen nur 30 Mark Gebühren im Ganzen.

c) Zur ganzen Summe der Patentgebühren sind noch 20 M. aus §. 20. hinzuzurechnen.

d) Ueber die Kosten der Patente im Auslande siehe Anhang.

e) Stempelgebühren für Patenturkunden, Atteste, Eingaben etc. sind nicht zu entrichten.

f) Die Gebühren sind pränumerando mit Beginn jedes Jahres, für welches sie gelten, zu zahlen. Eine Vorauszahlung auf mehrere Jahre findet nicht statt. — Eine Erinnerung zur Zahlung seitens des Patentamts findet nicht statt.

g) Stundung des Gebührenbetrags der ersten 2 Jahre kann das Patentamt gewähren, ist aber nicht verpflichtet dazu. Mit dem 3. Jahre müssen die rückständigen Gebühren und der Jahresbeitrag für das 3. Jahr entrichtet werden, anderen Falls das Patent erlischt und das Patentamt berechtigt ist, die Gebühren auf dem Wege der gewöhnlichen Klage einzuziehen.

§ 9.

Das Patent erlischt, wenn der Patentinhaber auf dasselbe verzichtet, oder wenn die Gebühren nicht spätestens drei Monate nach der Fälligkeit gezahlt werden.

a) Wie in allen Ländern, so ist auch in Deutschland jetzt die Nichtzahlung der Gebühren der Grund zum Erlöschen eines Patents. Die Fälligkeit der Zahlung der Gebühr wird nach Dambach berechnet: „Es endigt eine Frist, welche nach Wochen oder Monaten bestimmt ist, mit Ablauf desjenigen Tages der letzten Woche oder des letzten Monats, welcher durch seine Benennung oder Zahl dem Tage entspricht, an welchem die Frist begonnen hat; fehlt dieser Tag in dem letzten Monat, so endigt die Frist mit Ablauf des letzten Tages dieses Monats.

Fällt das Ende einer Frist auf einen Sonntag oder allgemeinen Feiertag, so endigt die Frist mit Ablauf des nächstfolgenden Werktages.“ (§. 43. Reichs-Strafprozessordnung. §. 200. Reichs-Civilprozessordnung.)

b) Das Erlöschen des Patentes wird laut § 19 im Reichsanzeiger bekannt gemacht. Die Form des Verzichtes ist nicht vorgeschrieben, sie kann mündlich oder schriftlich gegeben sein.

§ 10.

Das Patent wird für nichtig erklärt, wenn sich ergiebt:

1. **dass die Erfindung nach §§ 1. und 2. nicht patentfähig war,**
2. **dass der wesentliche Inhalt der Anmeldung den Beschreibungen, Zeichnungen, Modellen, Geräthschaften oder Einrichtungen eines Anderen oder einem von diesem angewendeten Verfahren ohne Einwilligung desselben entnommen war.**

a) Dieser Paragraph ist in seinem Alinea 1 hart angegriffen worden, weil man der Ansicht sein kann, dass es Sache des Patentamts ist, wenn es sich irrt über die Patentirbarkeit des Gegenstandes laut § 1 u. 2. Indessen befindet sich nach dem Inhalte des Gesetzes das Patent immerfort im Aufgebotsverfahren, und Jeder ist berechtigt den Antrag auf Nichtigkeitserklärung zu stellen, wenn er den Beweis dafür zu führen im Stande ist. Dieser Zustand, in welchem der Patentinhaber sich demnach befindet, ist scheinbar sehr ungemüthlich, indessen wird es ohne die vollkommensten Thatsachen Niemand gelingen, das Patent erfolgreich anzufechten oder zu beseitigen.

Die beiden hier vorgesehenen Fälle der „Nichtigkeit eines ertheilten Patentes" haben thatsächliche Verhältnisse zur Voraussetzung, welche zur Zeit der Patentanmeldung vorlagen, ohne dem Patentamte bekannt oder von demselben sachgemäss gewürdigt zu sein.

b) Der zweite Fall ist in dem Gesetzentwurfe subjektiv unter Bezugnahme auf die Person des Patentinhabers gestaltet. Bei dieser Fassung müsste der Nachweis erforderlich erscheinen, dass der Patentinhaber sich mit Bewusstsein widerrechtlich die Erfindung eines Anderen angeeignet habe, während, wie schon aus der Bestimmung des § 2. und § 3. Alinea 2. hervorgeht, im Sinne des Gesetzentwurfes die blosse Thatsache der widerrechtlichen Benutzung einer bereits vorhandenen Erfindung genügt, um dieselbe als patentunfähig zu qualifiziren. Der gutgläubige Patentinhaber kann den wesentlichen Inhalt des Patentgegenstandes auch unter Zustimmung einer Person seiner Patentertheilung zum Grunde gelegt haben, welche das Material der Erfindung sich widerrechtlich angeeignet hat. Auch dann muss das Patent für nichtig erklärt werden können.

c) Um die Nothwendigkeit vollständigster Patentbeschreibung herzustellen und der Verdunkelung derselben vorzubeugen, war beantragt, in § 10 einen Passus einzuschalten, dass auch eine nicht ausreichende Patentbeschreibung, um danach durch andere Sachverständige die Benutzung der Erfindung zu ermöglichen, Grund zur Patentaufhebung bilden könne. Allein diese Bestimmung erwies sich schon in der Commission und später in der Sitzung der nationalliberalen

Fraction als unausführbar und höchst unpraktisch und gelangte daher nicht zur endlichen Aufstellung. — Es wurde bei dieser Gelegenheit die eventuelle Frage angeregt, ob es nicht wenigstens der Billigkeit entspreche, einen Patentinhaber, bevor dessen Patent wegen unzureichender Beschreibung der Erfindung für nichtig erklärt werde, zu einer nachträglichen Vervollständigung der Beschreibung aufzufordern. Das Patentamt hat pflichtmässig die Vollständigkeit der Beschreibung zu prüfen und wenn und soweit die Beschreibung einzelne Theile der Erfindung nicht berührt oder mangelhaft darstellt, für jeden Dritten die Nachsuchung eines anderen Patentes zuzulassen.

Aus diesen Gründen ist von den Patententnehmern auf das Sorgsamste zu verfahren und die Patentanwälte müssen sich umsomehr angeregt und verpflichtet fühlen, auf vollständige Patentbeschreibungen hinzuwirken.

d) Wird die Nichtigkeit des Patentes ausgesprochen, so verhält sich die rechtliche Seite der Sache so, als ob überhaupt ein Schutz durch das Gesetz nicht vorhanden gewesen wäre. Die Erklärung der Nichtigkeit hat rückwirkende Kraft und löst alle aus dem Schutz und Recht herstammenden Verbindlichkeiten auf. — Dieser Fall kann, wenn er eintritt, sehr einschneidend wirken. Alle Licenzen, alle Contracte, alle Unternehmungen sind dann hinfällig und der frühere Patentinhaber sieht sich in weitgehende Verwicklungen verzettelt, eine Mahnung mehr zur Vorsicht bei der Anmeldung. —

e) Bei der Nichtigkeitserklärung eines Patentes durch den wahren Erfinder wegen Erschleichung des Patentes gewinnt der letztere, ausser dass er das Recht der Civilklage hat oder ihm das Strafrecht zur Seite steht, nichts weiter, da ja die amtlich erfolgte Publication ihm es unmöglich macht, selbst ein Patent zu erhalten.

§ 11.

Das Patent kann nach Ablauf von drei Jahren zurückgenommen werden:

1. wenn der Patentinhaber es unterlässt, im Inlande die Erfindung in angemessenem Umfange zur Ausführung zu bringen, oder doch Alles zu thun, was erforderlich ist, um diese Ausführung zu sichern;
2. wenn im öffentlichen Interesse die Ertheilung der Erlaubniss zur Benutzung der Erfindung an Andere geboten erscheint, der Patentinhaber aber gleichwohl sich weigert, diese Erlaubniss gegen angemessene Vergütung und genügende Sicherstellung zu ertheilen.

a) In diesem § 11 ist das vielbesprochene Licenzprinzip enthalten, welches zuerst durch den Congress in Wien auf Rath des Prof. Klostermann in das Gesetz gebracht worden ist. Der deutsche Ingenieurverein hatte das Licenzprinzip niemals in Anregung gebracht. Der Patentschutzverein indessen schloss sich dem Wiener Congressbeschluss an, ohne über denselben in Versammlungen eingehend zu verhandeln. A. Fesca (Ueber Patentgesetzgebung) rügte dies gewaltig. Der Wiener Beschluss lautete: „Der Congress empfiehlt, dass gesetzliche Bestimmungen getroffen werden, nach welchen der Patent-Inhaber in solchen Fällen, in welchen das öffentliche Interesse dieses verlangt, veranlasst werden kann, seine Erfindung gegen angemessene Vergütung allen geeigneten Bewerbern zur Mitbenutzung zu überlassen."

Der Patentschutzverein hatte viel mehr daraus gemacht und dies erregte die Spaltung der Patentfreunde, sodass in letzter Zeit ohne Zweifel die Gegner des Licenzprinzips in der Majorität waren[1]). In der Regierungsvorlage gestaltete sich das Licenzprinzip zu einem Licenzzwang, wie ihn auch der Entwurf des Patentschutzvereins enthielt. Abgeschwächt wurde der Zwang dadurch, dass er nun erst nach Ablauf einer Reihe von Jahren eintreten kann; aber 3 Jahre ist wohl zu kurz bemessen.

b) Die Gesellschaft für Codification etc. machte folgende Gesichtspunkte geltend: „Ein Erfinder mit beschränkten Mitteln wird gezwungen sein, eine zeitweilige ausschliessliche Licenz zu ertheilen, um einen bemittelten Fabrikanten veranlassen zu können, die Erfindung in einer passenden kommerziellen Form auf den Markt zu bringen, und zu diesem Zwecke sind zwei (3) Jahre unbedingt nicht hinreichend."

„Es scheint wünschenswerth, in Alinea 1 dieses Paragraphen klar zu stellen, dass die mit nachtheiligen Folgen für das Patent verbundene Weigerung der Licenzertheilung stattfinde, nachdem die Patentbehörde den Patentinhaber aufgefordert hat, die Licenz zu ertheilen, und ihm die Bedingungen und die Garantie bekannt gegeben hat, welche sie für billig erachtet. Der Patentinhaber wird andernfalls nie wissen, ob er dem Gesetz gemäss handle oder nicht, bis es zu spät ist, um einen Irrthum, den er etwa begangen haben kann, wieder gut zu machen. Auch erscheint es billig, dass dem Patentinhaber die Wahl freistehe, die Bedingungen auf schiedsrichterlichem Wege festsetzen zu lassen, vorbehaltlich der Bestätigung der von ihm und der um Licenzertheilung nachsuchenden Partei vorzuschlagenden Schiedsrichter durch die Patentbehörde. Es würde auf diese Weise besonders qualifizirten Personen die Entscheidung über die oft sehr schwierige Frage zufallen, welche Kompensation dem Patentinhaber billigerweise zukommt."

c) Abgesehen von den für den Licenzzwang durch Siemens, André, Klostermann u. A. vorgebrachten Gründen, ebenso abgesehen von den Gegengründen von Königs, Fesca, Lenz, Pieper, Zimmermann, Lüders

---

[1]) Chemische Gesellschaft, Centralverband deutscher Industrieller, Sächsische Ingenieure, Industrielle von Kaiserslautern, Handelskammer in Mühlhausen (Elsass), ein grosser Theil der deutschen Ingenieure, Verein der Eisengiessereien etc. etc.

u. A. hat, wie es uns scheint, die Licenzbestimmung weder den Werth, der ihr von den Licenzfreunden, als die Gefahr, welche ihr von den Licenzfeinden beigelegt wird. Die Einfügung des Princips in das Gesetz erscheint vielmehr sowohl künstlich, als auch unnöthig. In Amerika, wo ein Licenzzwang nicht existirt, ist die Licenzertheilung am grössten; sie macht sich dort von selbst. Dr. von Steinbeis schreibt: „Kaum hatte ich das Patentverfahren in Washington gesehen, so fiel es mir wie Schuppen von den Augen. Jeder sucht seine Erfindung so rasch als möglich zu verwerthen, weil er gelernt hat, wie leicht er übersprungen werden kann. Die Licenz macht sich so ganz von selbst."

So wird es auch bei uns werden, denn die Ertheilung von Licenzen liegt im Interesse des Erfinders behufs Ausbeutung seiner Erfindung in möglichstem Umfange und möglichst kurzer Zeit. Auch Klostermann sagte in Wien: „Die Licenz wirkt weniger durch ihre Anwendung, als dadurch dass sie existirt."

d) Es ist wohl nicht gerechtfertigt, solche Erfinder, welche selbst ihre Erfindung im Inlande genügend ausbeuten, deshalb von vorn herein zur Abtretung ihres Verfahrens zwingen zu wollen, weil sie seine Ausführung im Auslande, vielleicht weil sie dieselbe dort nicht genügend überwachen könnten, andern Händen anvertraut haben. Eine derartige Bestimmung des Patentgesetzes könnte leicht die Ausbeutung einer Erfindung mehr stören als fördern, weil bei der stets drohenden Möglichkeit einer erzwungenen Abtretung dem Erfinder der Massstab dafür genommen ist, welche Ausdehnung er seiner neuen Industrie zu geben hat. Er wird sich unter diesen Umständen nur sehr schwer entschliessen, ihr eine grossartige Gestaltung zu geben.

„Die Bezeichnung „genügende Sicherheit" kann sehr verschiedenen Auffassungen unterliegen, und es hat gewiss etwas sehr Missliches, wenn eine staatliche Behörde die genügende Sicherheit eines privaten Unternehmens feststellen und damit gewissermassen wenigstens mit ihrem Ansehen eine Garantie übernehmen soll." (C. E.)

Ueber beide Punkte wird die Praxis zu entscheiden haben.

e) Ein Massstab für den „Bedarf" ist durchaus nicht immer vorhanden. Die meisten und besten Erfindungen werden stets eine Reihe von Jahren in der Lage sein, den Bedarf, den sie vielleicht erst selbst hervorgerufen haben, nicht zu befriedigen. Leicht könnte bei einem werthvollen Patent der Fall eintreten, dass ein momentaner Bedarf absichtlich künstlich erzeugt würde um das Patent zu stürzen. Da ein Zeitpunkt, bis zu welchem die Befriedigung des Bedarfs einzutreten hat, nur auf 3 Jahr bemessen ist, so kann durch diesen Paragraphen fast jedes Patent ohne Weiteres zu Fall gebracht werden.

Ottomar Lenz sagt hierzu Folgendes (S. 16): Das Patent kann zurückgenommen werden: „wenn der Patentinhaber die Erfindung in einer dem inländischen Bedarfe genügenden Weise auszuführen unterlässt. Diese Bestimmung ist gleichfalls ganz unhaltbar. Wer soll denn darüber entscheiden, ob die Ausführung dem inländischen Bedarfe entspricht oder nicht? Der Bedarf kann zu Zeiten, unter günstiger Conjunctur, plötzlich in aussergewöhnlichem Maasse auftreten, so dass der Patentinhaber ihn nicht sofort befriedigen oder befriedigen lassen kann; — da soll ihm denn das Patent vernichtet werden können. Nach einem Monat, oder Jahr, oder beliebiger Frist, kann der Bedarf wieder fast vollständig verschwinden — soll das Patent dann etwa wieder in Kraft treten? Die vorliegende Bestimmung kann nur zu Chicanen benutzt werden. In England und Amerika hat man überhaupt keine Ausführung vorgeschrieben und das Bedürfniss nach derselben hat sich auch keineswegs aufgedrängt."

Der Kommissionsbericht giebt über alle diese Punkte nur mangelhafte Auskünfte.

f) Im Plenum des Reichstags entspann sich über das Licenzprincip an sich keine Debatte aus naheliegenden Gründen. Nur der Abgeordnete von Kleist-Retzow wies auf die Zwangslage des Patentirten trotz des Wörtchens „kann" im Hauptsatze hin. Die Haupttaktik lenkte sich auf möglichste Abschwächung eines Alinea 2 in Satz 2, welches so lautete: „Dass die Ertheilung der Erlaubniss im öffentlichen Interesse geboten sei, ist namentlich dann anzunehmen, wenn ein Patent für eine andere Erfindung ertheilt ist, deren Benutzung von der Ertheilung der Erlaubniss abhängt." Dasselbe war von Dr. Gensel eingebracht; dessen Streichung beantragte der Abgeordnete Dr. Grothe, dessen Umänderung von Kleist-Retzow und der Abgeordnete Dr. Struckmann, wie folgt: „Die Ertheilung der Erlaubniss kann jedoch in diesem Falle nur verlangt werden, wenn dem ersten Patentinhaber auf dessen Verlangen die sofortige Benutzung der letzteren Erfindung gegen angemessene Vergütung in gleicher Weise gewährt wird."

In der Debatte führte Dr. Grothe aus: „Meine Herren, ich habe beantragt, bei § 11 den letzten Satz in Alinea 2 zu streichen, und zwar aus folgenden Gründen. Es heisst darin, „dass die Ertheilung der Erlaubniss zur Benutzung eines Patents im öffentlichen Interesse geboten sei, ist namentlich dann anzunehmen, wenn ein Patent für eine andere Erfindung ertheilt ist, deren Benutzung von der Ertheilung der Erlaubniss abhängt." Es trifft also dieser Satz hauptsächlich diejenigen Patente, die als Verbesserungspatente auf ein bereits bestehendes Patent genommen werden. Da nun aber dieses Alinea eigentlich mehr erlaubt, als in dem Satz 2 steht, nämlich, dass hier das öffentliche Interesse schon vorhanden sein soll, wenn jemand überhaupt nur eine Verbesserung zu irgend einer Erfindung macht, deshalb halte ich den Satz für viel zu weitgehend und dem Hauptsatz 2 eigentlich widersprechend."

„Ich habe noch ein anderes Motiv für diesen Antrag der Streichung, nämlich dasjenige, dass nach diesem Passus eine Reihe von Erfindern und geradezu Patenträubern, wenn ich so sagen darf, auf den Gedanken kommen wird, Patente oder irgend welche Ideen zusammenzuspinnen, deren Hauptgegenstand aber ein bereits bestehendes Patent ist, um nämlich in den Besitz der Ausführungsberechtigung dieses Patents zu kommen. Wer die Patentgesetzgebungen und die Patente an und für sich genau kennt, wird mir darin Recht geben, denn es existiren eine Menge Patente, welche sich gewissermassen an ein bestehendes Patent, welches irgend welche Resultate bereits geliefert hat, nur anklammern, um dann durch das Mittel einer kleinen Neuerung, die an sich nicht sehr wesentlich ist, in den Besitz, respective in Berechtigung der Benutzung dieses bewährten Patents einzutreten. Deshalb glaube ich, dass der Satz 1 und 2 in § 11 schon vollständig genügen könne, um das auszusprechen, was überhaupt der Tenor des ganzen Licenzparagraphen ist, dass nämlich nur unter bestimmten Bedingungen die Benutzung des Patents abgetreten werden muss. Ich möchte eben durchaus nicht weitergehen und möchte besonders die Ausdehnung des Licenzzwangs auf Satz 2 beschränkt wissen, bitte Sie demnach, diesen Passus einfach zu streichen und so also meinem Amendement zuzustimmen."

v. Kleist-Retzow erklärte: „Der Zusatz widerstreitet zunächst dem, wie ich glaube, gegenwärtig vollkommen anerkannten Rechtsgrundsatze, dass die Technik der Gesetzgebung Exemplifikationen nicht zulässt. Man fordert, dass das Gesetz so gefasst wird, dass alle die Bedingungen, die zu seiner Anwendung gehören, in ihm enthalten sind. Dann kann nachher der Richter im einzelnen Falle den Fall leicht darunter subsumiren. Wenn man aber exemplifizirt, so tritt neben diese logische Schlussfolgerung des Richters aus dem allgemeinen Satze noch die Erwägung hinzu, inwiefern die Exemplifikation zu benutzen, etwa Schlüsse e contrario zu ziehen, oder sonstige Rückbeziehungen auf die Erklärung des allgemeinen Satzes zuzulassen. Diese in Uebereinstimmung zu bringen mit dem allgemeinen Satz, bietet allezeit die grössten Schwierigkeiten. Sie wissen, wie schwer das preussische Landrecht an diesen Exemplifikationen leidet, und wie man sich gerade darum mit Recht gegen diese Art der Fassung des preussischen Landrechts auf das entschiedenste ausgesprochen hat. Vergegenwärtigen Sie sich hier den Inhalt der Exemplifikation, wie sie die Fassung der Kommission bringt, so heisst sie: Verbesserungspatente als solche erfüllen ohne weiteres das öffentliche Interesse. Ich würde annehmen, dass ein Theil der Verbesserungspatente ohne weiteres unter den allgemeinen Satz fällt, aber nicht alle. Es hat Ihnen das Herr Grothe, wie ich glaube, ganz richtig ausgeführt. So wie ein derartiges Patent ergeht, und damit die Erfindung überhaupt der Industrie bekannt wird, so wirft sich die ganze Industrie auf diese neue Erfindung und zwar nach zwei Richtungen. Nach der einen Seite findet es sehr oft statt, dass die Naivität der anderen, die sich bisher noch nicht in den Gedanken hineingelebt haben, wenn sie geistreiche Leute sind, gerade die Erfindung erst recht praktisch und nutzbar macht. Das ist gewiss dann ein öffentliches Interesse, fällt ohne weiteres unter den ersten Satz und muss daher dem, der ein solches Verbesserungspatent nehmen will, das Patent von dessen Inhaber zur Mitausnutzung abgelassen werden gegen Entschädigung. Aber ebenso gewiss ist, dass vielleicht noch eine zahlreichere Masse von — ich will sie nicht nennen Patenträuber, aber von Leuten, die wirklich gar keinen Erfindungsgeist haben, eine ganze Kleinigkeit, Häkchen, eine Schraube daran verbessern, um dadurch die Möglichkeit zu erlangen, das Patent für sich durch eine Licenz zu erlangen. Es ist doch gar nicht möglich, dass Sie wollen, dass auch in einem solchen Fall der Zwang der Licenzertheilung erfolgen solle. Vom öffentlichen Interesse kann dabei gar nicht die Rede sein. Es ist nur das Interesse dieses Einzelnen, der für sich dasselbe benutzen will. Ein weiteres schweres Bedenken gegen jene Zusatzbestimmung ist folgende: es versteht sich ganz von selbst, dass, wenn Sie den ersten Patentinhaber zwingen, und mit Recht zwingen, dass er dem Verbesserungspatentnehmer seine Erfindung abtritt, er gleichzeitig von dem Verbesserungs-, von dem Zusatzpatent Gebrauch machen kann gegen Entschädigung. Er selbst soll seinerseits das, was er erfunden hat, abtreten, damit ein anderer es ausnutze, er soll selbst nun möglicherweise seinerseits in der Ausnutzung seiner Erfindung beschränkt werden, weil seine Erfindung erst von da an durch das Patent zugänglich und brauchbar wird."

Der Bundeskommissar Dr. Jacobi erklärte sich für Streichung des Alinea 2. Herr Dr. Struckmann empfahl Einfügung seines Zusatzes. Abgeordneter Dr. Lasker sprach sich für Beibehaltung des exemplificirenden Beisatzes aus: „Wenn gegen Exemplifikationen der Gesetzgeber mit Recht gewarnt wird, so ist es nur, wenn dieses Exempel sich einfügt in eine ganze Reihe gleichartig gelegener Begriffe und mit Willkür eine vollständig gleichwerthige Sache herausgerissen wird und besonders gesetzlich behandelt wird. Das wird aber wohl kein Mensch sagen können, dass das Verbesserungspatent in die Reihe aller übrigen Begriffe des öffentlichen Interesses tritt und mit Willkür herausgerissen wird. Das Verbesserungspatent ist so wesentlich in der Wirthschaft wie das Hauptpatent. Das Hauptpatent pflegt der Regel nach nicht das vollendete zu sein, sondern gerade in der wissenschaftlichen Fortentwickelung ist das Verbesserungspatent sehr häufig dasjenige, was der ursprünglichen Erfindung erst ihren wahren Werth gibt."

„Ich hätte nach meinem Wunsch den Antrag eingebracht, dass bei dem Verbesserungspatent gegenüber dem Hauptpatent nicht erst nach drei Jahren der Lizenzzwang eintreten sollte. Da ich mich aber abzufinden habe mit der entgegenstehenden Meinung, so habe ich Abstand genommen von dieser Modifikation, ich bitte Sie aber zum Ausdruck zu bringen, dass Sie sämmtliche Erfinder gleichmässig mit dem gesetzlichen Schutz umgeben wollen, und insbesondere den späteren Verbesserungserfinder gegen die unangenehme Lage bringen wollen, dass er, gehindert durch den ursprünglichen Schutz, nicht zum Gebrauch seines Patents kommen kann. Wenn ein einzelner Fall sich so stark heraushebt gegen alle übrigen denkbaren Fälle, dann ist es nicht nur das Recht, sondern die Pflicht des Gesetzgebers, dies zum Ausdruck zu bringen."

Die Abstimmung ergab Streichung des Alinea, nachdem noch Dr. Jacobi erläutert hatte: Nun gebe ich dem Herrn Abgeordneten Lasker auch zu, dass man unter Umständen eine Exemplifikation in das Gesetz aufzunehmen veranlasst sein kann; ich behaupte aber, in dem vorliegenden Fall treten alle die Gefahren, die die Exemplifikation überhaupt mit sich führt, ein, ohne entsprechenden Nutzen. Ich erkenne den Werth der Verbesserungspatente an, ich bitte Sie aber auch, anzuerkennen, dass das ursprüngliche Patent seine Bedeutung hat, und das thun Sie nicht in ausreichendem Masse, Sie sagen nicht, dass der Inhaber des Hauptpatents, wie Sie es genannt haben, von dem Inhaber des Verbesserungspatentes die Licenz erzwingen kann; nach Ihrem Vorschlag kommt das erst in zweiter Linie, erst muss der Inhaber des Verbesserungspatents in Aktion getreten sein, dann kommt erst der Inhaber des Hauptpatents zur Geltung. Das ist die Ungerechtigkeit, die in dem Vorschlag liegt, das ist die Gefahr der Exemplifikation. Sachlich hat der Inhaber des Hauptpatents in manchen Fällen vielleicht ein viel grösseres Interesse, das Verbesserungspatent benutzen zu können, als umgekehrt. Sie laufen Gefahr, dass der Inhaber des Verbesserungspatents meint, er dürfe dem Inhaber des Hauptpatents die Benutzung des Verbesserungspatents versagen. Es kann dann der Inhaber des Hauptpatents von dem Verbesserungspatent nicht Gebrauch machen, während gerade dafür vielleicht ein öffentliches Interesse vorliegt."

g) Die Eintheilung der Worte „öffentliches Interesse" erfuhr von Dr. Lasker folgende Kritik: „Ich erlaube mir zu wiederholen. Im Ganzen haben Sie mit der Einschiebung des öffentlichen Interesses nicht gerade die Judikatur für das Patentamt leicht gemacht, sondern Sie haben den ursprünglichen Gedanken des Gesetzes etwas verdunkelt."

In der That giebt das Gesetz keinen Anhalt dafür, wann das „öffentliche Interesse" sich geltend macht, und die Motive (S. 28) sagen allein, dass das öffentliche Interesse geschädigt wird, wenn die Renitenz, Lässigkeit etc. des Patentinhabers das wirthschaftliche Interesse des Landes schädigt und wenn das Gemeinwohl mittelst einer absichtlichen Monopolisirung durch den Patentinhaber benachtheiligt wird.

h) Ein Nachweis der Ausführung des Patentes ist nicht mehr erforderlich; indessen liegt die Nothwendigkeit der Ausführung im Gesetz. §. 11. (Siehe Einleitung S. 9.)

i) In vorliegenden Fällen wird das Patent nur zurückgenommen. Die Zurücknahme eines Patentes vernichtet dasselbe erst von dem Zeitpunkte an, mit welchem die Aufhebung erfolgt; sie hat mithin keine rückwirkende Kraft! (Motive S. 20.) Man beachte den Unterschied gegenüber der Nichtigkeitserklärung § 10. —

k) Eine Zurücknahme ist erst nach 3 Jahren möglich, sicherlich doch gerechnet vom Datum der Patentertheilung an.

§ 12.

Wer nicht im Inlande wohnt, kann den Anspruch auf die Ertheilung eines Patentes und die Rechte aus dem letzteren nur geltend machen, wenn er im Inlande einen Vertreter bestellt hat. Der letztere ist zur Vertretung in dem nach Massgabe dieses Gesetzes stattfindenden Verfahren, sowie in den das Patent betreffenden bürgerlichen Rechtsstreitigkeiten befugt. Für die in solchen Rechtsstreitigkeiten gegen den Patentinhaber anzustellenden Klagen ist das Gericht zuständig, in dessen Bezirk der Vertreter seinen Wohnsitz hat, in Ermangelung eines solchen das Gericht, in dessen Bezirk das Patentamt seinen Sitz hat.

a) Will der Ausländer oder der im Auslande wohnende Deutsche in Deutschland ein Patent nachsuchen, so muss er einen Vertreter (einen Patentanwalt) ernennen und den Namen sowie den Wohnsitz desselben dem Patentamte kund geben für und während der Dauer des Patentes, denn das nach Maassgabe dieses Gesetzes stattfindende Verfahren umfasst auch die regelmässige Einzahlung der jährlichen Gebühr, sowie alle eventuellen Rechtsstreitigkeiten.

b) Soweit nur bürgerliche Rechtsstreitigkeiten vorliegen, genügt es, den Namen des Vertreters zur Kenntniss des Patentamtes zu bringen und denselben in der Patentrolle vermerken zu lassen. Für Vertretung in Strafsachen muss der Vertreter mit gesetzlicher Vollmacht versehen sein.

c) Der Patentnachsucher hat wohl zu beachten, dass sein Gesuch nur mittelst Vertreters (Patentanwalts) anzubringen ist. Eine direkte Anmeldung würde nicht berücksichtigt werden und könnte durch den entstehenden Zeitverlust das Prioritätsrecht für die Erfindung in Frage stellen.

d) Bei Prozessachen, die vor Gerichten, bei denen ein Anwaltszwang herrscht, verhandelt werden, ist neben dem Vertreter ein Gerichtsanwalt nothwendig.

e) In der Kommission wurde konstatirt, dass Zustellungen

Zweiter Abschnitt.

Patentamt.

§ 13.

Die Ertheilung, die Erklärung der Nichtigkeit und die Zurücknahme der Patente erfolgt durch das Patentamt.

Das Patentamt hat seinen Sitz in Berlin. Es besteht aus mindestens drei ständigen Mitgliedern, einschliesslich des Vorsitzenden, und aus nicht ständigen Mitgliedern. Die Mitglieder werden vom Kaiser, die übrigen Beamten vom Reichskanzler ernannt. Die Ernennung der ständigen Mitglieder erfolgt auf Vorschlag des Bundesraths, und zwar, wenn sie im Reichs- oder Staatsdienste ein Amt bekleiden, auf die Dauer dieses Amtes, anderen Falls auf Lebenszeit; die Ernennung der nicht ständigen Mitglieder erfolgt auf fünf Jahre. Von den ständigen Mitgliedern müssen mindestens drei die Befähigung zum Richteramte oder zum höheren Verwaltungsdienste besitzen, die nicht ständigen Mitglieder müssen in einem Zweige der Technik sachverständig sein. Auf die nicht ständigen Mitglieder finden die Bestimmungen in § 16 des Gesetzes betreffend die Rechtsverhältnisse der Reichsbeamten vom 31. März 1873 keine Anwendung.

a) In der richtigen Construction des Patentamtes beruht zum grössten Theil das Gedeihen des deutschen Patentwesens. Es ist klar, dass die Mitglieder desselben bedeutende technische Kenntnisse haben müssen, um die vorgelegten Erfindungen beurtheilen zu können. Diese Beurtheilung tritt als Hauptsache in den Vordergrund, die Nothwendigkeit juristischer Befähigung und Kenntnisse folgt erst in zweiter Linie. Die Regierungsvorlage wollte indessen, dass alle ständigen Beamten Juristen und Verwaltungsbeamte seien. Dagegen beschloss die Commission und der Reichstag:

> „Von den ständigen Mitgliedern müssen mindestens drei die Befähigung zum Richteramte oder zum höheren Verwaltungsdienst besitzen.“

Hierdurch soll die Möglichkeit offen gelassen werden, auch solche Personen, die nicht die Befähigung zum Richteramte oder zum höheren Verwaltungsdienst besitzen, namentlich also Techniker zu ständigen Mitgliedern des Patentamtes zu ernennen. Der ausschliessende Charakter des Gesetzentwurfes widerstritt der für eine zweckmässige Zusammensetzung des Patentamtes nöthigen Freiheit der Bewegung bei der Auswahl der Mitglieder. Befinden sich unter diesen mindestens drei, welche nach den Organisationsgrundsätzen des Verwaltungs- und Justizdienstes die Befähigung zu den höheren Beamtenstellen im Reiche haben, so darf die Möglichkeit nicht verschlossen werden, auch praktisch erfahrene und wissenschaftlich gebildete Männer für ständig in das Patentamt zu berufen.

Es liegt ferner offen da, dass der Geschäftsumfang des Patentamtes sicherlich ein so grosser werden wird, dass er die ganze Thätigkeit und Kraft des Vorsitzenden etc. in Anspruch nehmen wird, dessen Leistungskraft um so höher sich entwickeln wird, je mehr Zeit er dem Patentwesen widmen kann. Deshalb hatte der Abgeordnete Dr. Grothe beantragt in § 13. Alinea 2. hinter dem Worte „ernannt" einzufügen: „Mindestens zwei von den ständigen Mitgliedern werden besonders für dies Amt angestellt und dürfen dasselbe nicht als Nebenamt bekleiden."

Indessen wurde dieser Antrag nach einer beruhigenden Erklärung des Regierungscommissars zurückgezogen.

b) Da die Mitglieder des Patentamtes zweifellos als Reichsbeamte anzusehen sind, würde die Auswahl der nichtständigen Mitglieder auf grosse Schwierigkeiten stossen, wenn diese der Bestimmung des §. 16. des Gesetzes vom 31. März 1873, welche sie in der freien privatwirthschaftlichen Thätigkeit hemmt, unterlägen. —

§ 14.

Das Patentamt besteht aus mehreren Abtheilungen. Dieselben werden im Voraus auf mindestens ein Jahr gebildet. Ein Mitglied kann mehreren Abtheilungen angehören.

Die Beschlussfähigkeit der Abtheilungen ist, wenn es sich um die Ertheilung eines Patentes handelt, durch die Anwesenheit von mindestens drei Mitgliedern bedingt, unter welchen sich zwei nicht ständige Mitglieder befinden müssen.

Für die Entscheidungen über die Erklärung der Nichtigkeit und über die Zurücknahme von Patenten wird eine besondere Abtheilung gebildet. Die Entscheidungen derselben erfolgen in der Besetzung von zwei Mitgliedern, einschliesslich des Vorsitzenden, welche die Befähigung zum Richteramt oder zum höheren Verwaltungsdienst besitzen, und drei sonstigen Mitgliedern. Zu anderen Beschlüssen genügt die Anwesenheit von drei Mitgliedern.

Die Bestimmungen der Civilprozessordnung über Aus-

schliessung und Ablehnung der Gerichtspersonen finden entsprechende Anwendung.

Zu den Berathungen können Sachverständige, welche nicht Mitglieder sind, zugezogen werden; dieselben dürfen an den Abstimmungen nicht theilnehmen.

a) In diesen Paragraphen, § 14 und 15, ist der Grundriss zu der Organisation des Patentamtes angedeutet. Die weitere Ausführung derselben wird durch eine Verordnung, die vom Bundesrath genehmigt ist, bewirkt. Die Zeit, auf welche die Ernennung der Abtheilungen geschieht, ist auf 1 Jahr festgestellt, weil in der Kommission die Frage angeregt wurde, ob es sich nicht empfehle, die Abtheilungen des Patentamtes im Voraus für bestimmte Perioden zu bilden, um auch den Schein nicht aufkommen zu lassen, als ob die Zusammensetzung der einen oder anderen Abtheilung mit Rücksicht auf einen speziellen Fall und die bei demselben hervortretenden Gesichtspunkte zusammengesetzt werde.

Inzwischen ist nun die Organisationsverordnung des Patentamts vom Bundesrath genehmigt. Diese Verordnung, betreffend die Einrichtung, das Verfahren und den Geschäftsgang des Patentamtes zerfällt in zwei Abschnitte und 19 Paragraphen. Nach § 1 hat das Patentamt 7 Abtheilungen zur Entscheidung über Patentgesuche und zwar 1. und 2. für mechanische, 3. und 4. für chemische Technik, 5. und 6. für Patente, welche beide Gebiete berühren, 7. für Entscheidung über die Erklärung der Nichtigkeit und die Zurücknahme ertheilter Patente. Nach § 2 entscheidet bei Beschwerden über Patentertheilung die technische Abtheilung neben jener, gegen welche remonstrirt ist, doch kann der Vorsitzende auch andere Abtheilungen zur Prüfung der Beschwerde berufen. Nach § 3 bestimmt der Vorsitzende die Geschäfte der einzelnen Abtheilungen. Nach § 4 nehmen ausser dem Vorsitzenden nur die Mitglieder an den Verhandlungen der Abtheilungen Theil, deren die ersten beiden je 5, die folgenden je 3 und 4, die siebente 6 nicht ständige Mitglieder zählen, jeder Abtheilung muss mindestens ein ständiges Mitglied angehören. § 5 ertheilt dem Vorsitzenden die Befugniss, die Mitglieder der Abtheilungen auf 1 Jahr zu ernennen und nach dessen Ablauf diese Ernennung für gleiche Zeitdauer zu erneuern, sowie die erforderlichen Ergänzungen vorzunehmen. Nach § 6 ordnet der Vorsitzende die Geschäftsleitung der Abtheilungen durch ein Mitglied, in der Abtheilung 7 führt sie der Vorsitzende selbst. Bei Beschwerden gegen den Beschluss einer der ersten 6 Abtheilungen steht die Geschäftsleitung dem Vorsitzenden des Amtes zu, bei Beschwerden gegen Beschlüsse der 7. Abtheilung ernennt der Vorsitzende in jedem einzelnen Falle das geschäftsleitende Mitglied. Nach § 7 erfolgen die Beschlüsse und Entscheidungen der Abtheilungen nach Stimmenmehrheit, bei Stimmengleichheit entscheidet die Stimme des geschäftsleitenden Mitgliedes. Der zweite Abschnitt §§ 8—19 ordnet den eigentlichen Geschäftsgang, dessen Regelung dem Vorsitzenden obliegt. Derselbe ist der Dienstvorgesetzte der Subaltern- und Unterbeamten. — Zeugen und Sachverständigen werden Entschädigungen für Zeitversäumnisse und Mühwaltung nach den Sätzen im Civilprozess gewährt. — Das Patentamt kann innerhalb der gesetzlichen Grenzen nach seinem Ermessen von den bei ihm beruhenden Eingaben und Verhandlungen an Jedermann auf Antrag Abschriften und Auszüge gegen Kostenerstattung ertheilen. — Das Patentamt führt ein Siegel, welches in der Mitte den Reichsadler und in der Umschrift die Worte „Kaiserliches Patentamt" enthält.

Die Zusammensetzung der 7. Abtheilung war bereits Gegenstand eingehender Berathung der Kommission des Reichstags gewesen. Kein Mitglied vertrat den Standpunkt, dass solche Streitigkeiten der Kompetenz des Patentamtes entzogen und den ordentlichen Gerichten beziehungsweise einem besonderen gerichtlichen Patenthofe, wie ihn der Patentschutzverein vorschlägt, überwiesen werden sollen. Den entscheidenden Grund hierfür fand man in der Ueberzeugung, dass, wenn die ordentlichen Gerichte damit befasst würden, auf die Gewinnung und Festhaltung einheitlicher Grundsätze in allen Theilen des deutschen Reiches nicht gerechnet werden könne. Sei deshalb eine einheitlich entscheidende Instanz geboten, so werde die Einsetzung eines besonderen Patentgerichtshofes doch nur bei der Annahme gerechtfertigt sein, dass das Patentamt in seiner Zusammensetzung keine genügenden Garantieen biete. Es komme deshalb darauf an, in der letzteren Richtung durch das Gericht ausreichende Vorsorge zu treffen.

b) Betreffend die Ausschliessung und Ablehnung der Gerichtspersonen finden die §§ 41—49 der Civilprozessordnung Platz. Ein Richter ist von der Ausübung des Richteramts kraft Gesetzes ausgeschlossen:

1. in Sachen, in welchen er selbst Partei ist, oder in Ansehung welcher er zu einer Partei in dem Verhältnisse eines Mitberechtigten, Mitverpflichteten oder Regresspflichtigen steht;
2. in Sachen seiner Ehefrau, auch wenn die Ehe nicht mehr besteht;
3. in Sachen einer Person, mit welcher er (nach den Regeln des bürgerlichen Rechts) in gerader Linie verwandt, verschwägert oder durch Adoption verbunden, in der Seitenlinie bis zum dritten Grade verwandt oder bis zum zweiten Grade verschwägert ist, auch wenn die Ehe, durch welche die Schwägerschaft begründet ist, nicht mehr besteht;
4. in Sachen, in welchen er als Prozessbevollmächtigter oder Beistand einer Partei bestellt oder als gesetzlicher Vertreter einer Partei aufzutreten berechtigt ist oder gewesen ist;
5. in Sachen, in welchen er als Zeuge oder Sachverständiger vernommen ist;
6. in Sachen, in welchen er in einer früheren Instanz oder im schiedsrichterlichen Verfahren bei der Erlassung der angefochtenen Entscheidung mitgewirkt hat, sofern es sich nicht um die Thätigkeit eines beauftragten oder ersuchten Richters handelt.

Ein Richter kann sowohl in den Fällen, in welchen er von der

Ausübung des Richteramts kraft Gesetzes ausgeschlossen ist, als auch wegen Besorgniss der Befangenheit abgelehnt werden.

Wegen Besorgniss der Befangenheit findet auch die Ablehnung eines Mitgliedes des Patentamtes statt, wenn ein Grund vorliegt, welcher geeignet ist, Misstrauen gegen die Unparteilichkeit desselben zu rechtfertigen.

Das Ablehnungsrecht steht in jedem Falle beiden Parteien zu.

c) Eine Plenar-Versammlung des Patentamtes d. h. sämmtlicher Abtheilungen kennt das Patentgesetz und die Verordnung nicht. —

§ 15.

Die Beschlüsse und die Entscheidungen der Abtheilungen erfolgen im Namen des Patentamtes; sie sind mit Gründen zu versehen, schriftlich auszufertigen und allen Betheiligten von Amtswegen zuzustellen.

Zustellungen, welche den Lauf von Fristen bedingen, erfolgen durch die Post mittelst eingeschriebenen Briefes gegen Empfangschein. Kann eine Zustellung im Inlande nicht erfolgen, so wird sie von den damit beauftragten Beamten des Patentamtes durch Aufgabe zur Post nach Massgabe der §§ 161 und 175 der Civilprozessordnung bewirkt.

Gegen die Beschlüsse des Patentamtes findet die Beschwerde statt.

a) Wir verweisen hier auf den § 12., worin bereits bezüglich der Vertreter der Ausländer etc. die Rede war.

b) An Stelle des eingeschriebenen Briefes scheint der Brief mit Rückschein, Behändigungsschein am Platze zu sein, weil in letzterem der Inhalt des Schreibens angegeben ist.

c) § 161 und 175 der Civilprozess-Ordnung lauten:

§ 161. Der Zustellungsbevollmächtigte ist bei der nächsten gerichtlichen Verhandlung oder, wenn die Partei vorher dem Gegner einen Schriftsatz zustellen lässt, in diesem zu benennen. Geschieht dies nicht, so können alle späteren Zustellungen bis zur nachträglichen Benennung in der Art bewirkt werden, dass der Gerichtsvollzieher das zu übergebende Schriftstück unter der Adresse der Partei nach ihrem Wohnorte zur Post gibt. Die Zustellung wird mit der Aufgabe zur Post als bewirkt angesehen, selbst wenn die Sendung als unbestellbar zurückkommt.

Die Postsendungen sind mit der Bezeichnung „Einschreiben" zu versehen, wenn die Partei es verlangt und zur Zahlung der Mehrkosten sich bereit erklärt.

§ 175. Ist die Zustellung durch Aufgabe zur Post erfolgt, so muss die Zustellungsurkunde den Bestimmungen des vorstehenden

Paragraphen unter Nr. 2. 3. 7. entsprechen (d. h. die Person, für und an welche zugestellt ist und die Unterschrift des die Zustellung vollziehenden Beamten angeben) und ausserdem ergeben, zu welcher Zeit, unter welcher Adresse und bei welcher Postanstalt die Aufgabe geschehen ist.

d) Gegen Entscheidungen des Patentamts ist das Reichsoberhandelsgericht die zutreffende Instanz.

§ 16.

Wird der Beschluss einer Abtheilung des Patentamtes im Wege der Beschwerde angefochten, so erfolgt die Beschlussfassung über diese Beschwerde durch eine andere Abtheilung oder durch mehrere Abtheilungen gemeinsam.

An der Beschlussfassung darf kein Mitglied theilnehmen, welches bei dem angefochtenen Beschlusse mitgewirkt hat.

§ 17.

Die Bildung der Abtheilungen, die Bestimmung ihres Geschäftskreises, die Formen des Verfahrens und der Geschäftsgang des Patentamtes werden, insoweit dieses Gesetz nicht Bestimmungen darüber trifft, durch Kaiserliche Verordnung unter Zustimmung des Bundesraths geregelt.

§ 18.

Das Patentamt ist verpflichtet, auf Ersuchen der Gerichte über Fragen, welche Patente betreffen, Gutachten abzugeben. Im Uebrigen ist dasselbe nicht befugt, ohne Genehmigung des Reichskanzlers ausserhalb seines gesetzlichen Geschäftskreises Beschlüsse zu fassen oder Gutachten abzugeben.

§ 19.

Bei dem Patentamte wird eine Rolle geführt, welche den Gegenstand und die Dauer der ertheilten Patente, sowie den Namen und Wohnort der Patentinhaber und ihrer bei Anmeldung der Erfindung etwa bestellten Vertreter angiebt. Der Anfang, der Ablauf, das Erlöschen, die Erklärung der Nichtigkeit und die Zurücknahme der Patente sind, unter gleichzeitiger Bekanntmachung durch den Reichsanzeiger, in der Rolle zu vermerken.

Tritt in der Person des Patentinhabers oder seines Vertreters eine Aenderung ein, so wird dieselbe, wenn sie in beweisender Form zur Kenntniss des Patentamtes gebracht ist, ebenfalls in der Rolle vermerkt, und durch den Reichsanzeiger veröffentlicht. So lange dieses nicht geschehen ist, bleiben der frühere Patentinhaber und sein früherer Vertreter nach Massgabe dieses Gesetzes berechtigt und verpflichtet.

Die Einsicht der Rolle, der Beschreibungen, Zeichnungen, Modelle und Probestücke, auf Grund deren die Ertheilung der Patente erfolgt ist, steht, soweit es sich nicht um ein im Namen der Reichsverwaltung für die Zwecke des Heeres oder der Flotte genommenes Patent handelt, jedermann frei.

Das Patentamt veröffentlicht die Beschreibungen und Zeichnungen, soweit deren Einsicht jedermann freisteht, in ihren wesentlichen Theilen durch ein amtliches Blatt. In dasselbe sind auch die Bekanntmachungen aufzunehmen, welche durch den Reichsanzeiger nach Massgabe dieses Gesetzes erfolgen müssen.

a) Das Gesetz hat hier dem heissesten Wunsche und den steten Hinweisungen nach Veröffentlichung der Patente, Beschreibungen und Zeichnungen Rechnung getragen. Es wurde von allen Patentfreunden stets betont, dass ein Hauptwerth der Patente in einer ausgiebigen Publikation der Specifikation liege. Die Regierung hat gezögert diesem Verlangen nachzukommen und die Vorlage an den Reichstag enthielt noch keine bestimmte Zusage hierüber. Erst die Commission brachte die dahingehende wichtige Bestimmung in das Gesetz. — Allseitig wird das Beispiel Amerikas für die Veröffentlichung der Patentbeschreibung und Zeichnung empfohlen (Dr. Königs, Patentgesetz der Vereinigten Staaten 1876; Dr. Grothe, Verhandlungen des Vereins für Gewerbefleiss 1877 April; (Dr. Grothe, die Amerikanische Industrie 1877. pag. 105): Die Besorgniss, das eigene Patent übertroffen zu sehen, bewirkt, dass der Patentinhaber sorgfältig den Gang der Erfindungen beobachtet und dabei die Schritte der Concurrenz aufmerksam studirt und allmählig eine Summe von Wissen hierüber in sich aufhäuft. Darin kommt ihm das Patent-Office bestens entgegen. Seit 1872 erscheint die Official Gazette of the United States Patent Office wöchentlich (für 5 Dollars das Jahr) und berichtet über die Patentprocesse, über die eingetragenen Muster und Marken und über alle in dem Zeitraum von 8 Tagen ertheilten Patente, und bringt diese in trefflicher Weise mit von der Graphic Co. in New-York photolitographisch hergestellten Illustrationen jedes Patents nebst Tenortext der neuen Erfindung. Vielleicht findet er nur ein oder zwei Patente darin, welche seinem Patent entfernt verwandt sind und gegen die er nichts haben kann, aber er ist informirt. Sind sie tangirend, so schreibt er nun sofort nach Washington und lässt sich die Specifikation kommen, die er für wenige Cents erhält, oder er reist selbst nach Washington und sieht im Patent-Museum das Modell der Neuerung ein. Inzwischen bieten die übrigen in der Gazette enthaltenen Patente so viel Interesse für jeden Erfinder, dass er sie mindestens ansieht und etwas bleibt davon hangen und vermehrt Wissen und Können des Betreffenden. So regt das Patent nach zwei Seiten hin mächtig an. Ich habe mich oft gewundert, dass Werkführer in Fabriken über die Erfindungen in gewissen Specialitäten so umfassende Kenntnisse zeigten und konnte stets darauf rechnen, dass die Betreffenden die Official Gazette des Patentamts regelmässig lasen.) Dr. v. Steinbeis im Württ. Gewerbebl. 1877; A. Goldenberg, über das projektirte Patentgesetz 1876; der Patentgesetzentwurf der deutschen Ingenieure 1872, O. Lenz u. A. Eigenthümlich waren die Forderungen bezüglich der Veröffentlichung seitens des Patentschutzvereins. Dieselben haben nicht vermocht, sich Freunde und Befürworter zu erringen. Es heisst im revid. Entwurf pag. 17: „Der Erfinder ist genöthigt, um ein Patent zu erlangen, seine Erfindung vorher vollständig zu veröffentlichen (§ 24) und diese Publikation geht der Patentertheilung um mindestens 3 Monate vorher (§ 26). Gehen Oppositionen ein, oder muss auf Ertheilung des Patents bei dem Patenthofe geklagt werden, so kann durch das gerichtliche Verfahren ein noch längerer Aufschub entstehen. Es ist deshalb nothwendig, dass dem ertheilten Patente eine Rückwirkung bis auf die Zeit der Veröffentlichung gegeben werde."

Es ist zu wünschen, dass das durch die Kommission beregte amtliche Patentblatt sich möglichst entwickle, was bei einigermassen geschickter, sachgemässer Leitung zweifellos ist. Der Reichsanzeiger könnte hierfür sicherlich nicht genügen.

b) Die Patentrolle soll Auskunft geben über die rechtlichen Verhältnisse eines Patents.

c) Die Publication der Anmeldung kann nur ein Excerpt sein; indessen muss dasselbe jedenfalls so viel enthalten, dass das Wesentlichste der Erfindung klar wird. Wird das Patent abgelehnt, so ist die Erfindung publicirt und öffentlicher Benutzung preisgegeben. Andererseits bedingen die auswärtigen Patentgesetze, dass die angemeldete Erfindung vor Patentertheilung nicht veröffentlicht werde; wenn aber das deutsche Patentamt dieselbe publicirt, bevor die ausländischen Patente ertheilt sind, so schädigt es den Patentinhaber empfindlich. Aus diesem Grunde stellte der Abgeordnete Dr. Grothe folgenden Antrag:

Im § 19 in Alinea 4 hinter „erfolgen müssen" einzufügen:

„Auf besonderes Verlangen des Patentsuchers bei Einreichung des Gesuchs kann die Veröffentlichung seiner Beschreibung und Zeichnungen 3 Monate lang ausgesetzt bleiben."

Indessen wurde derselbe nicht angenommen, nachdem der Regierungskommissar versucht hatte, diese Bedenken zu beseitigen mit Hinweis auf den dadurch schleppenderen Geschäftsgang des Patentamts.

Dritter Abschnitt.

Verfahren in Patentsachen.

§ 20.

Die Anmeldung einer Erfindung behufs Ertheilung eines Patentes geschieht schriftlich bei dem Patentamte. Für jede Erfindung ist eine besondere Anmeldung erforderlich. Die Anmeldung muss den Antrag auf Ertheilung des Patentes enthalten und in dem Antrage den Gegenstand, welcher durch das Patent geschützt werden soll, genau bezeichnen. In einer Anlage ist die Erfindung dergestalt zu beschreiben, dass danach die Benutzung derselben durch andere Sachverständige möglich erscheint. Auch sind die erforderlichen Zeichnungen, bildlichen Darstellungen, Modelle und Probestücke beizufügen.

Das Patentamt erlässt Bestimmungen über die sonstigen Erfordernisse der Anmeldung.

Bis zu der Bekanntmachung der Anmeldung sind Abänderungen der darin enthaltenen Angaben zulässig. Gleichzeitig mit der Anmeldung sind für die Kosten des Verfahrens 20 Mark zu zahlen.

a) Betrachtet man die verschiedenen Patentgesetze der verschiedenen Länder, so bemerkt man sofort, dass die Art und Weise der Patent-Anmeldung sehr verschieden bei denselben ist. Zunächst ergeben sich 3 Hauptsysteme bei Ertheilung von Patenten:

1. Das Anmeldeverfahren.
2. Das Vorprüfungsverfahren.
3. Das Aufgebotsverfahren.

Der Verein deutscher Ingenieure hatte in seinen verschiedenen Patentgesetzentwürfen zunächst nur das reine Anmeldeverfahren beantragt, später neigte er sich dem Aufgebotsverfahren zu. Der Patentschutzverein schloss sich diesen Anschauungen an und setzte in seinem Patentgesetzentwurf auseinander: Das Anmeldesystem lässt zu, dass Patente in ungemessener Zahl und für die unnützesten Dinge erworben werden, welche zur Täuschung Unwissender dienen, der freien Bewegung der Gewerbe Hindernisse bereiten und die Quelle zahlreicher und langwieriger Prozesse sind. Die Vorprüfung durch die Staatsbehörde setzt eine Unfehlbarkeit der letzteren voraus, welche diese nicht besitzt, sie entbehrt der Garantieen gegen Irrthum und Missbrauch, mit welchen die richterliche Entscheidung umgeben ist und sie hat sich in der Gestalt, in welcher sie gegenwärtig in Preussen geübt wird, als gänzlich unhaltbar erwiesen.

Es ergiebt sich daher die Nothwendigkeit, beide in den bestehenden Gesetzgebungen herrschenden Systeme zu verlassen und ein Verfahren einzuleiten, welches in allen Fällen die richterliche Entscheidung über den Anspruch des Erfinders zulässt, zugleich aber die Entscheidung über alle, sei es von Amtswegen, sei es durch Einspruch von Privaten gegen das Patentgesuch erhobenen Einwendungen der Patentertheilung vorhergehen lässt. Dieses System ist das Aufgebotsverfahren. Das Patentgesuch wird zunächst einer formellen Prüfung unterzogen und zugleich in Bezug auf seine materielle Begründung — jedoch ohne alle entscheidende Wirkung — begutachtet. Es wird dann mit der vollständigen Beschreibung veröffentlicht und dadurch allen Gewerbetreibenden des betheiligten Industriezweiges Gelegenheit gegeben, zu prüfen, ob die Erfindung neu und der Anspruch des Patentsuchers begründet ist. Einwendungen gegen das Gesuch können beim Patentamte angebracht werden, ohne dass der Urheber der Erinnerungen gezwungen ist, eine Parteirolle in dem Verfahren als Opponent zu übernehmen. Das Verfahren schliesst mit einem Beschlusse des Patentamtes, zu dessen Anfechtung die Klage bei dem Patenthofe stattfindet, sei es dass das nachgesuchte Patent versagt oder die angebrachte Erinnerung unberücksichtigt geblieben ist. Das Aufgebot hat keine präclusivischen Wirkungen, vielmehr bleibt jeder Betheiligte, dessen Einspruch nicht durch Erkenntniss zurückgewiesen ist, berechtigt, auch das ertheilte Patent im Wege der Klage anzufechten. Die Entscheidung, durch welche die Ungültigkeit des ertheilten Patentes ausgesprochen wird, hat nur Wirkung unter den Parteien, so lange nicht auf die Klage der Staatsbehörde die Aufhebung des ertheilten Patentes ausgesprochen wird.

Ein Aufgebotsverfahren nach ähnlichen Grundsätzen besteht in England seit 1852, allein es ist in seiner Wirkung fast vollständig paralysirt, weil die Beschreibung der Erfindung, für welche das Patent nachgesucht wird, nicht veröffentlicht, nicht einmal dem Opponenten mitgetheilt wird, und weil die Frist zur Anbringung der Einsprüche nur 21 Tage beträgt. Dagegen ist der Werth eines Aufgebotsverfahrens mit ausreichender Veröffentlichung allgemein anerkannt und es ist ein solches Verfahren wiederholt (in Frankreich schon 1791) und namentlich für Deutschland in dem 1872 von einer Commission des Vereins deutscher Ingenieure ausgearbeiteten Patentgesetzentwurfe empfohlen worden. (Entwurf des Patentschutzvereins 1875. 9.)

Das amerikanische Gesetz von 1876 schreibt in sect. 6. vor: dass der Patentsucher beschwören müsse, dass er sich für den ersten und ursprünglichen Entdecker oder Erfinder halte. Dieser Grundsatz erleidet indess in der Praxis durch die Natur der Sache eine wesentliche Einschränkung. Auch dort nämlich, wo eine Voruntersuchung der Neuheit des Gegenstandes stattfindet, kann sich diese füglich nicht weiter als auf diese Neuheit erstrecken; man wird bis zum Beweise des Ge-

gentheils annehmen müssen, dass derjenige, welcher um ein Patent für eine neue Erfindung oder Entdeckung zuerst nachsucht, auch der Erfinder oder Entdecker sei. Während aber nach dem reinen Anmeldungssystem sich diese Vermuthung in eine Fiction verwandelt, bleibt es nach englischem, amerikanischem und preussischem Recht bei der Vermuthung. Würde nachgewiesen, dass der Patentsucher nicht der Erfinder sei, so würde damit gegen die Ertheilung des Patents opponirt werden können.

Aus diesen Erwägungen wird klar, dass das Aufgebotsverfahren nichts Neues ist, sondern in Amerika eigentlich immer mit ausgeführt wird, in England eigentlich sogar etwas gesetzlich Eingeführtes ist. Das amerikanische Gesetz geht am weitesten, denn es schreibt sowohl die Vorprüfung vor nach erfolgter Anmeldung, welche letztere 2 Jahre hindurch die Patentanmeldung registrirt, bevor die Prüfung zu geschehen braucht (Sect. 29. — Grothe, Amerikanische Industrie Pag. 81). Da die Anmeldung publicirt wird und Einspruch gestattet ist, so tritt factisch auch das Aufgebotsverfahren ein. Vielleicht ist in dieser practischen Vermischung der 3 Systeme der Vorzug und die segensreiche Wirksamkeit des amerikanischen Patentgesetzes begründet.

Bei dem Aufgebotsverfahren, welches das deutsche Patentgesetz enthält, handelt es sich um:

1. Anmeldung der Erfindung durch den Patentsucher § 20.
2. Formelle Prüfung über die Vollständigkeit der Anmeldung.
3. Vorprüfung des Patentamtes, ob
   a) die Erfindung patentirbar ist § 1.
   b) die Erfindung neu ist § 2.
   c) die Erfindung eine gewerbliche Verwerthung gestattet § 1.
4. Veröffentlichung der Anmeldung, d. h. des Hauptinhaltes der neuen Erfindung im Reichsanzeiger und officiellen Blatte des Patentamtes behufs Feststellung und Entgegennahme event. Einsprüche (§ 23).
5. Entscheidung des Patentamtes über Ertheilung des Patentes, nach event. Untersuchung der Einsprüche, Beweisaufnahme und Beschlussfassung über den Einspruch (§ 24).
6. Bekanntmachung über die Entscheidung des Patentamtes also event. der Patentertheilung oder der Patentablehnung, und Eintragung in die Patentrolle, nebst Ausfertigung der Patenturkunde.

b) Was die Zeichnungen und Beschreibungen bei der Patentanmeldung anlangt, so dürfte der Ausdruck „können — verlangt werden" in der Praxis sich so gestalten, dass es heisst „müssen beigefügt sein", weil die meisten patentirbaren Erfindungen der mechanischen Technologie angehören und auch alle die chemischen Erfindungen, welche patentirbar sind, also Methoden, Apparate etc. zur Herstellung eines chemischen Körpers etc. theilweise ebenfalls auf mechanische Vorrichtungen beruhen werden.

c) Dasjenige Neue, worauf das Patent entnommen werden soll, ist in der Anmeldung besonders aufzuführen. Die Motive des Regierungsentwurfs drücken sich (S. 31) hierüber so aus: Um für das weitere Verfahren eine feste Grundlage zu gewähren, soll die Anmeldung in einer bestimmten Antragsformel den Anspruch des Patentsuchers genau feststellen, so dass Patentamt und Betheiligte nicht genöthigt werden, aus weitläufigen Beschreibungen den Inhalt dieses Anspruches erst zu ermitteln, ohne damit gleichwohl über dessen wirkliche Tragweite Sicherheit zu erhalten.

Lediglich in einer solchen strengen Präcisirung der an ein vollständiges Patentgesuch zu stellenden Anforderungen kann eine genügende Schutzwehr gegen die Einreichung von unfertigen, unvollständigen und unklaren Patentgesuchen gefunden werden. Indem verlangt wird, dass die Beschreibung auch andere Sachverständige zur Benutzung der Erfindung in den Stand setzen muss, ist zugleich ein Kriterium aufgestellt, wonach die Offenheit und Ehrlichkeit der Beschreibung geprüft werden kann. (Kommissionsbeschl. 32.)

d) Abänderungen der Anmeldung sollen nur bis zu der vorgeschriebenen Bekanntmachung zulässig sein, weil jede spätere Abänderung eine neue Bekanntmachung erfordern und ihre Zulassung, abgesehen von der Irreleitung der Betheiligten, die Gelegenheit zu einer absichtlichen Verzögerung des Verfahrens bieten würde. Sieht der Patentsucher sich noch späterhin zu Abänderungen veranlasst, so wird er daraufhin die Anmeldung einer neuen Erfindung zu bewirken haben.

e) Den Zeichnungen, Modellen etc. hat die Kommission die Worte „bildlichen Darstellungen" hinzugefügt, um den Zweifel auszuschliessen, ob nicht auch Photographieen, Photolithographieen und ähnliche Darstellungen den Patentanträgen beigefügt werden können.

Es ist hierbei zu bemerken, dass der Zusatz Beifügung von bildlichen Darstellungen, Photographieen (durch den Abgeordneten Dr. Braun beantragt) keine wesentliche Bedeutung für die Praxis der Patentanmeldung haben kann. Die Patentnachsucher werden gut thun, der Anfügung derselben nur einen allgemeinen Werth beizulegen, etwa den, der speziellen Beschreibung und exakten, geometrischen Zeichnung durch Photographieen, perspektivische Abbildungen etc. eine Art zusammenfassender Uebersichtlichkeit zuzuwenden.

f) Ein Antrag ging dahin, dem Patentsucher das Recht zu dem Verlangen zu geben, „dass die Offenlegung der Beschreibung seines Patentes 3 Monate lang ausgesetzt bleibe." Geschehe das nicht, so werde es dem Patentsucher unmöglich gemacht, gleichzeitig im Auslande Patente nachzusuchen, da dem durch die frühere Veröffentlichung präjudizirt werden würde. Auch gewähre der Vorschlag den erheblichen Nutzen, dass der Patentsucher dadurch Zeit bekomme, seine Erfindung gründlicher durchzuarbeiten und in einer vollendeteren Form demnächst zur Veröffentlichung zu bringen. (S. auch § 19.)

Das hiergegen erhobene Bedenken, dass die Zulassung des Antrages voraussichtlich gerade die Einreichung von unfertigen Patentgesuchen fördern würde, bestimmte jedoch neben der Erwägung zur Ablehnung des Antrages, dass es dem Patentsucher nicht versagt sei, gleichzeitig im In- und Auslande seine Patentgesuche anzubringen, und event. auf dem ihm durch § 2 Alin. 2 eröffneten Wege den Zeitpunkt für die Nachsuchung der Patente ausserhalb und innerhalb Deutschlands zu wählen. Die aus den patentgesetzlichen Bestimmungen der einzelnen Staaten hervorgehenden Schwierigkeiten bei der Erlangung der Patentrechte in mehreren Staaten lassen sich nur durch internationale Verträge oder durch ein internationales Patentgesetz beebnen. (Kommiss. 33.)

g) Die Prüfungsgebühr von 20 Mark kann dem Wortlaut des Gesetzes nach nicht gestundet (§ 8) werden, denn es heisst in § 20: dass die Gebühr von 20 M. der Anmeldung beigefügt sein müsse. —

h) Der Patentanmelder hat nun praktisch so zu verfahren:

I. Der Ausländer:

1. Bestellung eines Vertreters, Patentanwalts. (In Deutschland hat sich ein Patentanwaltsverein gebildet, um den Patentnachsuchern durch gegenseitige Controle und Vereinbarungen, an denen die Mitglieder festhalten müssen (s. Anhang), möglichste Garantie für eine entsprechende Erledigung der Patentgeschäfte zu bieten.)
2. Je nachdem der Ausländer diesem Vertreter die Besorgung der Patententnahme überlässt resp. ihn damit beauftragt, erfolgen die Operationen wie ad II.

II. Der Inländer:

(Auch jeder Inländer wird wohlthun, sich eines Patentanwalts (Patentagenten) zu bedienen.) Der inländische Patentnachsucher oder der Patentanwalt reicht bei dem Patentamte die

1. Anmeldung des Patents, in welcher in deutscher Sprache die genaue präcisirte Forderung der Patentertheilung, auf die die Erfindung festgestellt ist,
2. Beschreibung in deutscher Sprache und Zeichnung, unter event. Beifügung von Photographien, bildlichen Darstellungen, — und wenn gefordert, von Modellen, Produkten, Proben u. s. w.,
3. Beifügung von 20 Mark Anmeldegebühren. Es kann dann der Patentanmelder oder sein Vertreter noch innerhalb einer bestimmten, vom Patentamt angegebenen Frist
4. die Beschreibung in deutscher Sprache resp. die Anmeldung vervollständigen (§ 20),
5. Abänderungen der Anmeldung vornehmen (§ 20).
6. Bei Eintritt von Einsprüchen wird der Patentnachsucher oder der Patentanwalt dieselben zu widerlegen und den gesetzlichen Weg beim Patentamt zu betreten haben (§§ 3, 20, 24),
7. nach Zurückweisung (§ 21) der Anmeldung Beschwerde zu erheben haben (§ 25),
8. bei Unterlassung der Beschwerdeerhebung oder Zurückweisung derselben eine neue Anmeldung einzureichen haben (§§ 15, 21, 25),

9. die Einzahlung von 20 Mark bei Einlegung der Beschwerde zu bewirken haben (§§ 15, 25),
10. bei Einleitung des Verfahrens der Nichtigkeit eines Patents die Erklärung über die Gründe und Thatsachen des Patentamts beizubringen, resp. den Antrag auf Nichtigkeit zu beantworten haben (§§ 10. 27),
11. bei den mündlichen Verhandlungen über den Nichtigkeitsantrag durch das Patentamt anzuwohnen haben (§§ 10. 28),
12. gegen die Entscheidungen des Patentamts die Berufung an das Reichs-Oberhandelsgericht anzumelden haben (§ 28),
13. bei Androhung der Zurücknahme eines Patents durch das Patentamt sich mit demselben unter Beibringung von Beweismitteln in Verbindung zu setzen haben (§ 29),
14. in Fragen und Prozessen, die Licenzertheilung betreffend, die Beweise zu führen, resp. Erklärungen abzugeben haben (§ 11.), etc.

Nach Ertheilung des Patentes wird der Patentinhaber resp. der Patentanwalt Sorge treffen müssen

15. die Jahresraten der Gebühren rechtzeitig an das Patentamt abzuführen (§ 8),
16. die Anmeldung von Zusatzpatenten unter Beifügung von 30 M. und genauer Beschreibung etc. einzureichen (§ 7. 8.),

Abgesehen davon, dass diese 16 Punkte noch nicht alle Nothwendigkeiten betreffen, welche aus dem Verhältniss des Patententnehmers oder Patentinhabers gegenüber dem Patentamt entstehen und vorhanden sind, — wird doch wohl aus dieser Darlegung klar werden, dass der Patententnehmer sehr wohl thun wird, einen Vertreter, Patentanwalt mit der Wahrnehmung seiner Interessen vertragsmässig zu betrauen, denselben ausreichend beim Patentamte zu legitimiren und anzuerkennen und von einem etwaigen Wechsel des Vertreters dem Patentamt rechtzeitig Kenntniss zu geben. Was für die Ausländer unerlässlich ist, — wird auch für die Inländer sehr viel Bequemlichkeit bieten. —

Dabei ist noch hervorzuheben, dass nach § 2 die sofortige Einleitung der Entnahme des Patents im Auslande verknüpft ist, wenn es in Absicht des Erfinders oder Patentanmelders liegt, ausländische Patente zu erwerben. Derselbe wird also sicherlich am Besten fahren, wenn er einen Patentanwalt gleichzeitig in einem Contrakt mit Entnahme der Patente im In- und Auslande betraut.

i) Die Einforderung eines Kostensatzes erscheint schon deshalb zweckmässig, um völlig unnütze Gesuche vom Patentamt fern zu halten. Abgesehen von den Kosten des Beschwerdeverfahrens, wird der Patentsucher zu weiteren Kostenzahlungen nicht verpflichtet. Soweit aus den eingehenden Beträgen die Kosten des Verfahrens nicht gedeckt werden, bieten die aus den Patentgebühren sich ergebenden Einnahmen genügende Mittel zur Deckung dar.

k) In dem Sinne die Kosten der Patentnahme nicht zu hoch zu steigern, dürfte zu bedenken sein, dass die Erforderung von Modellen auf seltenere Fälle beschränkt werde. Die Praxis in Bezug auf Patente der Vereinigten Staaten beweist, dass in vielen Fällen die Anfertigung wirklich guter Modelle mit sehr grossen und drückenden Kosten verbunden ist, welche häufig einen Erfinder davon abhalten, um ein Patent nachzusuchen. Es werden auf der andern Seite viele werthlose Modelle eingereicht, wodurch eine nutzlose Anhäufung derselben entsteht. Im Sinne einer Förderung des Patentwesens an sich durch Herstellung eines wohlgeordneten Patentmuseums, welches, wie in Washington der allgemeinen Bildung zu Hülfe kommt, würde dagegen die Forderung von Modellen und Probestücken für jedes Patent am besten sein. (Siehe auch Dr. v. Steinbeis in Grothe, Amerikanische Industrie pag. 102.)

§ 21.

Ist durch die Anmeldung den vorgeschriebenen Anforderungen nicht genügt, so verlangt das Patentamt von dem Patentsucher unter Bezeichnung der Mängel deren Beseitigung innerhalb einer bestimmten Frist. Wird dieser Aufforderung innerhalb der Frist nicht genügt, so ist die Anmeldung zurückzuweisen.

a) Die Anmeldung ist im Sinne des Entwurfes erst dann erfolgt, wenn sie in allen Stücken den gesetzlichen Anforderungen in §. 20 entspricht. Daher können im Fall des §. 21 erst mit dem Augenblicke, in welchem die Anmeldung gehörig ergänzt und berichtigt ist, die durch das Gesetz an die Anmeldung geknüpften Wirkungen eintreten. (Motive S. 32.)

Es hat diese Bestimmung Bezug auf die Priorität der Anmeldung und ist deshalb aufmerksam zu beachten. Die Frist ist durch das Patentamt zu bestimmen. Erst die berichtigte, vervollständigte, ergänzte Anmeldung gilt als Anmeldung.

b) Nach geschehener Zurückweisung der Anmeldung ist immer noch eine neue Anmeldung möglich. Dieselbe muss dann genau so geschehen, als wäre sie eine erste Anmeldung (§. 20).

c) Gegen den Beschluss des Patentamtes eine Patentanmeldung zurückzuweisen, steht die Beschwerde offen. Dieselbe ist in 4 Wochen nebst 20 Mark Kosten einzubringen. (§. 16. 25.)

§ 22.

Erachtet das Patentamt die Anmeldung für gehörig erfolgt und die Ertheilung eines Patentes nicht für ausgeschlossen, so verfügt es die Bekanntmachung der Anmeldung. Mit der Bekanntmachung treten für den Gegenstand der Anmeldung zu Gunsten des Patentsuchers einstweilen die gesetzlichen Wirkungen des Patentes ein (§§ 4., 5).

Ist das Patentamt der Ansicht, dass eine nach §§ 1 und 2 patentfähige Erfindung nicht vorliegt, so weist es die Anmeldung zurück.

a) Es wird also nach einer Vorprüfung die Anmeldung als für gehörig erfolgt erachtet und es tritt nun das Aufgebotsverfahren ein.

b) Die Motive (zu §. 22. 23 Seite 32) der Regierung suchen dies Verfahren nun zu erklären. Dieselben lauten, wie folgt: Die Vorprüfung, welcher nach dem Entwurfe alle Anmeldungen unterworfen sein sollen, hat auch in den bestehenden deutschen Gesetzgebungen ihre Stelle. Der wesentliche Unterschied zwischen letzteren und dem Entwurfe beruht in der Bestimmung, dass der Inhalt der Anmeldung bekannt gemacht werden soll, um Jedermann den Einspruch gegen die Ertheilung des nachgesuchten Patentes zu ermöglichen. Der Werth dieser Einrichtung ist in den gewerblichen Kreisen allerdings vielfach bestritten worden. Sie besteht indessen bereits, wenngleich weniger durchgebildet, in der englischen Gesetzgebung seit längerer Zeit, und sie ist, was für ihren praktischen Werth Zeugniss ablegt, in den neuerdings zur englischen Gesetzgebung gemachten Reformvorschlägen nicht aufgegeben. Ihre Einführung ist in Frankreich wie in Deutschland vielfach (?) von sachverständiger Seite als erwünscht bezeichnet worden, und die Mehrheit der Sachverständigen in der Patentenquête hat dieser Auffassung sich angeschlossen. Die Besorgnisse, welche an die Bekanntmachung von einem Theile der industriellen Kreise geknüpft werden, sind nur insoweit begründet, als der Gegenstand der Anmeldung, wenn ihm nach der Bekanntmachung der Patentschutz versagt wird, der allgemeinen Benutzung preisgegeben ist, während er im Falle der Geheimhaltung vielleicht noch immer für den Patentsucher ein werthvolles Fabrikgeheimniss geblieben wäre. Allein dieses Privatinteresse, welches übrigens auch nur für einen verhältnissmässig kleinen Kreis von Gewerbetreibenden praktische Bedeutung hat, kann den Vorzügen gegenüber, die das System des Entwurfs für das allgemeine Interesse bietet, nicht entscheidend in das Gewicht fallen. Im Uebrigen ist gegen eine vorzeitige Ausnutzung des veröffentlichten Inhaltes der Anmeldung von Seiten Anderer als des Patentsuchers dadurch Sicherheit gegeben, dass dem Patentsucher bereits vor der Ertheilung des Patentes die Wirkungen des Gesetzes zur Seite stehen sollen.

Diese Motive leiden an Voraussetzungen, die nicht überall zutreffen werden. Indessen wird die Praxis selbst bald die geeignete Correctur dieses Verfahrens eintreten lassen. —

c) Der provisorische Schutz, welcher mit der Publikation eintritt, ist selbstverständlich. Er wird durch das Gesetz noch besonders ausgesprochen. Indessen hängt die Wirksamkeit und Wirkung desselben davon endlich ab, ob das Patent in Folge wirklich ertheilt wird. Ist dies nicht der Fall, so hat der einstweilige provisorische Schutz keine Rechtskraft gehabt. Der Patentschutzverein wollte dies deutlich bekräftigen, indem er hinzufügte: „Klagen auf Grund des provisorischen Schutzes sind erst nach wirklicher Patentertheilung anzubringen.“ (Siehe §. 26.)

Im Allgemeinen ist man über diese Art des provisorischen Schutzes nicht sehr erbaut, weil derselbe nicht die Caveats, Provisional Patents etc. aufwiegt, obwohl er deren Bedingungen enthält bezüglich der Oeffentlichkeit. Die Sächsischen Industriellen beantragten daher Folgendes:

„Um die Wirkung zu erzielen, welche §§. 20—22 beabsichtigen, würde es nur nöthig sein, zuzulassen, dass während der ganzen Dauer eines bestehenden Patentes auf Grund des Mangels an Neuheit für Aufhebung geklagt werden könne. (Das ist auch der Fall!) Das schützt die Oeffentlichkeit in weit wirksamerer Weise und ist für den Erfinder ungleich eher zu ertragen, als die Folgen der Gesetzesbestimmung, da der Erfinder ohnehin während der ganzen Dauer des ihm verliehenen Patentschutzes einer eventuellen Entwerthung damit ausgesetzt ist, dass irgend Jemand eine demselben Zweck dienende bessere Erfindung macht oder an sich patentfähige Verbesserungen patentiren lässt, ohne welche sein Originalpatent in gewissen Grenzen an Werth verliert.“

Man war deshalb einstimmig der Meinung, dass anstatt des Aufgebotsverfahrens, an dem in den meisten deutschen Ländern bisher üblichen Vorprüfungsverfahren festzuhalten sei und glaubte, dass durch die Bestimmung des §. 19, nach welcher in dem Patentgesuche „dasjenige genau zu bezeichnen ist, was durch das Patent geschützt werden soll“, den Sachverständigen des Patentamts ein besserer Anhalt für die Handhabung des Vorprüfungsverfahrens gegeben worden sei, als er bisher bestand, und nahm an, dass die Sachverständigen des Patentamts auf Grund des Wortlauts bestimmt formulirter Sätze, welche diese genaue Bezeichnung nach Art der englischen und amerikanischen „claims“ enthalten, in der Lage seien, mit viel grösserer Präcision zu entscheiden, ob es sich einerseits im Princip um dieselbe Sache in verschiedenen Gesuchen handle, und ob andererseits die zu demselben Zwecke gewählten Mittel nach den übrigen Bestimmungen des Gesetzes patentfähig erscheinen. Es wurde ferner vorgeschlagen, dass ein provisorischer Schutz auf zwölf Monate gegen einen nominellen Kostenbetrag gewährt werden möge, um dem Erfinder Zeit zu gewähren, seine Erfindung zu vervollständigen, so dass dieselbe als ein Ganzes und durchaus geeignet in einer endgültigen Spezifikation auf eine solche Weise beschrieben werden könne, dass nach Erlöschung des Patents das Publikum erfolgreich die Anwendung aufzunehmen in der Lage ist.

Ein solcher provisorischer Schutz sollte als eine Sache, welche sich von selbst versteht, bei der Einreichung des Gesuches mit der vorläufigen Beschreibung (die in allgemeinen Umrissen eine Beschreibung der Natur und der hauptsächlichsten Punkte der Neuheit der Erfindung enthält) beginnen. Er könnte in allen Fällen mit Vortheil bewilligt werden, so lange eine Erfindung nicht gegen die Grundsätze der öffentlichen Moral verstösst.

Das englische System des provisorischen Schutzes hat sich in der Praxis im Ganzen gut bewährt; aber dessen Dauer von sechs Monaten ist nicht in allen Fällen hinreichend, um eine Erfindung in gehöriger Weise completiren zu können, und sie genügend in der vollständigen Beschreibung klarzustellen. Diese Thatsache ist auch officiell anerkannt worden, indem der dem englischen Parlamente gegenwärtig vorliegende Entwurf vorschlägt, die Zeit des provisorischen Schutzes auf 12 Monate auszudehnen.

d) Der Patentnachsucher hat die Pflicht, sich vorher über die Konsequenzen der event. Ablehnung des Patentes klar zu werden bei dem Aufgebotsverfahren. Die Bekanntmachung raubt ihm im Fall der Nichtertheilung des Patentes auch die Möglichkeit der Benutzung und des Vortheils seiner Erfindung im Geheimen, giebt sie sogar der Oeffentlichkeit gänzlich preis, sowohl durch die Auslage der Anmeldung und Beschreibung, als durch die Publikation. Die Association für Kodifikation sagt hierzu: Die vollständige Spezifikation sollte nicht zur Einsicht des Publikums aufliegen, ehe nicht das Patent bewilligt ist, weil es gewissenlosen Personen Vorschub leisten würde, eine betrügliche Opposition zu erheben.

Die Patentgesetze aller Länder beruhen implicite auf der Basis eines Kontraktes zwischen dem Erfinder und dem Publikum (Staat), wodurch als Aequivalent für die vollständige Enthüllung der Erfindung Schutz für dieselbe gewährt wird.

e) Ankäufern für Patente ist dringend zu rathen, zu untersuchen, ob das Patent wirklich ertheilt, oder nur erst angemeldet ist. — Nur ein ertheiltes Patent hat einen ev. Werth im Sinne der industriellen Verwerthung.

§ 23.

Die Bekanntmachung der Anmeldung geschieht in der Weise, dass der Name des Patentsuchers und der wesentliche Inhalt des in seiner Anmeldung enthaltenen Antrages durch den Reichsanzeiger einmal veröffentlicht wird. Gleichzeitig ist die Anmeldung mit sämmtlichen Beilagen bei dem Patentamte zur Einsicht für jedermann auszulegen. Mit der Veröffentlichung ist die Anzeige zu verbinden, dass der Gegenstand der Anmeldung einstweilen gegen unbefugte Benutzung geschützt sei.

Handelt es sich um ein im Namen der Reichsverwaltung für die Zwecke des Heeres oder der Flotte nachgesuchtes Patent, so unterbleibt die Auslegung der Anmeldung und ihrer Beilagen.

Nicht jedes Patent für Zwecke des Krieges und der Marine fällt unter dieses Alinea. —

§ 24.

Nach Ablauf von acht Wochen, seit dem Tage der Veröffentlichung (§ 23), hat das Patentamt über die Ertheilung des Patentes Beschluss zu fassen. Bis dahin kann gegen die Ertheilung bei dem Patentamte Einspruch erhoben werden. Der Einspruch muss schriftlich erfolgen und mit Gründen versehen sein. Er kann nur auf die Behauptung, dass die Erfindung nicht neu sei oder dass die Voraussetzung des § 3 Absatz 2 vorliege, gestützt werden.

Vor der Beschlussfassung kann das Patentamt die Ladung und Anhörung der Betheiligten, sowie die Begutachtung des Antrages durch geeignete, in einem Zweige der Technik, sachverständige Personen und sonstige zur Aufklärung der Sache erforderliche Ermittelungen anordnen.

a) Obiger Paragraph bestimmt genau die Grenzen des Inhaltes eines Einspruchs, der nur sachlich gehalten sein darf. (Siehe auch § 2 und § 10 nebst Anmerkungen.)

b) Tag der Veröffentlichung ist der auf der No. des Reichsanzeigers vermerkte, in welcher No. das Aufgebot des betr. Patentes steht. Siehe Civil-Prozess-Ordnung § 200. Für Sonn- und Festtage siehe Allg. deutsche Wechselordnung § 92.

c) Die Motive der Regierungsvorlage S. 33 sagen: Die Beschlüsse des Patentamtes über die Ertheilung oder Versagung eines Patentes schliessen das Vorprüfungsverfahren endgültig ab. Allein sie enthalten insofern immer nur eine vorläufige Entscheidung, als nach der Ertheilung des Patentes aus den bereits in dem Vorprüfungsverfahren geltend gemachten Gründen und selbst von denselben Personen die Vernichtung des Patentes beantragt werden kann. Das Vorprüfungsverfahren hat daher nur die Bedeutung, dass ein Patentanspruch, von dessen Berechtigung das Patentamt nach den von ihm angestellten Erörterungen sich überzeugt hat, nicht länger als nöthig hingehalten werden soll; den Gegnern des Anspruchs wird es überlassen, nach der Ertheilung des Patentes in einem anderen Verfahren den förmlichen Beweis anzutreten, dass der Patentanspruch nicht berechtigt war und damit das Patent wieder zu beseitigen. Diese provisorische Natur der in dem Vorprüfungsverfahren gefassten Beschlüsse machte es unbedenklich, in dem Verfahren von jeder förmlichen Beweisaufnahme abzusehen und dem Ermessen des Patentamtes zu überlassen, inwieweit es seine Beschlussfassung durch geeignete Ermittelungen vorbereiten will. Aus demselben Grunde erschien es unbedenklich, die Beschlussfassung über die gegen den ersten Beschluss erhobenen Beschwerden ebenfalls in das Patentamt zu verlegen. Die in jener wie in dieser Beziehung getroffenen Bestimmungen machen es möglich, eine Beschleunigung und Vereinfachung des Verfahrens zu erzielen, welche nicht nur für die Verwaltung wichtig ist, sondern vor allem für die betheiligten gewerblichen Kreise als werthvoll sich erweisen wird. —

§ 25.

Gegen den Beschluss, durch welchen die Anmeldung zurückgewiesen wird, kann der Patentsucher, und gegen den Beschluss, durch welchen über die Ertheilung des Patentes entschieden wird, der Patentsucher oder der Einsprechende binnen vier Wochen nach der Zustellung Beschwerde einlegen. Mit der Einlegung der Beschwerde sind für die Kosten des Beschwerdeverfahrens 20 Mark zu zahlen; erfolgt die Zahlung nicht, so gilt die Beschwerde als nicht erhoben.

Auf das Verfahren findet § 24 Absatz 2 Anwendung.

a) Der Einsprechende muss prozessfähig sein.

b) Die Beschwerdefrist gegen Beschlüsse des Patentamtes beträgt 4 Wochen nach Zustellung von Amtswegen.

c) Die Einzahlung der Beschwerdegebühr ist sofort bei Einlegung der Beschwerde zu bewirken.

d) Die Einzahlung von 20 Mark sind als Kosten für das Beschwerdeverfahren beim Patentamt zu betrachten und werden nicht zurückgezahlt.

§ 26.

Ist die Ertheilung des Patentes endgültig beschlossen, so erlässt das Patentamt darüber durch den Reichsanzeiger eine Bekanntmachung und fertigt demnächst für den Patentinhaber eine Urkunde aus.

Wird das Patent versagt, so ist dies ebenfalls bekannt zu machen. Mit der Versagung gelten die Wirkungen des einstweiligen Schutzes als nicht eingetreten.

a) Es sei hier die Aufmerksamkeit auf die Frage nach den rechtlichen Wirkungen des nach § 22 eintretenden provisorischen Schutzes der Erfindung für den Fall gelenkt, dass das Patentamt die Ertheilung des Patentes versagt. Sollen die während der Dauer des Schutzes aus der Benutzung der Erfindung entstandenen Schadensersatzansprüche in Kraft bleiben? Ist die eingetretene Bestrafung zu vollziehen? Nach allen diesen Richtungen könnten rechtliche Kontroversen entstehen. Es liegt aber im praktischen Bedürfnisse, dieselben nicht aufkommen zu lassen. Diese Fragen werden beseitigt durch den Satz: „Mit der Versagung gelten die Wirkungen des einstweiligen Schutzes als nicht eingetreten.“

b) Die Patenturkunde wird also nicht auf den Namen des Vertreters oder Patentanwalts ausgestellt.

§ 27.

Die Einleitung des Verfahrens wegen Erklärung der Nichtigkeit oder wegen Zurücknahme des Patentes erfolgt nur auf Antrag. Im Falle des § 10 Nr. 2 ist nur der Verletzte zu dem Antrage berechtigt. Der Antrag ist schriftlich an das Patentamt zu richten und hat die Thatsachen anzugeben, auf welche er gestützt wird.

a) Der Antrag auf Nichtigkeitserklärung oder Zurücknahme kann von Jedermann, nur nicht vom Patentamte und nicht im Fall des § 10, 2 gestellt werden. Dambach erklärt Seite 64 hierzu: Die materiellen Bestimmungen darüber: in welchen Fällen ein Patent für nichtig erklärt oder zurückgenommen werden kann, finden sich in den §§ 10 und 11 des Gesetzes. Die §§ 27—32 enthalten das hierbei zu beobachtende Verfahren. Dieses Verfahren ist bei weitem strenger geregelt, als das Verfahren bei der Patentertheilung, und zwar, wie die Motive sagen: weil „die Entscheidung über den Fortbestand oder die Aufhebung von Vermögensrechten bestimmt, die nicht selten eine grosse Bedeutung haben.“ Es findet nicht nur ein contradictorisches Verfahren statt, sondern es erfolgt die Entscheidung durch eine besondere verstärkte Abtheilung des Patentamts, die s. g. gerichtliche Abtheilung, und es ist endlich gegen die Entscheidung des Patentamts die Berufung an das Oberhandelsgericht zulässig. Diese Bestimmungen können gewiss nur gebilligt werden; aber es ist nicht abzusehen, warum man nicht auch dem Patentsucher gegen Versagung des Patentes den Rechtsweg offen gelassen hat, da für ihn hierbei ebenfalls sehr bedeutende Vermögensrechte auf dem Spiel stehen. (Vgl. Anm. 4 zu § 25.)

b) Das Patentamt ist verpflichtet diese Anträge anzunehmen und ihnen Folge zu geben. Gegen diese Bestimmung wurde in der Commission das Bedenken geltend gemacht, die Beseitigung der Zurückweisung a limine werde zu einer Erleichterung der Zurücknahme der Patente führen. Hierauf aber wurde erwidert, dass dies lediglich von den materiellen Voraussetzungen für die Zurücknahme abhänge.

c) Die Thatsachen, auf welche der Antrag gestützt sein muss, ergeben sich nach §§ 10 und 11.

§ 28.

Nachdem die Einleitung des Verfahrens verfügt ist, fordert (I.)
das Patentamt den Patentinhaber unter Mittheilung des Antrages auf, sich über denselben binnen vier Wochen zu erklären.

Erklärt der Patentinhaber binnen der Frist sich nicht, so (II. 1.)
kann ohne Ladung und Anhörung der Betheiligten sofort nach

dem Antrage entschieden, und bei dieser Entscheidung jede von dem Antragsteller behauptete Thatsache für erwiesen angenommen werden.

§ 29.

(II. 2.) Widerspricht der Patentinhaber rechtzeitig, oder wird im Falle des § 28 Absatz 2 nicht sofort nach dem Antrage entschieden, so trifft das Patentamt, und zwar im ersteren Falle unter Mittheilung des Widerspruchs an den Antragsteller, die zur Aufklärung der Sache erforderlichen Verfügungen. Es kann die Vernehmung von Zeugen und Sachverständigen anordnen. Auf dieselben finden die Vorschriften der Civilprozessordnung entsprechende Anwendung. Die Beweisverhandlungen sind unter Zuziehung eines beeidigten Protokollführers aufzunehmen.

Die Entscheidung erfolgt nach Ladung und Anhörung der Betheiligten.

(II. 3.) Wird die Zurücknahme des Patentes auf Grund des § 11 Nr. 2 beantragt, so muss der diesem Antrag entsprechenden Entscheidung eine Androhung der Zurücknahme unter Angabe von Gründen und unter Festsetzung einer angemessenen Frist vorausgehen.

§ 30.

In der Entscheidung (§§ 28. 29) hat das Patentamt nach freiem Ermessen zu bestimmen, zu welchem Antheil die Kosten des Verfahrens den Betheiligten zur Last fallen.

§ 31.

Die Gerichte sind verpflichtet, dem Patentamte Rechtshülfe zu leisten. Die Festsetzung einer Strafe gegen Zeugen und Sachverständige, welche nicht erscheinen oder ihre Aussage oder deren Beeidigung verweigern, sowie die Vorführung eines nicht erschienenen Zeugen erfolgt auf Ersuchen durch die Gerichte.

§ 32.

(III.) Gegen die Entscheidungen des Patentamtes (§§ 28. 29) ist die Berufung zulässig. Die Berufung geht an das Reichs-Oberhandelsgericht. Sie ist binnen sechs Wochen nach der

Zustellung bei dem Patentamte schriftlich anzumelden und zu begründen.

Durch das Urtheil des Gerichtshofes ist nach Massgabe des § 30 auch über die Kosten des Verfahrens zu bestimmen.

Im Uebrigen wird das Verfahren vor dem Gerichtshofe durch ein Regulativ bestimmt, welches von dem Gerichtshofe zu entwerfen ist und durch Kaiserliche Verordnung unter Zustimmung des Bundesraths festgestellt wird.

§ 33.

In Betreff der Geschäftssprache vor dem Patentamte finden die Bestimmungen des Gerichtsverfassungsgesetzes über die Gerichtssprache entsprechende Anwendung. Eingaben, welche nicht in deutscher Sprache abgefasst sind, werden nicht berücksichtigt.

a) In diesen §§ 28—33 ist das Verfahren der 7. Abtheilung des Patenthofes, der sogen. gerichtlichen Abtheilung, geordnet. Durch die Zahlen am Rande haben wir die Hauptverfahren speciell kenntlich zu machen versucht. Ein Contumacialverfahren ist ausgeschlossen.

b) Eine Forderung der Gerechtigkeit ist es nach Ansicht der Commission, den Patentinhaber gegen „die Zurücknahme seiner Patentrechte zu schützen, indem man den Willen des Patentamts zu seiner Kenntniss bringe, bei dessen Beachtung er den Verlust des Patents abwenden könne. Ob das Patentamt die Voraussetzungen des § 11 und dessen Anwendbarkeit als festgestellt ansehen werde, sei in den einzelnen Fällen nicht immer mit Bestimmtheit zu beurtheilen. Auch ein durchaus loyaler Patentinhaber, dem der Missbrauch seines Patentes fernliege, könne in die Lage kommen, dass das Patentamt ihm das Patent auf Grund des § 11 entziehen wolle, weil es seine Handlungen oder Unterlassungen anders beurtheile wie er selbst. Insbesondere müsse man den Fall vorsehen, dass über die Höhe und die Bedingungen der Licenzertheilung oder über den Umfang der Benutzung des Patentes zwischen dem Patentinhaber und Drittinteressenten Meinungsverschiedenheit entstehe. Eine solche brauche nicht immer aus dem bösen Willen oder der Nachlässigkeit des Patentinhabers hervorzugehen, und es könne die Weigerung des Patentinhabers, Licenzen zu ertheilen oder die Benutzung des Patentes zu erweitern, auf Gründen beruhen, über welche sich streiten lasse, die aber das Patentamt nicht als triftig anerkenne. In einem solchen Falle würde es ungerechtfertigt sein, wenn das Patentamt auf Zurücknahme des Patentes entschiede, ohne diese Entscheidung dem Inhaber vorher angedroht zu haben.

c) Im Anschluss hieran erklärte der Abgeordnete Baer (Offenburg), dass die Androhung eine Bestätigung enthalte, dass das Patentamt die dem

Patentinhaber angebotene Vergütung für angemessen erachtet (§ 11 Z. 2). Leistet nun der Patentinhaber dem Licenzgesuch des Antragstellers keine Folge, giebt er die Licenz nicht, dann wird er mit Recht auch des Patents verlustig gehen (§ 29). Wer aber das Patent im Inland auszuführen absolut unterlässt und sonach gegen den § 11 Ziffer 1 verstösst, wer lediglich die Vortheile des Patents im Ausland verwerthet, gleichwohl aber verhindert, dass von der Erfindung im Inland irgendwelcher Gebrauch gemacht werde, auch jedem Inländer verbietet, von der Erfindung Gebrauch zu machen, für den ist, wenn einmal die Frist abgelaufen ist, keine Aufforderung mehr nöthig, denn er war schon aufgefordert durch die Frist und ist präkludirt durch den Ablauf der Frist.

d) Der Entscheidung über Nichtigkeit eines Patents geht jedesmal eine mündliche Verhandlung des Patentamts, resp. der betr. Abtheilung desselben vorauf. (Mot. § 34.)

e) Die Verhandlungen im Patentamte sind nie öffentlich.

f) Die Kosten des Verfahrens sind in der Entscheidung des Patentamts nach Ermessen desselben zu bestimmen und zu vertheilen.

g) Bei den Verhandlungen vor dem Patentamt ist der Eid ausgeschlossen.

h) Die Gerichte sind verpflichtet nach dem Reichsgesetze vom 21. Juni 1869 (G. Bl. S. 305 cf.) und nach §§ 157 cf. des Gerichtsverfassungsgesetzes dem Patentamt Hülfe zu leisten.

i) Ein Theil der Kommission erklärte, sich bei dem durch die Androhung hergestellten Schutze gegen überrumpelnde Entscheidungen des Patentamtes um so weniger beruhigen zu können, weil es ihr zweifelhaft sei, ob dem Patentinhaber nach erfolgter ihm ungünstiger Entscheidung des Patentamtes, und während des Prozesses in der Berufungsinstanz noch die Möglichkeit zustehe, die definitive Zurücknahme seines Patentes durch die Annahme der Bedingungen des Licenzsuchers abzuwenden. Diesen Zweifeln gegenüber nahm die Majorität der Kommission mit den Regierungs-Kommissarien an, dass die Entscheidung des Patentamtes im Falle der Berufung an das Reichsoberhandelsgericht unbedenklich nicht als eine definitive zu gelten hat und dass der durch diese Entscheidung beeinträchtigte Patentinhaber auch während der Verhandlungen in der Berufungsinstanz die definitive Zurücknahme seines Patentes nach Lage des speziellen Falles verhindern kann.

k) Betreffend die Gerichtssprache theilt Landgraf folgende bezügliche Extrakte mit (Seite 128):

Die Gerichtssprache ist die deutsche.

Wird unter Betheiligung von Personen verhandelt, welche der deutschen Sprache nicht mächtig sind, so ist ein Dolmetscher zuzuziehen.

Die Führung eines Nebenprotokolls in der fremden Sprache findet nicht statt; jedoch sollen Aussagen und Erklärungen in fremder Sprache, wenn und soweit der Richter dies mit Rücksicht auf die Wichtigkeit der Sache für erforderlich erachtet, auch in der fremden Sprache in das Protokoll oder in eine Anlage niedergeschrieben werden. In den dazu geeigneten Fällen soll dem Protokolle eine durch den Dolmetscher zu beglaubigende Uebersetzung beigefügt werden.

Die Zuziehung eines Dolmetschers kann unterbleiben, wenn die betheiligten Personen sämmtlich der fremden Sprache mächtig sind.

Zur Verhandlung mit tauben oder stummen Personen ist, sofern nicht eine schriftliche Verständigung erfolgt, eine Person als Dolmetscher beizuziehen, mit deren Hülfe die Verständigung in anderer Weise erfolgen kann.

Ob einer Partei, welche taub ist, bei der mündlichen Verhandlung der Vortrag zu gestatten sei, bleibt dem Ermessen des Gerichts überlassen.

Dasselbe gilt in Anwaltsprozessen von einer Partei, die der deutschen Sprache nicht mächtig ist.

Personen, welche der deutschen Sprache nicht mächtig sind, leisten Eide in der ihnen geläufigen Sprache.

Der Dolmetscher hat einen Eid dahin zu leisten:

dass er treu und gewissenhaft übertragen werde.

Ist der Dolmetscher für Uebertragungen der betreffenden Art im Allgemeinen beeidigt, so genügt die Berufung auf den geleisteten Eid.

Der Dienst des Dolmetschers kann von dem Gerichtsschreiber war genommen werden. Einer besonderen Beeidigung bedarf es nicht.

Auf den Dolmetscher finden die Bestimmungen über Ausschliessung und Ablehnung der Sachverständigen entsprechende Anwendung. Die Entscheidung erfolgt durch das Gericht oder den Richter, von welchem der Dolmetscher zugezogen ist.

Vierter Abschnitt.

Strafen und Entschädigung.

§ 34.

Wer wissentlich den Bestimmungen der §§ 4 und 5 zuwider eine Erfindung in Benutzung nimmt, wird mit Geldstrafe bis zu fünftausend Mark oder mit Gefängniss bis zu Einem Jahre bestraft und ist dem Verletzten zur Entschädigung verpflichtet.

Die Strafverfolgung tritt nur auf Antrag ein.

a) Die Motive der Regierungsvorlage sagen: In Betreff der civilrechtlichen, wie der strafrechtlichen Verfolgung etwaiger Patentverletzungen hat der Entwurf sich auf die nothwendigsten Bestimmungen beschränkt. Es erschien angemessen, den allgemeinen Grundsätzen des bürgerlichen Rechts und des Strafrechts insoweit ihre Geltung zu lassen, als die Natur der Rechtsverhältnisse und das praktische Bedürfniss eine Abweichung nicht unerlässlich machen. In Betreff der Zulässigkeit von Entschädigungsklagen überhaupt, der Verjährung der Entschädigungsansprüche, in Betreff der Voraussetzungen der Strafbarkeit der Verjährung, der Strafverfolgung und Strafvollstreckung, der Einziehung der zu den strafbaren Handlungen benutzten oder durch dieselben hervorgebrachten Gegenstände soll es nach dem Entwurfe bei den allgemeinen Rechtsgrundsätzen sein Bewenden behalten. Wenn der Entwurf die Strafbarkeit einer Patentverletzung ebenso wie die Entschädigungspflicht ausdrücklich davon abhängig gemacht hat, dass die Verletzung wissentlich geschehen ist, so geht die Absicht dahin, den gewerblichen Verkehr vor den Belästigungen und vor der Unsicherheit zu schützen, welchen derselbe ausgesetzt sein würde, wenn die Bevölkerung und namentlich das Handel und Gewerbe treibende Publikum über den Inhalt und die Tragweite der bestehenden Patente, um der Gefahr gerichtlicher Bestrafung und einer unter Umständen sehr weitreichenden civilrechtlichen Haftung enthoben zu sein, jederzeit sich in Kenntniss zu erhalten hätte.

b) Eine Bestrafung und Entschädigung tritt nur gegen den Patentverletzer ein, wenn er wissentlich das Patent eines Anderen verletzt hat. Es ist diese Auffassung geltend gewesen, weil man nicht von jedem Einzelnen verlangen kann, dass er bei irgend welcher gewerblichen Einrichtung etc. erst hingehe, um die Patentrolle einzusehen oder das gesammte Patentregister durchzustudiren. Die Unterlassung dieser einzigen möglichen Schutzmittel gegen eine unwissentliche Patentverletzung ist nicht fahrlässig. Selbst bei der grössten Aufmerksamkeit ist Niemand im Stande die ganze Kette der Erfindungen resp. der ertheilten und in Kraft stehenden Patente zu kennen. Hierin unterscheidet sich das Urheberrecht an Patenten wesentlich vom Urheberrecht an Schriftwerken, wo eine rein mechanische Vervielfältigung vorliegt, und an Modellen, Mustern oder Kunstwerken, wo eine Wiederholung zum Zweck der Verwerthung stattfindet, sich also stets objektiv an das Produkt knüpft und von der Methode der Herstellung absieht. Man denke nur an Gewebemuster. Es entscheidet dabei die Wiederholung und Nachbildung des Musters in sich und es bleibt ganz gleichgültig, ob dieses gleiche Resultat mit Hülfe anderer Methoden oder Stoffe hergestellt wurde. Bei dem Patent ist es aber wesentlich die Methode, welche geschützt ist, in vielen Fällen ist ein Produkt nicht geschützt, ja sogar vom Schutz ausgeschlossen. Es kommt dabei also auf wesentlich andere Thatsachen an und zwar wesentlich auf die Thatsache, sich des patentirten Mittels, Prozesses etc. zur Herstellung eines Produktes bedient zu haben. Stellt sich heraus, dass das imitirte Produkt durch eine andere Methode erzielt worden ist, als die patentirte, so kann diese sogar ev., wenn sie noch nicht offenkundig war, geschützt werden. Es können somit die Strafparagraphen des Urheberrechts hier nicht ohne Weiteres Platz greifen.

Eine viel praktischere und zweckmässigere Handhabe würde man zum Nachweis der Imitation haben, wenn jeder Patentinhaber gezwungen wäre, die nach seinem Patent gefertigten Produkte mit einer Aufschrift als patentirt zu bezeichnen; dann wäre auch der etwaige dolus leichter zu bestätigen.

c) Die vollendete Patentverletzung würde eintreten bei Herstellung, Feilhaltung, Verkauf, Benutzung in widerrechtlicher Weise. Auch hierbei tritt die Eigenthümlichkeit der patentirten Erfindungen ein, weil das Produkt meistens gar nicht entscheidet, sondern erst die Konstatirung des widerrechtlichen Herstellungsmodus. Es wird ausserordentlich schwer sein, die wissentliche Verletzung nachzuweisen, — von einer fahrlässigen kann gar nicht die Rede sein, denn A ist nicht gehalten zu untersuchen, ob B, welcher dieselben Produkte fertigt und ohne Patenterwerb in den Handel bringt, dieselben nach einem anderen Verfahren oder demselben erzeugt. Erst, wenn die Produkte mit Vermerk versehen sind, dass sie Gegenstand eines Patentes sind, erst dann tritt an A die Mahnung heran, zu untersuchen, ob B etwa dasselbe Verfahren benutzt. Er könnte dies dann leicht erkundigen bei dem Patentamt, und sich vor Schaden selbst hüten, andererseits aber zur Vermeidung von Kollisionen wesentlich beitragen. In diesem Sinne hatte der Reichstagsabgeordnete Dr. Grothe folgenden Antrag gestellt: Hinter § 33 der Commissionsbeschlüsse einen § 33a. einzuschalten:

„Dem Patentinhaber steht es frei, den nach seinem Patent ausgeführten Gegenständen, deren Verpackung etc. den Vermerk der Patentirung beizufügen. Dieser Vermerk muss jedoch die Bezeichnung „Deutsches Patent“ enthalten.“ Er vertheidigte diesen Antrag jedoch aus einem anderen Sinne, weil sich die Kommission einem ähnlichen aber obligatorisch gehaltenen Zusatze des Abgeordneten Dr. Braun widersetzt hatte. Dr. Grothe sagte: „Meine Herren, der Anlass zu diesem Paragraphen ist ursprünglich durch den Herrn Abgeordneten Dr. Braun in der Kommission gegeben worden. Derselbe betonte ganz besonders, wie das ja auch bekannt ist, dass unsere deutschen Erzeugnisse im Ausland so häufig nicht allein ohne eine Bezeichnung, dass sie deutsche Fabrikate seien, sondern im Gegentheil mit der trügerischen Bezeichnung, dass sie englische, französische Fabrikate seien, im Handel sind. Ich glaube, dass das Patentgesetz einen sehr bequemen Anlass bietet, auch die deutschen Fabrikanten dazu anzuhalten, dass sie das, was sie fabriziren, auch als deutsches Fabrikat bezeichnen und so dem deutschen Gewerbfleiss zur Anerkennung mitverhelfen. Diese Hochhaltung deutschen Gewerbefleisses ist der Hauptgrund dafür gewesen, dass ich diesen Antrag so formulirt habe unter Aufnahme der Idee des Herrn Dr. Braun. In der maassvollen Fassung ist diese Förderung, glaube ich, ganz unbedenklich annehmbar, da sie lediglich verlangt, dass auf den Fabrikaten, die Produkt deutscher Intelligenz sind und Gegenstand eines deutschen Patents, der Vermerk „deutsches Patent“ aufgedruckt werden kann, d. h. es steht dem Fabrikanten frei, diesen Vermerk zu machen oder nicht.“

„Ausserdem hat dieser Paragraph den wesentlichen Effekt, zu verhindern, dass Gegenstände, die Ausländern in Deutschland patentirt sind, aber lediglich oder hauptsächlich im Ausland — respektive der Heimath des Patentirten — fabrizirt werden, in Deutschland, wo sie ebenfalls ausgeführt werden müssen, zu importiren. Mit dieser Bestimmung ist der Ausländer mehr veranlasst, sie auch im Inland nach dem Wortlaut des Gesetzes in grösserem Maasstab zur Ausführung zu bringen. Er wird ausserdem daran gehindert, dieselben Produkte mit dem Vermerk „englisches Patent“ in das Inland einzuführen. Es wird zweifellos auf diese Weise dem deutschen Patentgesetz und Gewerbefleisse in gründlicher Weise Rechnung getragen.“

„Ich erinnere Sie zum Schluss an die Worte des Herrn Regierungskommissars Dr. Jacobi, welcher sagte: „Wir wollen, dass das deutsche Fabrikat auf allen Märkten der Welt zu der Anerkennung komme, welche es verdient, und dass das deutsche Fabrikat überall als deutsches Fabrikat erscheine. Das erfordert die nationale Ehre!“

Wahrscheinlich würde schon in dieser Weise auch der Zweck erreicht sein, besser feststellen zu können, ob eine Nachahmung wissentlich, fahrlässig etc. geschehen ist, da der Grothe'sche Antrag ferner noch beantragte: In § 40 nach Satz 2 folgenden Satz hinzuzufügen:

„3. wer gegen die Bestimmung des §. 33a. verstösst.“ —

Den Inhabern von Patenten, denen an der Unantastbarkeit Ihrer Patente gelegen ist, ist dringend anzurathen, den patentirten Produkten, resp. den mit patentirten Mitteln und Methoden hergestellten Gegenständen einen Vermerk zuzufügen, dass dieselben **„Patentirt“** sind durch Bezeichnung D. P. Jahreszahl und Datum.

d) Der Verletzte stellt den Strafantrag. Siehe Strafgesetzbuch § 61 cf. Strafprozessordnung § 156.

e) Ein Strafantrag kann nicht zurückgenommen werden, wenn er einmal gestellt ist.

Durch Verjährung wird die Strafverfolgung und die Strafvollstreckung ausgeschlossen. Die Strafverfolgung von Vergehen, die im Höchstbetrage mit einer längeren als dreimonatlichen Gefängnissstrafe bedroht sind, verjährt in fünf Jahren, von anderen Vergehen in drei Jahren. Die Strafverfolgung von Uebertretungen verjährt in drei Monaten. Die Verjährung beginnt mit dem Tage, an welchem die Handlung begangen ist, ohne Rücksicht auf den Zeitpunkt des eingetretenen Erfolges. Jede Handlung des Richters, welche wegen der begangenen That gegen den Thäter gerichtet ist, unterbricht die Verjährung. Die Unterbrechung findet nur rücksichtlich desjenigen statt, auf welchen die Handlung sich bezieht. Nach der Unterbrechung beginnt eine neue Verjährung.

f) Strafverfolgung wegen Patentverletzung verjährt in fünf Jahren. (Dambach S. 75. Str. Ges. B. § 67.)

g) Ueber Einziehung (ad a), Confiscation etc. widerrechtlich hergestellter Gegenstände ist wohl deshalb weiter nichts gesagt, weil die

Verschiedenartigkeit der Erfindungen, die patentirt werden, zu gross ist. Eine Methode kann nicht confiscirt werden; auch die Apparate dazu nicht, weil sie auch zu vielen anderen Erzeugnissen zugleich benutzt werden können. Erst in späterer Zeit wird sich für die Einziehung ein Anhalt geben lassen; denn das Patent leitet die Bemühung der Erfinder und Industriellen dahin, für eine Methode spezielle Apparate und Maschinen zu ersinnen und wenn Methode, Maschine (und Produkt), zugleich patentirt sind, wird sich eine Normativbestimmung über Confiskation, welche nach dem § 34 möglich ist, von selbst ergeben. Lenz wünschte folgenden Paragraphen: Rev. Patentschutzvereins-Entwurf § 36. „Das Gericht kann durch Erkenntniss die geeigneten Massregeln treffen, um weitere Beschädigung des klägerischen Patentinhabers durch den Verklagten zu verhüten; diese Massregeln können in Androhung von Strafen und in der Vernichtung solcher Sachen und Vorrichtungen bestehen, deren Besitz bei dem Verklagten eine fernere Verletzung des Patentrechts besorgen lässt."

h) Bezüglich des Einwandes der Nichtigkeit des Patents seitens des Angeklagten giebt Dambach Seite 76 folgende scharfe Erklärung: Wenn der Verklagte oder der Angeklagte den Einwand erhebt, dass das ertheilte Patent nichtig sei und dass er in Folge dessen sich einer widerrechtlichen Patentverletzung nicht schuldig gemacht habe, so darf das Gericht über diesen Einwand nicht selbständig erkennen, da die Entscheidung über die Nichtigkeitserklärung eines Patentes ausschliesslich zur Competenz des Patentamts und des Reichs-Oberhandelsgerichts gehört. (Dies wurde in der Commission und durch die Regierungs-Commissare ausdrücklich zu Protocoll gegeben am 16. April 1877.) Es könnte nach dem Wortlaute des Gesetzes zweifelhaft sein, ob der Einwand der Nichtigkeit des Patentes überhaupt zulässig sei oder ob nicht das Patent so lange, als es formell besteht, auch gegen jede Zuwiderhandlung geschützt sein müsse. Allein bei der Berathung des Gesetzentwurfes in der Reichstags-Kommission wurde allseitig anerkannt, dass der Einwand der Nichtigkeit an sich zulässig sei, und dass in solchen Fällen das Gericht das weitere Verfahren auszusetzen haben werde, bis die Entscheidung des Patentamts über den Antrag auf Nichtigkeitserklärung ergangen ist. (Komm.-Ber. S. 43; Strafprozessordnung §. 261, Civilprozessordnung §. 139.) Das Gericht wird daher in solchen Fällen dem Verklagten oder Angeklagten eine Frist stellen müssen, binnen welcher er den Antrag auf Nichtigkeitserklärung des Patentes beim Patentamt anzubringen habe, widrigenfalls auf seinen Einwand keine Rücksicht genommen werden könne.

i) Die Höhe der Geldstrafe ist nur auf ein Maximum von 5000 M. bemessen und erscheint gegenüber der Besteuerung des Erfinders zu gering. Lenz bemerkt hierzu (S. 26): Thatsächlich ist eine Strafe von 5000 M. bei manchen sehr werthvollen Erfindungen, nur eine Kleinigkeit und wenn der Patentinhaber nicht zugleich eine Entschädigung zu fordern im Stande ist, so kann die niedrige Bemessung des Strafmasses in manchen Fällen kein hinreichendes Prohibitiv sein. Ebenso ist die

Normirung der Maximal-Geldbusse, unter Ausschluss aller ferneren Entschädigung, mit M. 10,000 viel zu niedrig normirt. Fünfzig- und hunderttausend Mark würden besser entsprechen.

k) Die Entschädigungsklage ist vor dem Civilrichter anzubringen und wird nicht durch die Strafklage ausgeschlossen, sondern läuft mit ihr parallel, soweit nicht von dem Strafrichter die Zuerkennung einer Busse (§ 36) beantragt wird. (Landgraf Seite 138. 8.)

§ 35.

Erfolgt die Verurtheilung im Strafverfahren, so ist dem Verletzten die Befugniss zuzusprechen, die Verurtheilung auf Kosten des Verurtheilten öffentlich bekannt zu machen. Die Art der Bekanntmachung, sowie die Frist zu derselben ist im Urtheil zu bestimmen.

§ 36.

Statt jeder aus diesem Gesetze entspringenden Entschädigung kann auf Verlangen des Beschädigten neben der Strafe auf eine an ihn zu erlegende Busse bis zum Betrage von zehntausend Mark erkannt werden. Für diese Busse haften die zu derselben Verurtheilten als Gesammtschuldner.

Eine erkannte Busse schliesst die Geltendmachung eines weiteren Entschädigungsanspruchs aus.

§ 37.

Die im § 12 des Gesetzes, betreffend die Errichtung eines obersten Gerichtshofes für Handelssachen, vom 12. Juni 1869, geregelte Zuständigkeit des Reichs-Oberhandelsgerichts wird auf diejenigen bürgerlichen Rechtsstreitigkeiten ausgedehnt, in welchen durch die Klage ein Anspruch auf Grund der Bestimmungen dieses Gesetzes geltend gemacht wird.

§ 38.

Die Klagen wegen Verletzung des Patentrechts verjähren rücksichtlich jeder einzelnen dieselbe begründenden Handlung in drei Jahren.

§ 39.

Darüber, ob ein Schaden entstanden ist und wie hoch sich derselbe beläuft, entscheidet das Gericht unter Würdigung aller Umstände nach freier Ueberzeugung.

§ 40.

Mit Geldstrafe bis zu einhundertfünfzig Mark oder mit Haft wird bestraft:

1. wer Gegenstände oder deren Verpackung mit einer Bezeichnung versieht, welche geeignet ist, den Irrthum zu erregen, dass die Gegenstände durch ein Patent nach Massgabe dieses Gesetzes geschützt seien;
2. wer in öffentlichen Anzeigen, auf Aushängeschildern, auf Empfehlungskarten oder in ähnlichen Kundgebungen eine Bezeichnung anwendet, welche geeignet ist, den Irrthum zu erregen, dass die darin erwähnten Gegenstände durch ein Patent nach Massgabe dieses Gesetzes geschützt seien.

Diese Paragraphen enthalten:

a) § 35. Veröffentlichung des Urtheils nach Wortlaut des § 17 im Markenschutzgesetz. Dieselbe ist dem Verletzten überlassen, der sie event. mit behördlicher Hülfe durchsetzen kann.

b) § 36. Hierzu sehe man die Anmerkungen zu § 34. Die Abschätzung der Busse und Entschädigung wird in der Praxis viele Schwierigkeiten ergeben. — Jedenfalls ist nicht ausgeschlossen, dass ein Angeklagter für die gesetzwidrige Nachahmung eines Fabrikationssystems, welches mehrere Patente benutzt, für die Verletzung jedes einzelnen dieser Patente mit einer Buse bis zu 10000 Mark bestraft werden kann. Dadurch ebnet sich das Bedenken über das geringe Entschädigungsmass etwas. Auch die ausdrückliche Bestimmung (§ 20), dass mehrere Erfindungen zusammen nicht durch ein Patent geschützt werden können, tritt hier in ihrer eigentlichen Bedeutung günstig für den Patentinhaber ein. Besonders die Grossindustrie erfährt hierdurch einen entsprechenden, angemessenen Schutz. Hat z. B. Jemand auf Grund von Patenten eine neue Spinnerei gegründet, erstrecken sich die Patente auf die Wölfe, Krempel, Vorspinnmaschinen und Feinspinnmaschinen, und es errichtet der Verletzer, der in Besitz der patentirten Maschinen gekommen ist, ohne Erlaubniss des Patentinhabers eine gleiche Spinnerei so hat der Patentinhaber für 5 Patente z. B. zu klagen und event. auf 50,000 Mark Entschädigung Anspruch. Das Gesetz drängt durch solche und andere Bestimmungen effektiv dahin, dass die Spezialisirung der Technik bei uns gepflegt werde; Jeder hat von Patentswegen das Interesse seine Fabrikation auf viele Patente zu begründen. —

c) § 36. Diese Verjährung bezieht sich nur auf die civilrechtlichen Klagen. Die strafrechtlichen verjähren in 5 Jahren. (§ 34 f.)

d) Die deutsche Civil-Prozess-Ordnung sagt hierüber: Ist unter den Parteien Streit, ob ein Schaden entstanden sei und wie hoch sich der Schaden oder ein zu ersetzendes Interesse belaufe, so entscheidet hierüber das Gericht unter Würdigung aller Umstände nach freier Ueberzeugung. Ob und inwieweit eine beantragte Beweisaufnahme oder von Amtswegen die Begutachtung durch Sachverständige anzuordnen sei, bleibt dem Ermessen des Gerichts überlassen. Das Gericht kann anordnen, dass der Beweisführer den Schaden oder das Interesse eidlich schätze. In diesem Falle hat das Gericht zugleich den Betrag zu bestimmen, welchen die eidliche Schätzung nicht übersteigen darf. Siehe auch Klostermann, Patentgesetzgebung S. 220: desselben Urheberrecht pag. 253—255; Dambach, Urheberrecht S. 143. Vorschrift über den Schätzungseid § 260 der Civil-Prozess-Ordnung. —

e) § 40. Der betreffende Strafantrag wird von dem Patentamt erfolgen müssen.

Diesem Gesetz sind als 5. Abschnitt Uebergangsbestimmungen beigegeben:

Fünfter Abschnitt.

Uebergangsbestimmungen.

§ 41.

Die auf Grund landesgesetzlicher Bestimmungen zur Zeit bestehenden Patente bleiben nach Massgabe dieser Bestimmungen bis zu ihrem Ablauf in Kraft; eine Verlängerung ihrer Dauer ist unzulässig.

§ 42.

Der Inhaber eines bestehenden Patentes (§ 41) kann für die dadurch geschützte Erfindung die Ertheilung eines Patentes nach Massgabe dieses Gesetzes beanspruchen. Die Prüfung der Erfindung unterliegt dann dem durch dieses Gesetz vorgeschriebenen Verfahren. Die Ertheilung des Patentes ist zu versagen, wenn vor der Beschlussfassung über die Ertheilung der Inhaber eines anderen, für dieselbe Erfindung bestehenden Patentes (§ 41) die Ertheilung des Patentes beansprucht oder gegen die Ertheilung Einspruch erhebt. Wegen mangelnder Neuheit ist die Ertheilung des Patentes nur dann zu versagen, wenn die Erfindung zur Zeit, als sie im Inlande zuerst einen Schutz erlangte, im Sinne des § 2 nicht mehr neu war.

Mit der Ertheilung eines Patentes nach Massgabe dieses Gesetzes erlöschen die für dieselbe Erfindung bestehenden Patente (§ 41), soweit der Inhaber des neuen Patentes deren Inhaber ist. Soweit dieses nicht der Fall ist, treten die gesetzlichen Wirkungen des neuen Patentes in dem Geltungsbereiche der bestehenden Patente erst mit dem Ablaufe der letzteren ein.

§ 43.

Auf die gesetzliche Dauer eines nach Massgabe des § 42 ertheilten Patentes wird die Zeit in Anrechnung gebracht, während deren die Erfindung nach dem ältesten der bestehenden Patente im Inlande bereits geschützt gewesen ist. Der Patentinhaber ist für die noch übrige Dauer des Patentes zur Zahlung der gesetzlichen Gebühren (§ 8) verpflichtet; der Fälligkeitstag und der Jahresbetrag der Gebühren wird nach dem Zeitpunkte bestimmt, mit welchem die Erfindung im Inlande zuerst einen Schutz erlangt hat.

§ 44.

Durch die Ertheilung eines Patentes nach Massgabe des § 42 werden diejenigen, welche die Erfindung zur Zeit der Anmeldung derselben ohne Verletzung eines Patentrechts bereits in Benutzung genommen oder die zur Benutzung erforderlichen Veranstaltungen getroffen hatten, in dieser Benutzung nicht beschränkt.

§ 45.

Dieses Gesetz tritt mit dem 1. Juli 1877 in Kraft.

Urkundlich etc.

Gegeben etc.

Berlin, den 25. Mai 1877.

Zu den Uebergangsbestimmungen ist zu bemerken:

1. Alle bis jetzt in irgend einem deutschen Lande ertheilten Patente bleiben in Kraft bis zu ihrem Ablauf und können nicht verlängert werden vom 1. Juli 1877 ab. (§ 41).
2. Der Inhaber eines Patentes in irgend einem deutschen Staate hat das Recht die Umwandlung seines Patentes in ein Reichspatent zu verlangen. Er ist aber dann verpflichtet die Gebühren laut § 8 zu zahlen, wobei der Gebührensatz eintritt, der sich aus der Berechnung ergiebt, wie lange das Patent als Reichs-

patent noch bestehen kann. Also wenn ein Patent bereits 4 Jahre bestand, so hat es als Reichspatent nur noch 15 weniger 4 Jahre zu laufen und hat den Gebührensatz des 5. Jahres zu entrichten. (§ 43.)

3. Die Anmeldung zur Umwandlung richtet sich nach § 20. — Die Prüfung geschieht jedoch ohne Rücksicht auf Paragraph 2 bezüglich erfolgter Drucklegung. (§ 42.)
4. Hat A in einem Reichslande
   B in einem andern Reichslande für dieselbe Erfindung ein ein Patent, so erhält zunächst der erste Anmelder z. B. A das Reichspatent, wenn nicht B rechtzeitig Einspruch erhebt. Ist letzteres der Fall, so erhält keiner ein Patent. Unterlässt B den Einspruch und hat A also ein Reichspatent erhalten, so wird B abgewiesen, behält aber sein Landespatent.
5. Mit Ertheilung des Reichspatentes erlischt das Landespatent. (§ 42.)
6. Das Landespatent berechtigt auch ferner nur zur Benutzung der Erfindung in dem patentirten Umfang. (§ 44.)

Resolutionen

zum

P a t e n t g e s e t z.

I. Die ausführlichen überraschenden Mittheilungen, die im Laufe des Jahres 1876 durch Dr. Königs, Prof. Geh.-Rath Reuleaux, Dr. von Steinbeis u. A. über die vorzügliche Einrichtung des Patentmuseums in Washington (U. S.) nach Deutschland gedrungen waren, machten uns Deutsche aufmerksam auf das, was mit einem guten Patentgesetz nebenher und wiederum auch als wichtige Sache erreicht werden könne. Dr. v. Steinbeis schrieb darüber[1]):

Mittlerweile habe ich nun das Patent-Office in Washington kennen gelernt und damit erst das Modell dessen, was Deutschland anzustreben hätte. Anstatt der Verwaltungs- und Gerichtsbehörde, welche den bisherigen Beschreibungen nach darin zu erwarten war, fand ich eine mit grösstem Raffinement ausgebildete Erfindungsbeförderungsanstalt, ein Conservatorium des gewerblichen Fortschritts, — ein historisch angelegtes, durch und durch technologisch geordnetes Gewerbemuseum, — welchem gegenüber unsere continentalen Gewerbemuseen (ich darf mich ja rühmen, 1849 das erste derselben gegründet zu haben —) gerade zu Trödelbuden erscheinen!! . . . .

Wir meinen in Europa, als ein gut gezogenes Bureaukratenvolk diese Sammlung in Washington sei dort blos für die Untersuchungen des Patentamtes und für die Constatirung des Nichtneuen bei der Patentertheilung vorhanden, — das ist aber nur der eine Theil ihres Zweckes, — obgleich sie allerdings auch das officielle Katasterbureau des ganzen Erfindungsgebietes ist, in welchem die Grenzen jeder Erfindung genau eingezeichnet sind; ihre Hauptwirkung liegt aber in der sichtbaren Darstellung (demonstratio ad oculos) aller derjenigen Bemühungen, welche bis dahin gemacht worden sind, um den einen Gegenstand zu verbessern; ja in der vor Augen ausgelegten Genesis aller

---

[1]) Dr. Grothe, Die Industrie Amerikas. S. 101. Berlin 1877. Burmester u. Stempell.

nutzbaren Gegenstände, welche rasch das Praktische vom Unpraktischen unterscheiden lehrt und darum jenen praktischen Sinn ausbildet, den wir an den Amerikanern als eine Art „Naturanlage" bewundern, der aber die Frucht einer von dieser in ihrer Art einzigen National-Anstalt ausgehenden Erziehung ist. Freilich laufen nicht alle Erfinder von ganz Amerika nach dem Patent-Office und seinen Sammlungen, um dort Studien zu machen. Dasselbe hat aber seine Apostel in ganz Amerika, welche überall das Evangelium der richtigen Erfindung predigen und die Erfinder auf den richtigen Weg leiten. Es sind dies die an allen bedeutenden Orten befindlichen Patentagenten, ohne deren Mitwirkung in Amerika keine Erfindung gemacht wird.

Zu solchen Schilderungen kamen sodann noch die Anregungen von vielen Seiten für Schaffung gewerblicher Sammlungen, Gewerbemuseen etc.

Alles dies veranlasste den Abgeordneten Dr. Hammacher, folgende Resolution für den Reichstag zu stellen:

„Der Reichstag wolle beschliessen, den Reichskanzler aufzufordern:

1. die Herstellung eines deutschen Museums für die Aufstellung von Modellen und anderen Darstellungen neuer Erfindungen in Erwägung zu ziehen, und
2. die etwaigen Ueberschüsse der Patentamts-Verwaltung für die Zwecke eines solchen Museums anzusammeln, jedenfalls nur im Interesse der Förderung und Nutzbarmachung nützlicher neuer Erfindungen zu verwenden.

Herr Dr. Hammacher hob zur Rechtfertigung den grossen Nutzen hervor, den andere Nationen, insbesondere die Bürger der vereinigten Staaten von Nordamerika aus den Sammlungen und der öffentlichen Aufstellung der Modelle, Beschreibungen etc. neuer Erfindungen schöpften. Er verwies auf die Bedeutung des öffentlichen Anschauungsunterrichts für das ganze Volk, auf die daraus in dem vorliegenden Falle zu gewärtigenden Anregungen und Belehrungen, — sowie endlich auf die Nothwendigkeit, die deutschen Gewerbetreibenden zum Selbstbewusstsein zu bringen und die Leistungen der deutschen Ingenieure und Arbeiter gegen unverdiente Herabsetzung zu schützen.

Diese Resolution wurde vom Abgeordneten Richter (Hagen) bekämpft und sodann abgelehnt.

II. Der Abgeordnete Dr. Grothe hatte den Antrag gestellt:

Der Reichstag wolle beschliessen:

in Erwägung, dass durch die Einsetzung des Patentamtes auch für die verwandten Musterschutz- und Markenschutzgesetze eine entsprechende Zentralstelle geschaffen wird,

die Reichsregierung aufzufordern, in der nächsten Session des Deutschen Reichstages eine Gesetzvorlage einzubringen betreffend die Umänderung derjenigen Paragraphen der Musterschutz- und

Markenschutzgesetze, welche über die zur Anmeldungsannahme und Eintragung befugte Behörde handeln, als welche demnächst das Patentamt einzusetzen und zu bezeichnen ist.

Er motivirte denselben mit wenigen Worten:

Meine Herren, diese Resolution will vor allen Dingen eine Vereinfachung aller der Geschäfte, welche sich mit dem Schutze der Industrie und des Gewerbefleisses an und für sich beschäftigen. Sie will anbahnen, dass die Muster-, Marken- und Patentschutzgesetze gewissermassen in ihrer Ausführung unifizirt werden. Ich enthalte mich der vorgeschrittenen Zeit wegen einer weiteren Motivirung der Sache selbst und glaube nur darauf hinweisen zu müssen, dass momentan die Ausführung des Musterschutzgesetzes an der Zerstreutheit der einzelnen Anmeldestellen nicht den erwarteten Einfluss übt, sondern wesentlich leidet, dass ganz in derselben Weise auch das Markenschutzgesetz mangelhaft gehandhabt wird. Ich halte es für höchst vortheilhaft, ja für höchst wünschenswerth und wichtig und vielleicht auch sogar für nothwendig, dass diese Schutzgesetzämter vereinigt werden mit dem Patentamt.

Nach einer Erwiderung des Abgeordneten Struckmann, der die enge Verbindung des Markenschutzregisters mit dem Handelsregister als glücklich betonte und in dem Vorschlage keine Erleichterung sondern Erschwerung zu finden glaubte, und bei der augenscheinlichen Ermüdung des Hauses zog der Antragsteller auf Rath seiner Freunde die Resolution zurück, um sie bei passender Gelegenheit wieder einzubringen. — Es unterliegt keinem Zweifel, dass die Vereinigung ungemeine Vorzüge haben würde. Die mangelhaften Erfolge des Musterschutz- und Markenschutzgesetzes haben zum grössten Theil ihren Grund in dem Mangel einer Centralstelle, für welche das Patentamt wie geschaffen ist. —

Verordnung,

betreffend

die Einrichtung, das Verfahren und den Geschäftsgang des Patentamts.

Vom 18. Juni 1877.

Wir **Wilhelm**, von Gottes Gnaden Deutscher Kaiser, König von Preussen etc.

verordnen zur Ausführung des Patentgesetzes vom 25. Mai 1877 (Reichs-Gesetzbl. S. 501) im Namen des Reichs, nach erfolgter Zustimmung des Bundesraths, was folgt:

§. 1. Das Patentamt besteht aus sieben Abtheilungen.

Zuständig sind:

die Abtheilungen I. und II. für die Beschlussfassung über Patentgesuche ausschliesslich aus dem Gebiete der mechanischen Technik;

die Abtheilungen III. und IV. für die Beschlussfassung über Patentgesuche ausschliesslich aus dem Gebiete der chemischen Technik;

die Abtheilungen V. und VI. für die Beschlussfassung über solche Patentgesuche, welche das Gebiet der chemischen und der mechanischen Technik zugleich berühren, sowie über alle sonstigen Patentgesuche;

die Abtheilung VII. für die Beschlussfassung und Entscheidung in dem Verfahren wegen Erklärung der Nichtigkeit und wegen Zurücknahme ertheilter Patente.

§. 2. Für Beschwerden gegen den Beschluss einer Abtheilung in dem Verfahren wegen Ertheilung eines Patentes ist diejenige Abtheilung zuständig, welche neben der ersteren nach §. 1 über Patentgesuche aus demselben Gebiete der Technik zu beschliessen hat. Der Vorsitzende des Patentamts kann jedoch im einzelnen Falle bestimmen, dass ausser der hiernach zuständigen Abtheilung eine oder mehrere andere Abtheilungen bei der Beschlussfassung über die Beschwerde mitwirken sollen.

Für Beschwerden in dem Verfahren wegen Erklärung der Nichtigkeit oder wegen Zurücknahme eines Patentes sind diejenigen beiden Abtheilungen gemeinsam zuständig, welche nach §. 1 über Patentgesuche zu beschliessen haben, die demselben Gebiete der Technik, wie das angefochtene Patent, angehören.

§. 3. Die näheren Bestimmungen über die Vertheilung der Geschäfte an die einzelnen Abtheilungen hat der Vorsitzende des Patentamts zu treffen. Für Anträge oder Gesuche, welche die Ertheilung, die Erklärung der Nichtigkeit oder die Zurücknahme eines Patentes nicht betreffen, kann er in jedem einzelnen Falle die Zuständigkeit bestimmen.

§. 4. An den Verhandlungen einer Abtheilung können nur solche Mitglieder theilnehmen, welche der Abtheilung angehören.

Den Abtheilungen I. und II. müssen mindestens je 5, den Abtheilungen III. und IV. mindestens je 3, den Abtheilungen V. und VI. mindestens je 4 und der Abtheilung VII. mindestens 6 nicht ständige Mitglieder angehören. Von den Mitgliedern der Abtheilung V. und der Abtheilung VI. muss mindestens je eins aus jeder der ersten vier Abtheilungen, von den Mitgliedern der Abtheilung VII. muss mindestens je eins aus jeder der ersten sechs Abtheilungen entnommen sein.

Jeder Abtheilung muss mindestens ein ständiges Mitglied, der Abtheilung VII. ausserdem der Vorsitzende des Patentamts angehören.

§. 5. Die Abtheilungen werden durch eine Verfügung des Vorsitzenden des Patentamts, welche die Mitglieder einer jeden Abtheilung bezeichnet, auf die Dauer eines Jahres oder für einen längeren Zeitraum gebildet.

Bei Ablauf der Zeit, für welche die Abtheilungen gebildet waren, erlässt der Vorsitzende des Patentamts eine neue Verfügung, welche die Abtheilungen abermals im Voraus auf mindestens ein Jahr bildet. Hierbei kann die Zusammensetzung der Abtheilungen unverändert bleiben. Im Falle des Todes, der Erkrankung oder der längeren Abwesenheit eines Mitgliedes können in die davon betroffene Abtheilung, soweit und so lange das Bedürfniss dieses erfordert, durch Verfügung des Vorsitzenden Mitglieder anderer Abtheilungen zur Aushülfe berufen werden.

§. 6. Die Geschäftsleitung in den Abtheilungen führt das von dem Vorsitzenden des Patentamts hierzu bestimmte Mitglied. In der Abtheilung VII. führt sie der Vorsitzende des Patentamts selbst. Bei Beschwerden gegen Beschlüsse einer der ersten sechs Abtheilungen steht die Geschäftsleitung dem Vorsitzenden des Patentamts zu; welchem der ständigen Mitglieder bei Beschwerden gegen Beschlüsse der Abtheilung VII die Geschäftsleitung zustehen soll, bestimmt der Vorsitzende des Patentamts zum Voraus für die in §. 5 bezeichnete Zeit.

Ueber die Vertretung im Vorsitz, sowie über die Vertretung in der Geschäftsleitung der Abtheilungen hat der Vorsitzende des Patentamts Bestimmung zu treffen.

§. 7. In den Abtheilungen liegt es dem geschäftsleitenden Mitgliede ob, die für den Fortgang der Sachen erforderlichen Verfügungen, soweit dadurch der Entscheidung nicht vorgegriffen wird, zu treffen. Insbesondere hat das geschäftsleitende Mitglied für jede Sache den Berichterstatter zu bezeichnen, welchem allein oder unter Mitwirkung eines zweiten Mitgliedes die Prüfung der Sache zunächst zufallen soll. Der Berichterstatter hat den mündlichen Vortrag in den Sitzungen zu halten, sowie alle Beschlüsse und Entscheidungen in der für die Zufertigung an die Betheiligten geeigneten Form schriftlich zu entwerfen. Das geschäftsleitende Mitglied ist befugt, Aenderungen in der Fassung, soweit ihm solche nothwendig erscheinen, vorzunehmen.

Ueber die Zuziehung von Sachverständigen (Patentgesetz §. 14 Absatz 5) beschliessen die Abtheilungen.

§. 8. Die Beschlussfassung der Abtheilungen kann nur auf Grund mündlichen Vortrags in der Sitzung erfolgen:

1. wenn es sich um einen Beschluss nach Massgabe des §. 25 des Gesetzes handelt;
2. wenn es sich im Falle des §. 29 Absatz 3 des Gesetzes um die Androhung der Zurücknahme eines Patentes handelt;
3. wenn es sich um die Entscheidung über die Erklärung der Nichtigkeit oder die Zurücknahme eines Patentes handelt.

§. 9. Die Beschlüsse und Entscheidungen der Abtheilungen erfolgen nach Stimmenmehrheit. Bei Stimmengleichheit entscheidet die Stimme des geschäftsleitenden Mitgliedes. Ist dem Beschluss oder der Entscheidung eine Anhörung der Betheiligten (Patentgesetz §. 24 Absatz 2, §. 25 Absatz 2, §. 29 Absatz 2) vorhergegangen, so kann ein Mitglied, welches bei derselben nicht zugegen gewesen ist, an der Abstimmung nicht theilnehmen.

§. 10. Dem Vorsitzenden des Patentamts liegt es ob, auf eine gleichmässige Behandlung der Geschäfte und auf die Beobachtung gleicher Grundsätze hinzuwirken. Zu diesem Behufe ist er befugt, den Berathungen aller Abtheilungen beizuwohnen, auch sämmtliche Mitglieder zu Plenarversammlungen zu vereinigen und die Berathung des Plenums über die von ihm vorgelegten Fragen herbeizuführen.

§. 11. Die Sitzungen der Abtheilungen finden der Regel nach an bestimmten Tagen und zu bestimmten Stunden statt. Die Verfügung darüber steht dem Vorsitzenden des Patentamts zu.

§. 12. Zeugen und Sachverständige erhalten nach den am Ort ihres Wohnsitzes für bürgerliche Rechtsstreitigkeiten massgebenden Bestimmungen eine Entschädigung für Zeitversäumniss und Erstattung der ihnen verursachten Kosten, Sachverständige ausserdem eine Vergütung ihrer Mühwaltung.

§. 13. Zu den Kosten des Verfahrens, über welche das Patentamt nach §. 30 des Gesetzes zu bestimmen hat, gehören ausser den aus der Kasse des Patentamts bestrittenen Auslagen diejenigen den Betheiligten erwachsenen Kosten, welche nach freiem Ermessen des Patentamts zur zweckentsprechenden Wahrung der Ansprüche und Rechte nothwendig waren.

§. 14. Die Einrichtung der Bureaus, die Verwaltung der Kasse, der Bibliothek und der Sammlungen werden durch den Vorsitzenden des Patentamts geordnet. Der Vorsitzende erlässt die für die Beamten erforderlichen Geschäftsanweisungen.

§. 15. Die Leitung und Beaufsichtigung des gesammten Geschäftsbetriebes steht dem Vorsitzenden des Patentamts zu. Er ist der Dienstvorgesetzte der Subaltern- und Unterbeamten. Er verfügt in allen Verwaltungsangelegenheiten.

§. 16. Geschäftssachen, welche während der Dienststunden der Bureaus eingehen, sind alsbald, andere Geschäftssachen bei dem Wiederbeginn der Dienststunden von dem dazu bestimmten Beamten nach der Reihe des Eingangs oder, wenn diese nicht feststeht, nach der Reihe, in welcher sie von dem Beamten übernommen werden, mit einer laufenden Nummer und dem Datum zu versehen.

§. 17. Schriftstücke, in welchen die Ertheilung eines Patentes nachgesucht wird oder welche auf ein bereits eingeleitetes Verfahren wegen Ertheilung eines Patentes Bezug haben, gehen unmittelbar an die für die Erledigung zuständige Abtheilung. Wird in Bezug auf die Zuständigkeit Anstand erhoben, so ist die Bestimmung des Vorsitzenden des Patentamts einzuholen. Alle übrigen Schriftstücke werden dem letzteren vorgelegt.

§. 18. Das Patentamt kann nach seinem Ermessen von den bei ihm beruhenden Eingaben und Verhandlungen, soweit deren Einsichtnahme gesetzlich nicht beschränkt ist, auf Antrag an Jedermann Abschriften und Auszüge gegen Einzahlung der Kosten ertheilen.

§. 19. Die Ausfertigungen der Beschlüsse der Abtheilungen erhalten die Unterschrift: „Kaiserliches Patentamt, Abtheilung . . . .“ Diejenigen Beschlüsse jedoch, welche die Abtheilungen als Beschwerdeinstanzen fassen (§. 2), sowie alle Entscheidungen des Patentamts erhalten in der Ausfertigung nur die Unterschrift: „Kaiserliches Patentamt“. Die Ausfertigungen werden von dem geschäftsleitenden Mitgliede vollzogen. Vorladungs- und Zustellungsschreiben, sowie die Ausfertigungen der Patenturkunden werden nicht vollzogen, sondern nur beglaubigt. Die Beglaubigung von Schriftstücken geschieht unter der Unterschrift des von dem Vorsitzenden des Patentamts dazu bestimmten Beamten und unter Beifügung des Siegels des Patentamts.

§. 20. Das Siegel des Patentamts enthält in der Mitte den Reichsadler und in der Umschrift die Worte: „Kaiserliches Patentamt."

Urkundlich unter Unserer Höchsteigenhändigen Unterschrift und beigedrucktem Kaiserlichen Insiegel.

Gegeben Bad Ems, den 18. Juni 1877.

(L. S.) **Wilhelm.**

Fürst v. Bismarck.

Internationales Patentrecht.

In der Einleitung haben wir bereits Gelegenheit gefunden, über den internationalen Patentcongress zu Wien 1873 zu berichten. — Nach den Erklärungen der Herren Regierungs-Commissare in der Commission und im Plenum des Reichstages unterliegt es keinem Zweifel, dass die Regierungen thätigen Austausch ihrer Ideen hierüber pflegen. Leider scheint das in Wien eingesetzte Executivcomité für das internationale Patentrecht zu schlummern; seit Wien ist wenig Gemeinsames geschehen. Indessen haben die Debatten und Resolutionen des internationalen Congresses doch dahin gewirkt, dass einzelne Länder ihre Patentgesetze einer Revision unterzogen haben, dass Deutschland ein Reichspatentgesetz erhalten und dass die Schweiz daran ist, ein Patentgesetz einzuführen. Amerika hat sein Gesetz ebenfalls revidirt und 1876 neu festgestellt. In Amerika hat sich in Folge des Patentcongresses in Wien ein Verein, die United States Patent-Association am 15. Januar 1874 gebildet, um die dort gefassten Beschlüsse „so weit möglich zu adoptiren und durchzuführen." Der Zweck der Gesellschaft ist ferner, das amerikanische Patentgesetz da zu verbessern, wo sich das als nöthig erweist, die statistischen Materialien für Patente zu sammeln, um die Relation zwischen Patent und Industrie nachzuweisen und dadurch andere Völker zur Annahme des amerikanischen Systems zu veranlassen. — Wir führen die letzten Beschlüsse der Patent-Association auf ihrer Versammlung vom 7. September 1876 hier an, um zu zeigen, welche Schritte man ihrerseits für wünschenswerth erachtet. Zunächst sollte das Patent-Office von dem Ministerium des Innern getrennt und gleich dem Departement für Ackerbau selbstständig organisirt werden. Ferner sollten die gesammten

Einnahmen, die dem Patentamte aus den Taxen zufliessen, auch für das Patentamt selbst derart verwendet werden, dass es seine Thätigkeit prompt und thatkräftig erfüllen könne. Auch sollte jeder Patentagent erst von einer Commission des Patentamtes geprüft werden, ob er die erforderlichen technischen und juristischen Kenntnisse zur Ausübung seines Berufes besitze. Ein weiterer Beschluss drückt die Ansicht aus, dass, obwohl das Patentsystem der Vereinigten Staaten hier und da an kleinen Mängeln leide und einiger Verbesserungen bedürfe, dasselbe doch durchaus auf den Grundsätzen der Gerechtigkeit beruhe und den Interessen des Erfinders und des Publikums gleichmässig Rechnung trage. —

In England arbeitet man seit längerer Zeit an der Umgestaltung und Verbesserung des Patentgesetzes bisher ohne Abschluss. —

Jedoch scheint die Sache mit dem internationalen Patent etwas vorwärts zu kommen:

Bei Gelegenheit der internationalen Versammlung der „Association for the Reform and Codification of the Law of Nations", welche im September 1876 in Bremen abgehalten wurde, erhielt ein speciell ernanntes Comité den Auftrag, die Patentfrage mit Rücksicht auf die Assimilation der Gesetze der verschiedenen Nationen in die Hand zu nehmen. Diesem Komité ist der dem deutschen Reichstage zur Berathung vorgelegte Patent-Gesetzentwurf, sowie der im englischen Parlamente eingebrachte Regierungsentwurf übermittelt worden, und hat dasselbe Bemerkungen und Vorschläge der kaiserlich deutschen Regierung unterbreitet. —

Auch bei der Debatte in den Commissionssitzungen und im Reichstagsplenum wurde auf die Nothwendigkeit internationaler Bestimmungen bezüglich des Patentgesetzes hingewiesen, so von Dr. Hammacher, Dr. Lasker, v. Kleist-Retzow u. A. Besonders erfordern die §§ 2. 3. 5. 12. 15. 19. 22. internationale Vereinbarungen.

Vorläufig ist also der internationale Patentzustand noch ein unbefriedigender, weil vielköpfig und verschiedenartig. Die folgende von Carl Pieper, Patentanwalt in Dresden und Berlin entworfene Tabelle, welche zugleich ein Rathgeber für Patentnahme im Auslande ist, wird dies beweisen:

Staaten.	Zum Patentgesuch gehören:	Dauer des Patents.	Verlängerung des Patents.
Amerika	Beschreibung, Zeichnung und Modell, das auf 1' □ engl. 1' hoch steht. Dazu bestimmte „Declaration" und Eid des Erfinders vom Consul beglaubigt.	17 Jahre vom Tage des Siegels. jedoch nie länger als das kürzeste Auslandpatent, welches früher datirt ist.	Der Congress hat beschlossen dass Verlängerungen über 17 Jahr nicht mehr zulässig sein sollen
Belgien	Beschreibung und Zeichnung in duplo. Vollmacht durch Namensunterschrift des Patentsuchers, gleichviel ob Erfinder oder nicht Erfinder.	Auf Verlangen bis 20 Jahre vom Tage des Patentgesuches; jedoch nicht länger als das kürzeste. früher datirte Patent eines Ausländers.	Nur innerhalb 20 Jahren.
Dänemark	Wie in Belgien.	3 — 20 Jahre; gewöhnlich für Ausländer 5 Jahre vom Tage der Ertheilung.	An Ausländer selten über die ursprüngliche Dauer gewährt.
Finnland	Beschreibung und Zeichnung in duplo. Vollmacht beglaubigt.	Bis 15 Jahre vom Tage der Ertheilung, gewöhnl. 6—10 Jahre gewährt.	Eine Verlängerung über die ursprünglich gewährte Frist fin nicht statt.
Frankreich	Wie in Belgien.	Auf Verlangen bis 15 Jahre vom Tage d. Gesuches, doch nie länger gültig, als das kürzeste Auslandpatent, das früher datirt ist.	Selten über 15 Jahre und immer nur durch Parlamentsbeschluss erreichen.
Grossbritannien u. Irland.	Eine „provisorische", das Wesen der Erfindung deckende, oder eine „complete" Beschreibung u. Zeichnung auf Pergament. „Declaration" beglaubigt.	6 Monat als „provisorischer Schutz". 14 Jahr, wenn die Taxen nach 3 u. 7 Jahren rechtzeitig bezahlt werden.	Gegenwärtig nicht üb. 14 Jahre In dem Entwurf des neuen Gesetzes ist diese Dauer beibehalten.
Italien	3 Beschreibungen auf Stempelpapier, 3 Zeichnungen in bestimmter Grösse und Form. Consularisch beglaubigte Vollmacht.	15 Jahre, für Ausländer innerhalb dieser Zeit, je nach Maximaldauer des Auslandpatentes gültig.	Nicht über 15 Jahre. Es wird für jeden Antrag auf Verlängerung eine Taxe von 40 Frs. erhoben, für mehrjährige Verlängerung nur ebensoviel.
Luxemburg	3 Beschreibungen, 3 Zeichnungen, formulirte Erklärung, unterschrieben und consularisch beglaubigt, sammt Vollmacht für Mandatar.	Auf Verlangen bis 5, 10 oder 15 Jahre unter Restriction wie Frankreich.	Entscheidung über Gesuch sehr langwierig und Erfolg ungewiss Nie über 15 Jahre.
Norwegen	Beschreibung und Zeichnung in duplo. Vollmacht durch Unterschrift des Patentsuchers.	In d. Regel 5, höchstens 10 Jahre vom Tage der Ertheilung.	Nicht über 10 Jahre zu erhoffen
Oesterreich-Ungarn.	Beschreibung und Zeichnung in duplo. Vollmacht von Deutschen durch Gerichtsbehörde, anderen Ausländ. durch Consul beglaubigt.	Auf Verlangen bis 15 Jahre vom Tage der Ertheilung.	Nicht über 15 Jahre. Innerhalb dessen unter Beischluss der Urkunden und Taxen anzusuchen. Nur genehmigt, wenn Ausführung nachgewiesen ist.
Portugal	Gesuch. Dazu Beschreibung (portug.) und Zeichnung in duplo, einzeln versiegelt. Abschrift eines Auslandpatentes und Vollmacht consularisch beglaubigt.	Auf Verlangen bis 15 Jahre vom Tage der Ertheilung. Ausländer Maximum 5 Jahre.	Nicht zulässig.
Russland u. Polen.	Beschreibung und Zeichnung in duplo. Vollmacht nur zuweilen verlangt.	Auf Verlangen 3, 5 od. 10 Jahre vom Tage der Ertheilung.	Eine Verlängerung über die ursprünglich gewährte Frist findet nicht statt.
Schweden	Beschreibung und Zeichnung in duplo. Erklärung d. Erfinders und Vollmacht durch Consul beglaubigt.	Bis 15 Jahre vom Tage der Ertheilung, gewöhnlich 6—10 Jahre gewährt.	Nur durch Specialgenehmigung des Königs; ebenso Ausführungsverlängerung.
Spanien	Gesuch an die Regierung auf gewisses Format. Beschreibung (span.), Zeichnung event. Modell. Consularisch beglaubigte Vollmacht.	Auf Verlangen 5, 10 u. 15 Jahre vom Tage der Ertheilung. Ausländer nur 5 Jahre.	Nur solche, die ursprünglich auf fünf Jahre genommen waren.

☞ *Es existiren viele falsche und keine so umfassenden Angaben über Gesetzesbestimmung*

Ausführung erforderlich:	Taxen, Stempel- u. Mandatar excl. Bureau-Arbeiten in M.	Veröffentlichung. Bemerkungen.
Nein.	360 Mark.	Verkauf muss dem Patentamt durch „Assignment“ angezeigt werden. Veröffentlichung geschieht meist gleich nach Ertheilung.
Innerhalb eines Jahres, nachdem die Erfindung anderwärts zur Ausführung gekommen ist. Dann ein ang nicht unterbrechen.	1. Jahr Mark 75 2 + 16 Tpt. 520 3 „ 24 12 + 96 4 „ 32 13 „ 104 5 „ 40 14 „ 112 6 „ 48 15 „ 120 7 „ 56 16 „ 128 8 „ 64 17 „ 136 9 „ 72 18 „ 144 10 „ 80 19 „ 152 11 „ 88 20 „ 160 Sa. 520 SS. 1747 excl. 15 Mark jährl. f. Mandatar.-Gebühren.	Wechsel im Besitz, auch bei Todesfall, muss gegen Erlegung der Stempelgebühren angezeigt werden. Die Veröffentlichung erfolgt drei Monat nach Ertheilung.
Innerhalb eines Jahres nach Ertheilung. Verlängerung schwierig.	140 M., unabhängig von Dauer.	Um der besseren Verwerthung in den scandinavischen Staaten willen sollte dies Patent immer genomm. werden. Einsichtnahme auf motivirtes Gesuch gestattet.
Innerhalb zwei Jahren nach Ertheilung im Lande auszuführen.	Je nach Umfang der Beschreibung und der unbest. Taxe 350—900 M.	Die Prüfung, Ertheilung und Veröffentlichung geschieht durch den Senat.
Innerhalb zwei Jahren nach Ertheilung, nur durch Ausführung im Lande. Zwei Jahre nicht unterbrechen, bei Verlust des Patentes.	1. Jahr 150, dann jährl. Taxe von 100 Mark incl. Mandatargebühren.	Patent wird ungiltig, wenn ohne ausnahmsweise Bewilligung des Ministers der patentirte Gegenstand eingeführt ist. Veröffentlichung drei Monate nach Ertheilung.
Nein. Der neue Gesetzentwurf verlangt Ausführung oder Licenzertheilung in zwei (?) Jahren.	6-monatl. Schutz . . . 220. 3-jährig. Patent . . . . 720. Zuschlag v. 4. — 7. Jahr . 1450. do. „ 8. — 14. „ . 2050.	Die „complete“ englische Beschreib. soll am Schluss d. zu patentirenden Details einzeln aufzählen. Veröffentlichung in 6—7 Monaten nach Eingabe des Gesuches.
Innerhalb eines Jahres bei fünfjährigen Patenten, in zwei Jahren bei Patenten von mehr als 5 jähriger Dauer; im ersten Fall 1, im zweiten Jahr nicht unterbrechen.	1. J. 150 2 + 40 3 „ 40 4 „ 60 5 „ 60 6 „ 60 7 „ 80 8 „ 80 9 „ 80 10 „ 100 11 „ 100 12 „ 100 13 „ 120 14 „ 120 15 „ 120 SS. 1310 excl. Prolongat.-Gebühr. (15 M. jährl.).	Alle 6 Monate erfolgt eine vollständige Veröffentlichung aller im letzten Semester ertheilten Patente.
Innerhalb zwei Jahren vom Tage der Ertheilung.	5 Jahre 330 M. 10 „ 600 — 760 15 „ 1100 — 1350	Kann nur durch die holländ. Kammern bewilligt werden. Die Entscheidung lässt darum oft Jahre auf sich warten. Wird für die Dauer des Schutzes geheim gehalten.
Durch Erzeugung im Lande oder Import des Gegenstandes der Erfindung nachzuweisen.	190 M. unabhängig von der Dauer.	Veröffentlichung geschieht innerh. zwei Monaten dreimal im Amtsblatt der Regierung. Kosten dafür sind eingerechnet.
Vor Ablauf des ersten Jahres nach Ertheilung, einer, von der Behörde zu ernennenden Commission Ausführung im Lande nachzuweisen. Jahre nicht unterbrechen.	1. J. 120 2 + 40 3 „ 40 4 „ 40 5 „ 40 6 „ 60 7 „ 70 8 „ 80 9 „ 90 10 „ 100 11 „ 120 12 „ 140 13 „ 160 14 „ 180 15 „ 200 SS. 1480 excl. Prolongat.-Gebühr. (15 M. jährl.).	Beim Gesuch sollte Geheimhaltung in den meisten Fällen beantragt werden. Wo das nicht geschieht, kann Einsicht und Copie im „Archiv“ genommen werden.
Vor Ablauf der Hälfte der Patentdauer. Vgl. Bemerkungen.	Bei Gesuch bis 200 Mark u. jährl. (im Voraus in Summa zu entrichten) ca. 23 Mark. 5 Jahr max. 315 M.	Das Product soll alle 14 Tage ausgestellt werden; bei chemischen Verfahren überhaupt dreimal; für das Letztere grosse Caution zu stellen. Beschreibung geheim.
Vor Ablauf des vierten Theiles der beantragten Patentdauer, der Nachweis, wo in Russland Ausführung geschah.	Jahre: 3 5 10 Ges. Kosten 450 600 1500 M. wenn Beschreib. nicht üb. 1500 Worte.	Urkunde u. Veröffentl. erscheint 1—2 Jahre nach Einreichungscertificat. Besitzwechsel ist von der Behörde zu genehmigen, und dem Patentbureau anzuzeigen.
Innerhalb zwei Jahren nach Ertheilung im Lande und dauernde Ausführung jährlich einmal.	Nach Wortezahl der Beschreib. bis: 500 1000 1500 2000 3000 4000 M. 190 240 265 310 370 420	Beschreib. nicht unnöthig lang machen, da durch vorgeschriebene dreimalige Veröffentlichung Kosten bedeutend werden.
Vor Ablauf eines Jahres vom Datum des Patentes, dann jährlich Aus-Ausführung im Lande nachweisen.	Spanier für 5 Jahre 300 M. „ „ 10 „ 850 „ „ „ 15 „ 1450 „ Ausländer „ 5 „ 850 „	Abtretungen von Patentrechten sind officiell zu vollziehen, unter Angabe, ob ganz oder theilweise, u. für welchen Theil des Königreichs. Veröffentlicht wenn erlosch.

s darum, wegen Abweichungen die obigen nicht für ungenau zu halten. *C. Pieper.*

Die Entnahme von Patenten im Auslande enthält mancherlei Schwierigkeiten und es ist dem Patententnehmer resp. Erfinder stets zu rathen, sich dabei eines zuverlässigen Patentanwaltes zu bedienen und zwar eines deutschen, der dann unter contractlicher Verpflichtung die Herausnahme der Patente im Auslande gegen eine vorher vereinbarte Entschädigung zu bewirken hat. Für solchen Zweck sind eine Reihe verschiedener Formalitäten nöthig, besonders Vollmachten. Von den letzteren geben wir die Schemata der wichtigsten hier wieder:

1. **Amerika.**

To the Commissioner of Patents:

Your petitioner, a resident of the city of ——, State of ——, prays that letters patent may be granted to him for the invention set forth in the annexed specification; and he hereby appoints C. D., of the city of ——, State of ——, his attorney, with full power of substitution and revocation, to prosecute this application, to make alterations and amendments therein, to receive the patent, and to transact all business in the Patent Office connected therewith.

A. B.

Diesem Antrage ist folgende Eidesleistung beizufügen:

State of ——, County of ——, ss:

A. B., the above-named petitioner, being duly sworn, (or affirmed,) deposes and says that he verily believes himself to be the original and first inventor of the improvement in ——, described and claimed in the foregoing specification; that he does not know and does not believe that the same was ever before known or used; and that he is a subject of the Emperor of Germany and a resident of ——.

A. B.

Sworn to and subscribed before me this 13th day of March, 1869.

C. D.
Justice of the Peace.

2. England.

a) Mit einer Provisional-Specification:

Do solemnly and sincerely declare that —— in possession of an Invention for —— which Invention —— believe will be of great public utility, that —— and that the same is not in use by any other Person or Persons to the best of —— knowledge and belief, and —— make this Declaration conscientiously believing the same to be true, and by virtue of the provisions of an Act made and passed in the Session of Parliament held in the fifth and sixth years of the Reign of His late Majesty King William the Fourth intituled "An Act to repeal an Act of the present Session of Parliament, intituled an Act for the more effectual abolition of Oaths and Affirmations taken and made in various Departements of the State, and to substitute Declarations in lieu thereof and for the more entire suppression of voluntary and extrajudicial Oaths and Affidavits and to make other provisions for the abolition of unnecessary Oaths." —— Declared by the part —— aforesaid at —— this —— day of —— in the year of our Lord 18 —— before me.

b) Mit vollständiger Specification:

Do solemnly and sincerely declare that —— in possession of an Invention for —— which Invention —— believe will be of great public utility, that —— and that the same is not in use by any other Person or Persons to the best of —— knowledge and belief, and that the instrument in writing under —— hand and seal hereunto annexed particularly describes and ascertains the nature of the said invention and the manner in which the same is to be performed and —— make this Declaration conscientiously believing the same to be true, and by virtue of the provisions of an Act made and passed in the Session of Parliament held in the fifth and sixth years of the Reign of His late Majesty King William the Fourth intituled "An Act to repeal an Act of the present Session of Parliament, intituled an Act for the more effectual abolition of Oaths and Affirmations taken and made in various Departments of the State, and to substitute Declarations in lieu thereof and for the more entire suppression of voluntary and extra-judicial Oaths and Affidavits and to make other provisions for the abolition of unnecessary Oaths." ____ Declared by the part ____ aforesaid at ____ this ____ day of ____ in the year of our Lord 18 ____ before me.

3. **Frankreich und Belgien.** Mit folgender Vollmacht:

____ soussigné ____ donn ____, par ce présent, pouvoir à M. ____ de pour ____ et en ____ nom, former en ____ la demande régulière ____.

En conséquence, signer et déposer toutes les pièces, les retirer et reproduire, faire toute demande d'addition, payer les droits et frais retirer toute somme rendue, élire domicile, substituer, et en général remplir toutes les formalités requises pour la réalisation du présent mandat, promettant de le reconnaître.

Fait à ____ le ____ 187 ____.

Die Patentanwälte.

(Patentagenten.)

Für den Patentnachsucher muss es von Wichtigkeit sein, sich einer Mittelsperson bedienen zu können, um nicht mit allen den nothwendigen Formalitäten behelligt zu sein, welche die Patentanmeldung etc. nöthig machen. Wir verweisen hierüber auf unsere Darlegung in § 20. In Deutschland gab es nur geringe Gelegenheit dazu, dass sich competente, mit den nöthigen Kenntnissen ausgerüstete, zuverlässige Männer mit diesem Geschäft ausschliesslich beschäftigen konnten, vielmehr tauchten neben höchst vertrauenswerthen, umsichtigen Patentagenten problematische Creaturen auf, welche, um dem Bilde einen Mantel zu geben und Relief zu schaffen, sich Civilingenieure nannten, ohne die Anfangsgründe der Geometrie zu kennen, oder Chemiker, ohne zu wissen, was Sauerstoff sei. Es fehlte auch nicht an einzelnen bedauerlichen Fällen, wo das Maass des Wortes Unzuverlässigkeit hart überschritten ward.

In Anbetracht dessen wäre es vielleicht wünschenswerth gewesen, dass das Gesetz Rücksicht auf die Patentanwälte genommen hätte, etwa wie jetzt die Amerikaner gethan, oder wie die Engländer es thun wollen oder wie es die Association für Codification vorschlägt: dass der Patentanwalt sich dem Patentamte vorzustellen und zu beweisen habe, dass er zu diesem keineswegs leichten Amte befähigt sei, dass er registrirt werde und bei Fehlern durch seine Nachlässigkeit und Schuld aus der Liste der berechtigten Patentanwälte gestrichen werde. —

Indessen hat das Gesetz keine Bestimmungen der Art getroffen. Dagegen sind eine Anzahl deutscher Patentagenten zusammengetreten, um zu berathen, wie bei der neuen Patentaera der

Stand der Patentanwälte ausser durch die gewissenhafteste Erfüllung seiner natürlichen Pflichten durch sich selbst ein weiteres Gewicht erhalten könne. Es ward beschlossen, einen Verein deutscher Patentanwälte zu begründen, dessen Mitglieder sich gegenseitig controliren auf Grund bestimmter gesellschaftlicher Grundsätze. Dabei wurde ferner auf die Aufstellung einer für die Mitglieder massgebenden Taxe für die Obliegenheiten des Patentanwaltes Gewicht gelegt, welche dem Publicum gegenüber stricte fest zu halten sei und den ev. willkürlichen Uebertheuerungen des Publicums Halt geböte.

Wir geben hier die Statuten dieses Vereins, welchem die nachgenannten Männer angehören.

Mitglieder des Vereins Deutscher Patent-Anwälte.

J. Brandt & *G. W. v. Nawrocki*, Kochstr. 2, Berlin S.W.
C. T. Burchardt, Brunnenstr. 123a, Berlin N.
F. C. Glaser, Lindenstr. 92, Berlin S.W.
Dr. *H. Grothe*, Alte Jacobstr. 172, Berlin S.W.
Eugen Gugel, Blumenstr. 9, München.
C. Kesseler, Mohrenstr. 63, Berlin W.
Lenz & *Schmidt*, Dorotheenstr. 78 u. 79, Berlin N.W.
J. H. F. Prillwitz, Jägerstr. 6, Berlin W.
Heinr. Raetke, Linienstr. 7, Berlin N.O.
Alb. Schoffer & *Sommer*, Augsburg.
G. Stumpf, Wartenburgstr. 25, Berlin S.W.
F. Edm. Thode & *Knoop*, Dresden.
W. H. Uhland, Gohlis-Leipzig.
C. F. Wappenhans, Unter den Linden 62 u. 63, Berlin N.W.

Andere nicht dem Verein angehörige Patent-Anwälte sind noch:

Peter Barthel in Frankfurt a. M.
C. Lüders, Internationales Patent- u. Maschinen-Export- u. Import-Geschäft in Görlitz.
Carl Pieper in Dresden und Berlin.
Wirth & Co. in Frankfurt a. M.
Juristischer Consultator in Patentsachen: Dr. *J. Landgraf* in Stuttgart.

Statuten

des

Vereins Deutscher Patent-Anwälte.

---

§ 1.

Der Zweck des Vereins ist:

1. Die Stellung und das Interesse der Deutschen Patent-Anwälte durch alle dem Verein zu Gebote stehenden Mittel zu wahren,
2. Dem Publikum Garantien zu bieten gegenüber der Ausbeutung durch nicht qualifizirte Patent-Agenten oder Privat-Vermittler.
3. Durch direkte Beziehungen zum Kaiserlich Deutschen Patentamte auf eine den Interessen des Publikums dienliche Ausübung des Reichs-Patentgesetzes hinzuwirken und in den Geschäftsformen zwischen Patentamt und Patententnehmern die thunlichst zweckmässigsten und erleichternden Einrichtungen herbeizuführen.
4. Bei den gesetzgebenden Faktoren des deutschen Reiches auf Abänderung derjenigen Mängel des Reichs-Patent-Gesetzes hinzuweisen und hinzuwirken, welche sich etwa in der Praxis herausstellen.
5. Die Assimilation des deutschen Patentgesetzes mit der ausländischen Patentgesetzgebung thunlichst zu fördern, soweit dies der deutschen Industrie zuträglich sein möchte.

§ 2.

Dieser Zweck soll erreicht werden:

ad 1. *a*) Durch Herstellung eines collegialen Verhältnisses unter den Patent-Anwälten, welche die Mitgliedschaft dieses Vereins erwerben.

b) Durch Vereinbarung gewisser Minimal-Gebührensätze für das normale Patent-Vermittelungs-Geschäft, so dass einerseits das dem fachmännischen Rath gebührende Honorar nicht durch willkürliche Konkurrenz unter das Berechtigte herabgedrückt, andererseits der Anmelder gegen übertriebene Ansprüche von Vermittlern gesichert werde.

c) Durch solidarisches Eintreten der Vereinsmitglieder gegenüber der Oeffentlichkeit und dem Patentamte.

ad 2. Durch Ausdehnung der Mitgliedschaft nur auf solche Personen oder Firmen, welche der Vertrauensstellung eines Patent-Anwalts entsprechen.

ad 3. Durch Anbahnung beständigen und geschäftlichen Verkehrs und Austausches (§ 1. sub 4.) zwischen dem Präsidium des Patentamtes und dem Vorstande des Vereins.

ad 4. Durch Ansammlung solchen Materials, welches geeignet ist, Uebelstände, die durch den Wortlaut, die Interpretation, Ausführung und Anwendung des Gesetzes veranlasst sind, klar zu legen und auf deren Beseitigung beim Bundesrath und Reichstag hinzuwirken.

ad 5. Durch Unterhaltung sachgemässer Beziehungen und Austausch von Erfahrungen mit Korporationen und competenten Personen aller ausländischen Industriestaaten, Theilnahme an Kongressen und Vertretung der gedachten Bestrebungen in der deutschen und ausländischen Presse.

§ 3.

Der Verein hat seinen Sitz in Berlin, woselbst auch der Vorsitzende sein Domizil haben muss.

§ 4.

Der Vorstand des Vereins besteht aus einem Vorsitzenden und zwei Mitgliedern, welche auf die Dauer eines Jahres durch Mehrheitsbeschluss der Vereinsmitglieder gewählt werden. Der Vorstand verwaltet sein Amt gratis, unter Rückvergütung seiner Baarauslagen.

§ 5.

Mitglied des Vereins kann nur ein im deutschen Reiche selbständig etablirter Patent-Anwalt (oder eine Firma) werden, welcher die Patent-Vermittelung betreibt. Eine Firma führt jedoch bei allen Abstimmungen nur eine Stimme. Stellvertretung in der Versammlung ist zulässig.

§ 6.

Ueber die Aufnahme neuer Mitglieder entscheidet ein Ehrenrath von 7 Mitgliedern, zusammengesetzt aus dem Vorstande und 4 anderen Mitgliedern des Vereins, die hierzu ebenfalls auf ein Jahr gewählt werden. In den Vorstand sowohl, als in den Ehrenrath können nicht zwei Mitglieder ein und derselben Firma gewählt werden. Die Aufnahme in den Verein ist schriftlich zu beantragen. Der Ehrenrath hat zu prüfen[1]) ob der sich Anmeldende diejenigen Eigenschaften und Fähigkeiten besitzt, welche ihn der Mitgliedschaft des Vereins würdig erscheinen lassen.

[1]) Diese Prüfung soll nicht ausschliesslich verlangen, dass der Aufzunehmende mindestens in einem Zweige der Industrie anerkannt tüchtig und sachverständig sei, sondern mehr Gewicht darauf legen, dass er mit einer genügenden Erfahrung oder Kenntniss im Patentwesen diejenigen Charaktereigenschaften verbinde, welche ihn als durchaus vertrauenswürdig erscheinen lassen.

§ 7.

Der Vorstand beruft die Mitglieder des Vereins zu Versammlungen, so oft es ihm nothwendig erscheint, jedoch mindestens einmal jährlich im Mai.

Bei weniger wichtigen Gegenständen kann das Votum vom Vorstande auch schriftlich eingefordert werden. Auf den Antrag von $^1/_3$ der Mitglieder ist der Vorstand verpflichtet, eine Versammlung binnen 4 Wochen zu berufen. Zur Beschlussfähigkeit einer Versammlung ist die Anwesenheit von mindestens der Hälfte sämmtlicher Vereinsmitglieder nothwendig.

§ 8.

Die Kosten für Porto, Drucksachen, Miethe etc. sind nach vorherigem Beschluss des Vereins über deren Höhe von den Mitgliedern gleichmässig zu tragen. Als Beitrag sind für gewöhnlich M. 20 — für das Jahr und Mitglied beizusteuern.

§. 9.

Die Ausschliessung eines Vereinsmitgliedes erfolgt nach vorhergehender Prüfung des Thatbestandes durch Beschluss des Ehrenrathes mit $^3/_4$ Majorität (die Stimme des Vorsitzenden gilt für zwei). Eine Ausschliessung kann nur erfolgen, wenn die Thatsache vorliegt, dass das Mitglied wissentlich den getroffenen Vereinbarungen zuwider gehandelt oder sie geflissentlich umgangen hat, oder sich sonst eine Handlung hat zu Schulden kommen lassen, welche gegen die Würde des Vereins verstösst und sich als unehrenhaft qualifizirt. (Hierher gehören namentlich auch Fälle groben Missbrauchs einer mitgetheilten Erfindung, oder die ungebührliche Ausbeutung eines Erfinders.)

§. 10.

Wenn dagegen ein Patentnehmer oder Klient in einer Patentangelegenheit gegen die ihm von einem Vereinsmitgliede berechneten Gebühren, oder gegen sonstige Massnahmen Anstand erhebt, so hat das Mitglied das Recht, den Verein, resp. zunächst dessen Vorstand, als Schiedsrichter anzurufen.

§. 11.

Die Mitglieder verpflichten sich, durch den Beitritt zu diesem Verein folgende Gebührensätze streng festzuhalten, sich auch jeder Umgehung in irgend einer Form, etwa durch Compensation und dergleichen, zu entschlagen.

Für deutsche Patente:

1. Für Consultation, Anmeldung, Prüfung und erste Jahrestaxe:
   a) bei inländischen Erfindern von . . . . M. 125 — aufwärts je nach Umfang,
   b) für ausländische Patentagenten von . . . . . . - 125 — aufwärts je nach Umfang,
   c) für ausländische (Patentnehmer) Erfinder von . . . - 150 — aufwärts je nach Umfang.

Der Patentnehmer erhält bei Nichtertheilung des Patents vorausbezahlte Jahrestaxen zurück.

Der Kostensatz für die Entnahme ausländischer Patente auf deutsche Erfindungen bleibt der Vereinbarung unter den Interessenten überlassen.

Ob die Erfindung schon vorher in einem oder mehreren deutschen Staaten patentirt gewesen ist, kommt bei der obigen Fixirung nicht in Betracht.

Alle Nebenarbeiten: Zeichnungen, Beschreibungen, Reisen, technische Ausführungen oder Experimente, kurz Alles, was über den Rahmen einer normalen Consultation oder Correspondenz hinausgeht, kann extra berechnet werden und zwar nach Vereinbarung, oder mit Zugrundelegung der folgenden Minimalpreise:

Zeichnungen 330 Mm. × 630 Mm. mindestens . . . . . M. 30 —
Beschreibungen: pro 100 Wörter . . . . - 4 —
Für Uebersetzungen aus dem Englischen, Französischen, Italienischen in's Deutsche soll als Minimum die Gebühr von . . . . - 3 —
für je 100 Wörter festgehalten werden;
aus allen übrigen Sprachen . . . . - 4 —
für je 100 Wörter.

Bei Einreichung von Recursen:

a) Bei Benutzung desselben Materials der ersten Einreichung M. 50 — incl. M. 20 — Beschwerdekosten.

b) Bei Einreichung neuen Materials gelten die Gebührensätze ad 1 a unter Abänderung der Taxen.

2. Für die Zahlung der Jahrestaxen sind folgende Gebühren als Minimalsätze einzuhalten:

   für das 2. bis incl. 5. Patentjahr je 10% der Regierungstaxe,
   für das 6. bis incl. 10. Patentjahr je 7½ % „
   und für das 11. incl. 15. Patentjahr je 5% „

   unter Abrundung der Summen.

3. Für die Einreichung eines Zusatzpatentes wird eine Gebühr von wenigstens M. 100 — incl. Taxe erhoben.

§ 12.

Jedes Mitglied hat diese Statuten bei Eintritt in den Verein durch Unterschrift anzuerkennen und unterwirft sich dadurch sämmtlichen Bestimmungen derselben.

§ 13.

Abänderungen und Zusätze zu diesen Statuten können in jeder ordnungsmässig berufenen Versammlung mit einer Majorität von ¾ der anwesenden Mitglieder beschlossen werden; der Vorstand ist verpflichtet, diesbezügliche Anträge auf die Tagesordnung zu setzen und diese bei der Berufung den Mitgliedern bekannt zu geben.

Bestimmungen

über die

Anmeldung von Erfindungen zur Patentirung.

---

§ 1. Die Anmeldung und jede ihr beigefügte Zeichnung oder Beschreibung ist von dem Patentsucher oder dessen Vertreter zu unterzeichnen.

Erläuterungen des Gegenstandes der Erfindung dürfen nicht in der Anmeldung selbst, sondern nur in deren Anlagen gegeben werden.

§ 2. Jede Anlage der Anmeldung ist mit einer laufenden Nummer zu versehen. Jede Anlage ist, soweit es sich nicht um Modelle oder Probestücke handelt, in zwei Exemplaren beizufügen.

§ 3. Die Anmeldung muss die nachstehend verlangten Angaben, möglichst in der angegebenen Reihenfolge enthalten:

a) Eine kurze aber genaue Bezeichnung dessen, was den Gegenstand der Erfindung bildet. Aus der Bezeichnung soll sich mit Sicherheit der Patentanspruch, d. h. dasjenige ergeben, was der Patentsucher als neu und patentfähig ansieht.

b) Den Antrag, dass für den so bezeichneten Gegenstand der Erfindung ein Patent ertheilt werden möge. Soll dafür nur ein Zusatzpatent ertheilt werden (§ 7 des Patentgesetzes), so hat der Patentsucher dies ausdrücklich zu bemerken und das Hauptpatent, sowie dessen Nummer nebst Jahr der Ertheilung anzugeben. Soll das Patent nur an die Stelle eines bestehenden Patentes treten (§ 42 des Patentgesetzes), so hat der Patentsucher dies ebenfalls ausdrücklich zu bemerken und gleichzeitig die

Urkunden über diejenigen Patente beizufügen, an deren Stelle das Patent treten soll. Das Gesuch ist in diesem Falle auf die Umwandlung des Landes- in ein Reichspatent zu beschränken. Wird zugleich ein Patent für eine Verbesserung beansprucht, so muss dieserhalb eine besondere Anmeldung erfolgen.

c) Die Erklärung, dass der gesetzliche Kostenbetrag von 20 M. (§ 20 des Patentgesetzes) bereits an die Casse des Patentamtes eingezahlt sei oder gleichzeitig mit der Anmeldung eingehen werde.

d) Die Angabe des Namens, des Standes und Wohnortes des Patentsuchers, sofern die Anmeldung durch einen Vertreter erfolgt. Der Letztere hat eine von dem Patentsucher unterzeichnete Vollmacht beizufügen. Wird für einen im Inlande wohnenden Patentsucher ein Vertreter bestellt und soll letzterer als solcher auch in die Patentrolle eingetragen werden (§ 19 des Gesetzes), so ist dies in der Vollmacht ausdrücklich anzugeben.

Bei Bestellung eines Vertreters seitens eines Patentsuchers, der nicht im Inlande wohnt, wird angenommen, dass sich die Vertretung auf die im § 12 des Gesetzes bezeichneten Befugnisse erstreckt.

e) Die Aufführung der einzelnen Anlagen der Anmeldung unter Angabe ihrer Nummer und ihres Inhaltes.

§ 4. Jede Anlage der Anmeldung wird, soweit es sich nicht um Modelle oder Probestücke handelt, in 2 Exemplaren eingereicht.

Zu allen Schriftstücken der Anmeldung wird Papier in dem Format von 33 auf 21 Ctm. verwendet.

Die Zeichnungen werden in je einem Haupt- und einem Nebenexemplar eingereicht. Für das Hauptexemplar wird weisses, starkes und glattes Zeichenpapier, (sog. Bristol- oder Cartonpapier,) gewählt in dem Format

von 33 Ctm. Höhe auf 21 Ctm. Breite,
oder von 33 Ctm. „ „ 42 Ctm. „
oder von 33 Ctm. „ „ 63 Ctm. „

Die Zeichnung sowie alle Schrift auf dem Hauptexemplar wird mit chinesischer Tusche in tiefschwarzen Linien ausgeführt, nicht colorirt oder getuscht.

Die Zeichnung wird durch eine einfache Randlinie eingefasst, welche 2 Ctm. von der Papierkante entfernt ist.

Innerhalb des durch die Randlinie begrenzten Raumes fällt auch alle Schrift.

Die Unterschrift des Patentsuchers wird in der unteren rechten Ecke angebracht.

An der oberen Seite des Blattes wird ein Raum von mindestens 3 Ctm. Höhe innerhalb der Randlinie für Nummer, Datum und Bezeichnung des Patentes bestimmt.

Das Nebenexemplar bildet eine Durchzeichnung des Hauptexemplars auf Zeichenleinwand. Bei demselben ist die Anwendung von bunten Farben zulässig und erwünscht.

Die Zeichnungen werden nicht geknifft und nicht gerollt.

§ 5. Alle Maass- und Gewichtsangaben müssen nach metrischem System erfolgen, Temperaturangaben nach Celsius, Dichtigkeitsangaben als specifische Gewichte angegeben sein.

§ 6. Die Beschreibungen müssen sich auf das zur Beurtheilung des Patentgesuches Gehörige beschränken, allgemeine Erörterungen sind zu vermeiden. Im Uebrigen müssen die Beschreibungen so eingerichtet sein, wie sie sich bei Ertheilung des Patentes zur Veröffentlichung eignen. Am Schlusse derselben sind die Patentansprüche näher, als es in der Anmeldung geschehen, zu bezeichnen.

§ 7. Die Beifügung von Modellen und Probestücken ist erwünscht, sofern die Veranschaulichung der Erfindung dadurch erleichtert wird; sie ist geboten, wenn ohnedies die Beurtheilung des Patentgesuches nicht mit Sicherheit erfolgen kann.

Berlin, den 11. Juli 1877.

Kaiserliches Patentamt.

Jacobi.

Die Kosten- und Gebührenbeträge werden zweckmässig nicht mit dem Anschreiben, sondern mittelst Postanweisung an die „Casse des kaiserl. Patentamtes“ eingesendet.

Literatur.

Dr. W. André, Der revidirte Entwurf pp. Kritik. Chemnitz 1876.

Peter Barthel, Zur Patentfrage. Leipzig 1869.

Beiträge zur Patentfrage. Zeitfragen Heft 1. Berlin 1877. Kortkampf.

Amtlicher Bericht über den internationalen Patentcongress zur Erörterung der Frage des Patentschutzes in Wien, August 1873. Mit einer Einleitung von Dr. C. W. Siemens herausgegeben im Auftrage des Executiv-Comités durch dessen Generalsecretair Carl Pieper. Dresden 1873.

Fr. Bitzer, Vorschläge für ein deutsches Patentgesetz. Stuttgart 1864. Schaber.

Victor Boehmert, Die Erfindungspatente nach volkswirthschaftlichen Grundsätzen u. industriellen Erfahrungen, mit besonderer Rücksicht auf England u. die Schweiz. Berlin 1869. Herbig.

Dr. O. Dambach, Das Patentgesetz für das deutsche Reich. Erläutert. Berlin 1877. Enslin.

Denkschrift des Vereins deutscher Ingenieure. 1864.

Entwurf eines Patentgesetzes für das Deutsche Reich. Vorgelegt in einer Petition an den Bundesrath durch den Verein Deutscher Ingenieure. Berlin 1872.

Entwurf eines Patentgesetzes für das Deutsche Reich nebst Motiven. Vorgelegt in einer Petition an den Bundesrath des Deutschen Reiches durch den Deutschen Patentschutz-Verein. Berlin 1875. Kortkampf.

Revidirter Entwurf eines Patentgesetzes für das Deutsche Reich nebst Motiven. Vom Patentschutzverein. Berlin 1876. Kortkampf.

Die Ertheilung von Erfindungspatenten. Berlin 1874. Fr. Kortkampf.

Alb. Fesca, Ueber Patentgesetzgebung. Berlin 1875.

Alfred Goldenberg, Ueber das projectirte Patentgesetz. Strassburg 1876.

Dr. H. Grothe, Die Patente, die Industrie und die Arbeitstheilung (enthalten in „Die Industrie Amerikas") Berlin 1877. Burmester und Stempell.

H. Grothe, Der internationale Patentcongress in Wien nach eigenen und fremden Aufzeichnungen. Berlin 1873. Springer's Verlag. Auch in englischer Uebersetzung von A. Hildebrandt: The international Patentcongress in Vienna 1873. Translation of Dr. Hermann Grothe's Report. London 1875. Simpkin Marshall & Co.

R. Höinghaus, Das neue Patentgesetz. Berlin 1877. Gustav Hempel.

Dr. Alexander Katz, Bemerkungen zum Entwurf eines Patentgesetzes. Berlin 1877.

C. Th. v. Kleinschrod, Die internationale Patentgesetzgebung. Erlangen 1855. Palm & Enke.

Klostermann, Das Patentgesetz für das Deutsche Reich. Berlin 1877. Franz Vahlen.

R. Klostermann, Die Patentgesetzgebung aller Länder. 2. Auflage. Berlin 1876. Guttentag.

R. Klostermann, Das Urheberrecht an Schrift- und Kunstwerken. Berlin 1871. Guttentag.

R. Klostermann, Zur Reform der Patentgesetzgebung. Köln 1873. (Aus der Kölner Zeitung besonders abgedruckt.)

Dr. Königs, Das Patentsystem der Vereinigten Staaten von Nordamerika. Berlin 1876. Puttkammer u. Mühlbrecht.

A. v. Krauss, Geist der Oesterreichischen Gesetzgebung zur Aufmunterung der Erfindungen. Wien 1838. Braumüller.

E. L. Kurze Bemerkungen zum Entwurf eines Deutschen Patentgesetzes. Berlin 1877.

Dr. J. Landgraf, Das Deutsche Reisgesetz betr. den Schutz der Erfindungen. Stuttgart 1877. Maier.

O. Lenz, Motivirte Antwort auf die zur Enquête über das Reichspatentgesetz gestellten Fragen. Berlin 1876.

O. Lenz, Entwurf eines Patentgesetzes. Berlin 1877.

C. F. Loosey, Sammlung der Gesetze für Erfindungsprivilegien.

O. Michaelis, Zur Selbstkritik des Patentschutzes. Berlin 1870.

R. Mohl, Ueber Patentgesetzgebung. Krit. Zeitschr. für Rechtswiss. Bd. XXV. H. 1. Tübingen 1852.

Ad. Ott, Beleuchtung der Gründe wider den Erfindungsschutz nebst Darlegung des Patentwesens in den Vereinigten Staaten. Schaffhausen 1874. Baader.

Adolf Ott, Die Patentgesetzgebung der Vereinigten Staaten von Amerika. Leipzig 1872. Brockhaus.

Fr. A. Paget, Ueber eine internationale Assimilirung der Patentgesetze. Berlin 1873. Seydel.

C. O. Paget, Die in verschiedenen Ländern ges. geforderte rechtzeitige Patentausübung. Wien 1873.

Die Patentfrage. Sechs Preisschriften über Reform der Patentgesetzgebung. Prämiirt durch den Verein Deutscher Ingenieure. Köln und Leipzig 1874.

F. C. Philippson, Die Reform der Patentgesetzgebung. Düsseldorf 1860. Schaub'sche Buchhandlung.

Carl Pieper, Verhandlungen des Deutschen Patentschutz-Vereins am 23. März 1875. Dresden.

Bericht über die ausserordentliche Generalversammlung des Patentschutz-Vereins am 13. Nov. 1875. Berlin.

John Prince Smith, Ueber Patente und Erfindungen in Faucher's Vierteljahrsschrift für Volkswirthschaft. Bd. 3. S. 161 f. Berlin 1863.

Rathkowsky, Zur Reform des Erfinderrechts. Vermittelnde Vorschläge. Wien 1870. Beck'sche Universitäts-Buchhandlung.

J. Rosenthal, Der Erfindungsschutz vor dem Forum der gesetzgebenden Factoren. Köln 1873.

A. Scheller, Handbuch der Gesetze über ausschliessliche Privilegien auf neue Erfindungen. Wien 1843.

Schering und Holtz, Der Rechtsstreit (Salicylsäure) betr. das Patentgesetz. Berlin 1876. Seydel.

C. Schlickeysen, Die Anerkennung des geistigen Eigenthums. Berlin 1871. Berggold.

Schotte, Der Schutz der Erfindungen als Recht im Interesse der Gesellschaft. Köln 1873.

Heinrich Simon, Brief über die deutsche Patentfrage. Manchester und Berlin 1876. Ernst & Korn.

Steinbeis, Zur Reform der Ertheilung von Erfindungspatenten. Gewerbeblatt aus Würtemberg. 1873. Nr. 24.

Ed. Stolle und O. Hübner, Die einheimische und ausländische Gesetzgebung zum Schutze gewerblicher Erfindungen. Leipzig 1855.

Fr. G. Wieck, Grundsätze des Patentwesens mit einem Anhange, Hauptbestimmungen der jetzt bestehenden Patentgesetze enthaltend. Chemnitz 1839. Leipzig, Senf.

Franz Wirth, Die Patentreform. Frankfurt a. M. 1875. Sauerländer.

Sach- und Namenregister.

Die Zahlen bezeichnen die Seiten.

Buchdruckerei von Gustav Schade (Otto Francke) in Berlin.

FSC
www.fsc.org
MIX
Papier | Fördert
gute Waldnutzung
FSC® C083411

Kolibri 360 GmbH
Ferdinand-Jühlke-Straße 7
99095 Erfurt, Deutschland
produktsicherheit@kolibri360.de